KB274612

가장 마음에 걸린다

저자 김 범 송

중국 동포 칼럼니스트
fansong98@hanmail.net

중국 베이징(北京)에서 대학을 다녔고,
한국 한양대학교, 외국어대학교에서 유학
現 한국학중앙연구원 사회학 박사(수료)
중국『흑룡강신문』논설위원
(社)동북아공동체연구회 국제이사
중국 연변인민출판사 상해지사 해외고문
저서 : 칼럼집『재주부리는 곰과 돈 버는 왕서방』
　　　　　　『그래도 희망은 대한민국』
논문 :「남북경협 현황과 북한 개혁개방」외 다수
한국『호서문학』우수신인작품상 수상
중국『흑룡강신문』우수(칼럼)상 수상
한·중 매스컴에 200여 편의 칼럼(수필) 발표

조국과 고국 사이 경계에 선 '이방인'이 묻는다

가장 마음에 걸린다

초판1쇄 인쇄 2009년 2월 25일
초판1쇄 발행 2009년 3월 5일
지은이 | 김범송
펴낸이 | 최종숙
펴낸 곳 | 글누림출판사
편집 | 김지향 이태곤 권분옥 이소희　마케팅 | 문택주 안현진　디자인 | 홍동선 이홍주
등록 제303-2005-000038호(등록일 2005년 10월 5일)
주소 서울 서초구 반포4동 577-25 문창빌딩 2층
전화 | 02-3409-2055(편집부) 02-3409-2058(영업부) FAX | 02-3409-2059
홈페이지 | http://www.geulnurim.co.kr
이메일 | nurim3888@hanmail.net
ISBN | 978-89-6327-015-9 03300

정가 12,000원

* 잘못된 책은 교환해 드립니다.

가장 마음에 걸린다

조국과 고국 사이 경계에 선 이방인이 묻는다

김범송

글누림

1990년대 후반에 시작한 유학생활을 계기로 한국에 체류한지도 어언 10년이 된다. 이제 힘들었지만 보람 있었던 고국에서의 생활을 갈무리하면서, 그동안 노력해온 결과들을 정리해 '칼럼집'을 출간한다고 생각하니 감개가 무량하다. 더욱이 금번 출간하는 졸저의 대부분 내용들이 필자가 석·박사 과정을 밟으면서 여가시간을 이용하여 쓴 것들이고 최근의 연구 성과를 반영한 것으로, 그것이 책으로 출간될 수 있어 더욱 보람을 느낀다.

중국의 동북변방 두만강변에서 생장한 필자에게는 연변이 '제1 고향'이며, 그 후 북경에서 대학을 다녔고 다년간 북경에서 생활해온 본인에게는 수도 북경이 '제2의 고향'이 된다. 1990년대 후반과 최근 6~7년간 서울에서 유학 생활하고 있는 나는 한국의 수도 서울을 '제3의 고향'이라고 생각한다. 이 또한 졸저에 수록되어 있는 "김치사랑 한국사랑"의 서문이기도 하다. 한 마디로 필자의 고국사랑은 '김치사랑'에서 비롯되었다.

중국 국적을 가진 한민족의 후예로서 민족과 국민이라는 이중의 정체성을 갖고 있는 필자가 자신의 생활족적이 남겨진 연변과 북경 및 서울을 중심으로, 한·중 사회문화비교와 중국동포와 고국동포간의 '상생관계'에 주목한 것은 당연지사일 것이다. 한편 고국에 체류하는 기간, 분단된 한반도와 분열된 한민족의 현실을 통감하면서 21세기 탈냉전의 민족화합과 통일을 전제로 남북관계의 현황과 문제점을 짚어보고 나름대로의 비전을 제시해보았다.

최근 몇 년 전부터 학위공부를 시작한 필자는 유학생활 중 체감한 것들을 칼럼·수필의 형식으로 한·중 매스컴에 발표하였고, 고국산천을 돌아보면서 느낀 것들을 기행문으로 적어 중국 독자들에게 고국의 역사문화와 아름다운 강산을 소개하는 데 게을리 하지 않았다. 특히 '한강의 기적'과 함께 고국의 발전한 모습과 가족중심의 인정세태를 기사화했고, '이방인'의 시각에서 한국사회의 문제점을 지적하고 언감생심 '신랄한 비판'에 필묵을 쏟았다.

필자는 일찍 중국과 한국의 수도에서 고등교육을 받고 유학생활을 하는 행운을 지녔으며, 선후하여 20여 년간 생활했다. 특히 학위과정에서 비교사회문화와 사회학을 전공하면서 같은 유교권의 동아시아 국가임에도 불구하고 한·중 양국의 사회문화와 생활습관의 차이를 절감하였고, 그것을 배운 지식으로 두 나라의 사회문화에 대한 비교를 시도하게 되었다. 다년간의 노력을 통해 중국동포와 고국동포의 상생관계 및 한·중 양국 간 문화차이를 적은 칼럼 200여 편을 한·중 매체에 발표했고, 그 중 일부는 수상의 영예를 받은 바 있다.

이 책은 칼럼·수필·기행문·논문 요약 등 여러 글들이 세 개의 장으로 나뉘어 구성되었다. 최근 1~2년간 한·중 언론과 문학지에 발표한 글과 인터넷의 대표적 칼럼들을 수정·보완했고, 학술연구의 성과를 중점적으로 요약해 완정한 단행본으로 묶어보았다.

책의 제1장에서는 장기간 해외에 체류한 본인의 생활체험과 지식을 바탕으로, 객관적 시각에서 현재 중국사회의 쟁점 화제와 현존하는 사회문제를 중점적으로 다루었다. 특히 사회악이자 필요악인 정부 관료들의 부정부패에 대해 직설적으로 지탄했고, '조화사회'에 어울리지 않는 중국사회의 사회현상과 폐단 및 중국인의 낙후한 의식 상태를 가평苛評했다. 한편 이러한 혹평과 비판적 글들이 필자가 생장한 조국에 대한 애착과 사랑을 기반으로 했고, '조화로운 사회'로의 발전을 기원하는 '일편단심'을 전제로 했다는 점을 밝혀둔다.

제2장에서는 한·중 양국 간에 존재하는 사회문화 차이를 균형적이고 공정한 시각으로 알기 쉽게 비교하고 분석했다. 물론 이는 북경과 서울에서 얻은 생활체험과 한·중 양국의 문화에 대한 비교적 깊은 이해가 바탕이 되었으며, 비교문화와 사회학을 전공하면서 다년간 연구한 결과로서 필자가 나름대로의 만족을 느끼는 부분이다. 21세기 한·중 관계가 전략적 동반자로 격상된 시점에서 한·중 사회문화 차이를 비교·분석한 것은 한국 독자들이 양국의 사회문화 차이 및 중국사회에 대한 이해에 일조하려는 필자의 취지가 담겨져 있다.

제3장에서는 필자가 다년간 고국에서 유학하면서 배운 지식과 생활체득을 활용하여, 한국사회의 정치·경제·문화·종교 등 사회현상과 한국문화의 특징을 분석했다. 한민족의 후예인 필자가 고국에 대한 애정을 전제로

한국사회의 사회현상과 문제점에 대해 객관적 시각으로 분석했고, 해외동포의 관점에서 고국의 중요성과 현존하는 사회병폐 및 한국인들이 잘 모르고 있는 '진부한' 사회문화에 대해서도 과감하게 지적했다. '제3자'의 입장에서 고국의 사회현상을 바라본 중국동포의 관견에 대해 고국독자들의 아량과 이해를 부탁드린다.

본 칼럼집은 필자가 한국유학과 회사 생활에서 보고 느낀 것을 문자화한 한국사회에 대한 진솔한 생각이자 견문록이기도 하다. 한편 필자의 지식함양 빈약과 천견박식淺見博識으로 인해 일부 칼럼들의 주장하는 논리적인 근거가 미진하며, 아울러 미숙한 관점과 천박한 졸견이 석학들에게 '졸론의 유치함'에 대한 지탄의 빌미를 제공했을 줄로 안다.

중국동포의 시각에서 고국의 사회문화를 분석했고, 조선족사회의 병폐에 대한 일침 및 대안을 제시했다. 한·중 양국의 사회문화 차이에 대한 칼럼들이 한국 독자들이 중국과 동포사회를 이해하는 데 약간의 도움이라도 되었으면 하면 바람이다. 아울러 7000만 한민족의 화합과 민족통일을 어필한 졸론이 단지 필자의 한 사람의 견해와 주장만이 아닌, 700만 해외동포의 간절한 기대와 절절한 목소리로 받아들여지기를 삼가 바랄 뿐이다.

졸저가 예상보다 일찍 한국 독자들과 대면할 수 있도록 출간 기회를 주신 도서출판 역락·글누림의 이대현 사장님께 심심한 감사의 말씀을 드린다. 아울러 출판에 관심을 기울여준 홍동선 이사님과 책에 '멋진 옷'을 입혀준 이홍주 국장님, 그동안 높은 책임감을 보여준 이태곤 본부장과 권분옥 편집장, 그리고 김지향 씨에게도 고마움과 감사의 인사를 전한다. 바쁜 와 중에 졸작에 <추천사>를 써주신 정신철 교수께도 진심으로 감사를 드린다.

'늦은 인생'을 열심히 살도록 편달해주는 삶의 동기부여가 있다. 남편·아빠로서 부족한 나를 늘 너그럽게 이해를 해주고 내조해준 '현모양처' 아내와 항상 필자에게 힘을 실어주는 나의 쌍둥이 자녀 경혁京赫군과 연정燕晶양, 무엇보다 그들이 무탈하게 자라줘서 고마울 따름이다. 내 삶에 보람과 긍지를 준 부모님과 가족이 자랑스러우며, 소중한 가족에게 이 책을 선물하면서 가장으로서의 책무를 다하지 못한 미안한 심정을 달래본다.

2009년 2월

한국 성남시 단대동 숙소에서

몇 년 전부터 중국의 한글신문과 인터넷에는 김범송 씨의 칼럼이 자주 실렸다. 본인의 경력과 학업에 기초한 그의 글들에는 중국과 한국 및 중국 동포·조선족에 대한 진지하고도 독특한 견해들이 피력되어 있어 읽는 이들로 하여금, 새로운 감명과 계시를 받게 했다.

중한中韓 양국의 경제발전과 문화교류 및 중국조선족 문제에 관심을 갖고 있는 필자도 김범송 씨의 글을 자주 읽으면서, 언젠가 한번 만나서 이야기를 나눌 기회를 찾고 있었다. 그러다가 2007년 11월 한국 부산에서 개최된 제12차 중국조선족발전포럼에서 우리는 처음으로 만났으며, 그와 많은 이야기를 나누면서 부지런하고 의지력이 넘치는 김범송 씨에 대한 인상이 더욱 깊어졌다.

북경에서 대학을 졸업한 김범송 씨는 최근 한국학중앙연구원에서 사회학 박사과정을 수료하고 학위논문 집필에 몰두하고 있으면서도 중국과 한국의 매스컴에 칼럼과 수필, 기행문 등 좋은 글들을 적지 않게 발표했다.

바쁜 외중에 그가 최근에 쓴 칼럼 등을 정리해서 더 많은 사람들이 읽을 수 있도록 책으로 묶어 고국에서 출간한다고 하니, 저자나 독자 모두에게 경사스러운 일이 아닐 수 없다.

금번 김범송 씨가 한국에서 출간하는 비교사회문화 중심의 저서에는 칼럼·수필·기행문 등의 글들이, 모두 세 개의 장으로 구성되었다.

제1장 <관시이와 샤오캉>에서는 외국에서 장기간 체류한 저자가 '제3자'의 객관적인 시각에서 현재 중국사회의 쟁점 화제와 존재하고 있는 사회문제들을 예리하게 분석하였으며, 특히 사회악이자 필요악인 정부관료들의 부정부패와 중국사회에 현존하는 병폐들을 신랄하게 비판하였다. 하지만 이것은 어디까지나 저자가 나서 자란 조국에 대한 애착과 사랑하는 마음에서 비롯된 것이라고 볼 수 있다.

제2장 <만만디와 빨리빨리>에서는 비교사회문화의 시각에서 한·중 사회문화의 구별과 차이점을 비교·분석하였는 바, 이는 한국에서 비교문화와 사회학을 전공한 저자만의 우세라고 할 수 있다. 북경과 서울에서 20년간 생활한 경험을 갖고 있는 저자가 양국문화에 대한 비교적 깊은 이해가 있었기에, 이러한 전면적인 비교연구가 가능했을 것이다. 저자의 참신한 글들이 한국 독자들로 하여금, 한·중 양국의 문화차이와 사회현상을 이해하는데 큰 도움이 되리라고 믿어마지 않는다.

제3장 <김치사랑 한국사랑>에서는 저자가 다년간의 고국생활을 통하여 체득한 한국사회의 정치·경제·문화·종교 등 사회현상에 대한 인식과 본인의 견해를 피력하였고, 중국동포의 시각에서 고국의 중요성과 현존하는 사회문제들을 지적하고 심층적인 분석을 하였다. 저자의 일가견적 견해가

한국인의 자아인식과 자기반성에도 여러 가지로 계시 및 시사점을 제공했다고 생각한다.

상술한 바와 같이 김범송 씨는 중국과 한국에서의 다년간의 생활경험과 본인의 관찰력 및 유학과정에서 배운 지식을 바탕으로, 중국과 한국사회 및 중국동포를 비롯한 해외동포와 고국동포와의 '상생관계' 등 여러 분야에서 자신의 주장을 피력했다. 저자의 독특한 시각과 견해는 한국 독자들이 중국과 한국의 문화차이 및 중국조선족의 사회문화를 이해하는 데 많은 도움이 있을 것으로 확신하면서, 독자 제현께 신간 일람을 추천한다.

저자로부터 <추천사> 의뢰를 받고 황송한 마음 없지 않지만, 서로 격려하고 배운다고 생각하면서 두서없는 글로 본 추천사에 가름한다.

중국사회과학원 교수 **정신철**

■ 차례

머리말 5   추천사 10

외국에서 본 중국의 사회 및 문화
관시이關係와 샤오캉小康

'과학발전관'과 중화민족 부흥 ·· 19
2007 춘절야회·소품으로부터 본 중국사회 병폐와 현안 ·················· 24
원자바오 총리가 중국인들에게 인기가 많은 이유 ····························· 29
중국의 당면과제, '3농' 문제 해결 ··· 33
28명 중국인의 야비한 '침묵' ··· 38
2008 음력설야회로부터 본 중국사회 변화 및 쟁점 ························· 42
올림픽이 중국경제 및 사회발전에 미치는 영향 ······························· 47
'봄의 불청객', 황사 ·· 52
중국은 21세기 '스포츠강국'인가 ·· 56
중국 공직사회의 사회악, 부정부패 ·· 60
중국 CCTV 축구해설원이 '흥분한 이유' ······································· 64
연변의 대외창구, 옌지(延吉) 공항 ·· 69
'푸른 등'과 '붉은 등'이 주는 계시 ·· 73
베이징올림픽을 통해 본 중국인의 의식변화 ··································· 78
모택동과 등소평, 그리고 박정희 ··· 82
중국이 강대국 및 후진국인 10가지 이유 ······································ 88
드라마 "연안송"과 중국 제1세대 혁명가들 ···································· 97

2

한 · 중 사회문화 비교

만만디(漫漫地)와 빨리빨리

한국의 설날과 중국의 춘제 ·················· 105
비교되는 한 · 중 음식문화 ·················· 110
중국의 유학과 한국의 유교 ·················· 115
중국의 호구제도 개혁과 한국의 호주제 폐지 ·················· 120
한 · 중 설날음식, 떡국과 죠우즈(餃子) ·················· 126
한 · 중 사우나 문화 차이 ·················· 131
숫자로 보는 한 · 중 사회문화 차이점 ·················· 136
한 · 중 지하철 문화 차이 ·················· 141
한국의 음주문화상과 중국의 '음주처벌상' ·················· 146
한국의 '불량주부'와 중국의 '가정주남' ·················· 151
추락하는 한국교회와 급증하는 중국동포 신자 ·················· 156
한 · 중 고위공직자 신 '칠거지악' ·················· 161
중국어 열풍과 소외당하는 한자(漢字) ·················· 168
중국의 한국 드라마 수용 원인과 시대적 배경 ·················· 173
인색한 서울사람과 보수적인 북경인 ·················· 178
일부일처제와 축첩 ·················· 185
책 읽는 민족에게는 희망이 있다 ·················· 190
굿바이, 영어 Complex ·················· 194
중국 남자축구대표팀이 한국대표팀을 이기지 못하는 이유 ·················· 199
베이징런(北京人)과 서울인의 음주문화 차이 ·················· 204
항공기 안에서 본 한 · 중 문화의 '융합' ·················· 210

3

중국동포가 바라본 고국사회

김치사랑 한국사랑

'광우병'과 촛불시위 정치·사회학 …………………………… 217

막가는 미군 범죄, 언제까지 갈 것인가? …………………… 221

"야인시대"로부터 본 한국의 부패정치 ……………………… 225

한미 FTA의 득과 실 …………………………………………… 230

김치사랑 한국사랑 …………………………………………… 235

'서울의 얼굴' 청계천 ………………………………………… 240

'고객이 황제인 나라' 대한민국 ……………………………… 245

소주 '일곱 잔'의 미학 ………………………………………… 249

유교 패턴 속에서 생활하고 있는 한국인과 한국사회 ……… 254

'보신탕'과 한민족의 음식문화 ……………………………… 259

'23명 인질' 사태가 한국사회에 준 교훈 …………………… 264

한국 언론, 편파적인 대중 보도 자제해야 ………………… 268

'냄비근성'과 한국인 및 한국사회 …………………………… 272

왜 한국 여성들은 열심히 화장하는가? …………………… 276

스포츠 성폭력에 반영된 여성인권 ………………………… 281

인천국제공항의 '진풍경' ……………………………………… 286

21세기 신 '이산가족', 기러기·펭귄 아빠 ………………… 291

"호박에 줄 긋는다고 수박되나" …………………………… 296

아버지, 힘내세요 …………………………………………… 301

3박4일 강원도 역사문화유적 답사 (상) / (하) …………… 306

2박3일 제주도 학술답사 기행 (상) / (하) ………………… 320

이방인이 본 대한민국 '불가사의' (상) / (하) …………… 333

외국에서 본 중국의 사회 및 문화

관시이關係와 샤오캉小康

'과학발전관'과 중화민족 부흥

향후 중국의 진로와 대방향을 결정하는 17차 당대표대회에서 후진타오 胡錦濤 총서기는 이번 대회의 주제로, "중국 특색의 사회주의 위대한 기치를 높이 추켜들고 등소평 이론과 '세 가지 대표' 중요사상을 지침으로 과학발전관을 깊이 관철시달하며, 사상해방과 개혁개방을 견지하며 과학적 발전을 추동하고 사회조화를 추진함으로써, 초요사회샤오캉, 小康를 전면 건설하는 것"이라고 지적했다.

후胡 주석의 정치보고 핵심은 크게 두 가지로 '과학발전관'과 초요사회 건설을 통한 '중화민족의 부흥'을 이끌어내는 것이다. 특히 조화사회와 전면적인 초요사회를 이룩하기 위해서는 반드시 과학발전관을 철저히 관철해야 한다는 점을 재차 강조한 것은 눈여겨보아야 할 대목이다.

중국 특색의 사회주의는 중국사회 발전과 향상의 보장이며, 개혁개방은 중국 특색의 사회주의를 발전시키는 근본적이고 강력한 동력이다. 과학적 발전과 조화사회는 중국 특색의 사회주의를 발전시키는 기본조건이며, 초요사회 전면 건설은 당과 국가의 분투목표로 전국 여러 민족 인민의 근본적 이익의 원천이다. 과학발전관은 등소평의 개혁개방이론과 장쩌민江澤民의 3개 대표사상과 함께 중대한 전략사상이자 국정이념이며, 조화사회는 중국 특색의 사회주의의 본질이다. 따라서 과학적 발전이 없이는 조화사회 달성은 불가능한 것이다.

중국정부가 주장하는 '과학발전관'의 요지는 지속가능한 사회발전이고 핵심은 인간중심의 '이인위본以人爲本'으로, 전면적이고 지속적인 조화사회를 건설하는 것이 최종 목적이다. 즉 사회발전은 인민을 위하고 인민에 의지해 실현되는 것으로, 과학적 발전의 성과는 반드시 인민과 함께 향유해야 한다는 취지이다.

신화통신은 '과학발전관'으로 대표되는 후진타오 현 정부의 집정이념이 17차 당대회에서 당장黨章에 추록된다고 밝혔다. 현 중국지도부의 핵심 국가경영이념인 과학발전관은 합리적인 사고와 과학적인 정책추진을 중시하며, 인간중심의 발전과 균형적인 사회발전을 주요 내용으로 한다. 조화사회를 건설하는 발전전략인 과학발전관은 개혁개방 이래 성장 일변도의 경제정책을 추구해 온 고도성장의 후유증과 시장경제 추진 중 나타난 '불협화음不協和音'을 극복하려는 의도와 빈부격차 및 지역격차를 해소하려는 정부의 의지가 담겨져 있다.

금번 제17차 전국대표대회全大의 또 다른 주제는 '중화민족의 부흥'이다. 이 점은 최근 얼마 전까지 매일 저녁 중국 전역에 다큐멘터리 시리즈로 방영된 "부흥의 길復興之路"에서도 시사하는 바가 컸다. 관영방송인 CCTV가

다룬 본 다큐멘터리는 17차 당대회를 계기로 중화민족의 재기와 '거인국' 진입을 선언하고 있다는 점에서 깊은 의미가 있다. "부흥의 길"은 얼마 전 큰 반향을 일으켰던 다큐멘터리 "대국궐기大國蹶起"의 완결편으로, 세계 강대국들의 흥망성쇠를 반추한 '대국궐기'가 중국을 마지막으로 마침표를 찍은 것이다.

후진타우 총서기는 17차 전대全大 개막사를 통해 중화민족의 부흥을 선언하는 한편, 위대한 '중화민족의 부흥'을 위해서는 중국 특색의 사회주의의 기치 아래 본 대회를 통해 국정이념으로 자리매김을 한 '과학발전관'을 관철시켜 균형적이고 지속가능한 발전을 도모하는 것이라고 했다. 아울러, 도시와 농촌의 균형적 발전, 생태와 환경보호 강화, 인민 민주주의 확대, 법치국가 건설, 문화혁신 추진, 민생 개선, 사회보장체제의 신속한 구축, 부패척결과 청렴건설, 당내 선거문화 개혁 등을 향후 일관적으로 추진해 나갈 정부의 의지와 결심을 밝히기도 했다.

후진타오 국가주석이 지속적인 개혁개방을 통해 '중화민족의 부흥'을 이룩하려는 중국정부의 방침과 비전을 밝힌 것은 21세기 세계경제대국으로 부상한 중국이 세계의 지도국으로 우뚝 서겠다는 자신감을 피력한 것이다. 개혁개방의 기치아래 경제대국에 이어 정치외교대국으로 발전하는 중국의 궐기와 파워를 세계는 놀라운 눈길로 지켜보고 있다.

샤오캉小康사회는 2020년까지 1인당 국내총생산GDP을 2000년의 4배로 끌어올리고 2020년에는 기본적인 공업화 완성과 종합국력 등에서 세계

선두권에 진입하는 것으로, '잘 먹고 잘 사는' 초요사회 건설을 통해 중화민족의 부흥을 실현하는데 궁극적인 목적이 있다. 샤오캉사회를 처음 제시한 지도자 등소평은 1978년 개혁개방 선언과 함께 건국 100주년인 2050년까지 3단계 발전전략을 제시했다. 첫 번째 단계는 먹는 문제를 해결하는 '원바오溫飽', 두 번째는 잘 먹고 잘 사는 '샤오캉小康', 세 번째는 대화합과 함께 완벽한 평등과 평화를 구가하는 공산주의 이상理想사회인 '다퉁大同'사회다.

胡 주석은 개막연설에서 개혁개방을 '중화민족의 위대한 부흥'과 연관시키면서 개혁개방을 중지 및 역행해서는 출로가 없다고 강조했고, 과학발전관과 지속적인 균형적 발전을 통해 중국은 바야흐로 '세계의 거인'으로 동방에 우뚝 설 것이라고 미래를 낙관하면서도 "우리는 성적은 인정하는 한편 우리의 사업이 인민의 기대와는 아직 일정한 거리가 있고, 전진과정에 난관과 문제점도 적지 않게 존재하고 있다는 것을 똑똑히 알아야 한다. 우리는 이런 문제에 대해 크게 중시하여 계속 진지하게 해결해야 한다"고 문제점을 지적하기도 했다.

현재 중국의 고도성장 이면에는 많은 사회적 문제들이 적치되어 있다. 빈부 및 도농 격차가 갈수록 커지고 있고, 교육·의료·주택 등 사회문제들의 미해결로 백성들의 원성이 커지고 있는 현실도 간과해서는 안 된다. 그 외, 자원부족과 환경문제 악화 및 국제간의 무역마찰 등은 갈수록 심각해지고 있는 것도 부인할 수 없는 사실이다. 그리고 1억이 되는 농민공農民工의 문제는 정부가 해결해야 하는 급박하고 중차대한 사회문제이며, 일국양제—國兩制의 홍콩반환에 이어 평화적인 대만통일은 장기적인 정치현안으로 남아있는 상황이다.

요컨대 과학적 발전관을 지도이념으로 하는 지속가능한 경제발전과 조화로운 사회건설을 통해 불원간 초요사회 진입과 함께 진정한 '중화민족의 부흥'을 이루려는 중국정부의 노력이 현실로 변하려면, 지속적인 개혁개방과 인민의 권리를 반영한 정치적 민주화가 비슷한 속도로 진전시키는 것을 전제로 해야 한다는 것은 명약관화明若觀火다.

2007 춘절야회·소품으로부터 본 중국사회 병폐와 현안

  섣달 그믐날밤 8시부터 시작해 장장 4~5시간에 걸쳐 방영되는 춘절야회春節晚會는 중국 CCTV가 「음력설프로」로 제작한 대형프로그램이며, 10억의 중국인들이 시청하는 설 인기 프로그램이다. 그 중 가장 인기 있는 프로는 단연 야회 내용의 3분의 1을 차지하는 소품小品이다. 소품프로는 중국의 유명 코미디언笑星들이 출연해 우리사회 일상의 생활이야기를 해학적으로 풍자를 곁들여 사회적인 문제와 병폐를 끄집어내고 폭로하는 중국 특유의 연예작품이다. 웃음 속에서 사색과 고민을 해보게 하는 것이 소품이 가지는 매력이다.

  필자는 금년 음력설에 해외에서도 볼 수 있는 중국 CCTV 4채널을 통해, 음력설프로그램인 2007년 춘절야회를 서울 자택에서 시청할 수 있어 고독하고 외로운 마음을 그나마 달래게 되었다. 아래에 금번 춘절야회 소품프로가 시사하는 일련의 사회병폐와 현존하는 중국사회의 현안들을 나름대로 정리하고 짚어본다.

  현재 상업매체와 광고업의 발전에 따라 광고남용은 이미 간과할 수 없는 사회적 문제로 부상했다. TV 속에 난무하는 돈벌이 위주의 상업광고는 진위 여부를 떠나서 시청자들의 눈살을 찌푸리게 한 것은 어제오늘의 일이 아니다.

오늘날 휴대폰은 중국인들의 일상에서 빠질 수 없는 생활필수품으로 되었다. 하지만 쉼 없이 날아드는 ‘쓰레기’ 광고는 소비자들을 엄청 골치 아프게 만든다. 광고는 제작사의 수입내원으로 시청자들에게 정보를 제공해주는 이점도 있지만, 저질광고가 무제한 남용되면 사회병폐 및 필요악으로 전락된다는 것을 명심해야 한다. 광고가 남용되면 진실이 외면되고 거짓이 난무하는 시대가 다가온다.

중국에는 정상적으로 해결할 수 있는 일도 뇌물을 증송해야 해결된다는 속설이 있다. 현재 중국인들이 상투적인 수단으로 관용되는 관시이(關係)에 의한 뒷문거래(走後門)는 사회풍기를 문란하게 하고 부정부패를 조장하는 엄연한 사회악이다.

최근 중국정부가 문명사회 부조리로 사회 전체를 병들게 하는 부정부패를 뿌리 뽑기 위해 사정(査正)의 칼을 빼들고 있지만 여전히 인맥관계가 중요시되고 뇌물 증송이 암암리에 흥행되고 있다. 그로 인해 ‘관리들이 서로 싸고도는(官官相護)’ 악순환과 공무원 부패현상이 엄중해 힘없고 인맥 없는 서민들만 억울하게 당하기가 일쑤다. 현재 뇌물과 관시이(인맥)의 악용은 중국사회를 갉아먹는 양대 사회악으로 군림하고 있고, 이 또한 중국이 후진국인 이유다.

'조강지처불하당糟糠之妻不下堂'이란 속어가 있다. 즉 곤궁하고 구차할 때에 고생을 같이하던 본처는 존중하고 대우해 주어야 한다는 뜻이다.

개혁개방 이후 중국인들의 경제생활이 부유해지고 부富의 축적이 이뤄짐에 따라 중국인들의 혼인관과 정조관념이 급속히 변화되고 있다. 최근 고위공무원들과 기업거부巨富들 사이에는 정부애인를 삼는 축첩 폐습이 부활되고 있으며, 개혁바람에 졸부가 된 일부 부도덕한 업자들은 조강지처와 이혼하고 젊은 여자와 재혼하는 기현상이 늘어나고 있고 동포사회에서도 출국 등을 위한 이혼현상이 보편화되고 있다. 공인으로 명리를 얻은 일부 유명연예인들도 '희신염구喜新厭舊'로 이혼 및 파혼의 불미스러운 선례를 보여 실망스럽기는 마찬가지다.

최근 중국사회가 경제중심사회로 이행됨에 따라 수천만 명에 달하는 도시진출노동자農民工에 대한 문제가 심각한 사회문제로 부상했다. 도시에 진출한 도시진출노동자들은 이미 도시건축, 환경서비스 등 도시발전과 건설에 불가결의 주역으로 등장했지만 그들의 노동환경은 열악하며 임금체불 및 인격기시 등을 감수해야 하는 현실이다.

최근 대형화 및 폭력화되고 있는 일부 지구의 대규모시위가 보여주듯이 개혁개방과정에서 소외되고 외면당했던 농민과 농민공에 대한 문제 해결 없다면 지속적인 경제성장에 걸림돌 및 잠재적 위기가 될 것은 자명하다. 요컨대 그들에 대한 사회공헌에 걸맞는 대우와 보장이 뒷받침되어야 하며, 취업 및 임금보장과 자녀교육에 관한 사회복지가 시급히 마련되어야 한다.

21세기 지구촌은 바야흐로 고령화 사회에 진입하고 있는 추세다. 최근 노인문제는 중요한 사회문제로 부상했고 일본과 한국, 중국 등 국가들에서 더욱 심각해지고 있다.

최근 중국경제가 급속히 발전됨에 따라 고령화 인구가 급격히 증가된 상황에서, 노인복지를 비롯한 일련의 노인문제는 중국사회가 더 이상 피해갈 수 없는 사회문제로 의사일정에 오르고 있는 실정이다. 한마디로 노인문제는 노인복지 미해결과 더불어 퇴직 후 일자리 미비, 치료여건 부족, 사회와 자식들의 관심부족으로 기인된다. 가족과 사회로부터 소외당해 고독한 노인층이 증가되고 있는 시점에서, 정부차원의 배려와 자식들의 관심이 더욱 소요된다. 부모에 대한 효도 및 만년의 행복한 생활보장은 사회 전체가 감당해야할 당연한 책무다.

사회주의신新농촌 건설은 조화사회 건설과 더불어 후진타오 중국정부가 설정한 추후 중국사회발전의 새 정책이다. 의심할 바 없이 8~9억의 농민을 소유한 중국의 실정에서 농촌부유화의 길은 국가 부강과 민족 진흥의 주요도경이다.

현재 중국사회에는 도농都農간의 빈부격차와 교육격차, 사회생활 여건의 차이가 갈수록 커지고 있다. 만약 농민과 농촌의 문제를 해결하지 못하고 방치해둔다면 이는 조만간 사회발전의 잠재적 위기에서 노출돼 사회적 갈등으로 격화될 것이며, 다년간의 중국정부가 추진한 노력은 수포로 돌아갈 것이다. 한마디로 낙후와 무지, 빈곤에서 벗어난 '신농촌'의 변혁이 없다면 농업대국인 중국사회는 영원히 후진국의 양상에서 벗어나지 못할 것이다.

개혁개방의 성공으로 중국은 이미 경제대국으로 부상했고 불원간 '경제강국'으로 도약한다는 것은 자타가 공인하는 일이다. 하지만 많은 사회적 문제와 해결되어야할 모순들이 산적되어 있다. 이러한 일련의 사회적 문제들을 원만하게 해결하지 못하면 지속적인 경제발전에 큰 차질이 빚어질 수 있으며, 사회적 혼란과 더불어 그동안 이룩해온 개혁개방의 성과들을 물거품으로 만들 수 있다.

사회 안정 속에 조화롭고 균형적인 발전은 향후 중국경제가 지속적인 발전을 거듭할 수 있는 요인이며, 따라서 최근 출범된 '조화로운 사회' 건설 국정이념이 국태민안國泰民安의 현명한 국책이 될지 귀추가 주목된다.

원자바오 총리가 중국인들에게 인기가 많은 이유

얼마 전 KBS 아홉시 뉴스는 "낡은 운동화의 평민 총리"라는 제목으로 중국 총리 원자바오溫家寶 총리의 검소한 생활상을 보도해 한국 시청자들의 주목을 받은 바 있다. 이는 중국에 관해 부정적인 보도로 일관해오던 한국 언론의 흔치 않은 정면보도다.

아직도 이데올로기적 사고방식이 팽배한 한국사회에서 사회주의국가의 총리에 대한 찬미讚美 보도 자체가 뉴스이며, 그것도 이례적으로 두 번이나 보도했다는 것은 '특대뉴스'에 속한다. 이는 원자바오 총리가 그만큼 국내외의 인정을 받는다는 반증이기도 하다.

보도의 내용을 요약하면 대개 이러하다.

'평민 총리'로 널리 알려진 원자바오 중국 총리가 얼마 전 입은 지 11년이 되는 낡은 초록색 점퍼를 입고 산둥성을 방문해 중국인을 감동시켰고, 이번에는 운동화 한 켤레로 중국인들의 마음을 사로잡았다. 시찰단의 구두 속에서 유독 눈에 띄는 검은 줄무늬 운동화가 있는데, 태풍피해를 입은 하남성 지역을 시찰하면서 원자바오 총리가 신은 신발이다.

중국에서 가장 대중적인 상표의 운동화로 정작 중국인들이 감동한 것은 총리가 점심시간에 밑창이 떨어진 운동화의 수선을 부탁했기 때문이다. 게다가 이 운동화는 2년 전에도 같은 지역을 시찰하면서 수선했던 운동화였다.

중국의 한 인터넷 사이트는 당시 땀에 전 이 운동화는 수선된 뒤 溫 총리를 따라 전국 수천 개의 현을 돌았다고 전했다. 이 사연이 알려지자 인터넷에는 원자바오 총리의 검소함을 칭송하는 중국 네티즌의 글이 폭주했다.

과거 같은 옷을 수 차례 기워 입었던 마오쩌둥의 검소함도 유명하다. 특히 선물 받았던 귀중품들을 국고에 귀속시키거나 보관이 어려운 과일 등은 유치원에 보냈었다.

'작은 거인' 덩샤오핑도 평생 검소하게 생활하였는데, 유품 중에 구멍 뚫리지 않은 옷이 없었다는 건 잘 알려진 일화다. 중국 최고 지도자들의 검소함이 바로 13억 인구의 대국인 중국을 움직이는 힘인 것이다.

최근에도 원자바오 총리의 '11년 점퍼' 이야기가 KBS를 비롯한 한국 언론에서 대거 보도된 적이 있다. 2006년 1월 산동성 일대 농가를 방문하면서 입었던 점퍼를 11년 전인 1995년 겨울 정치국 후보위원 신분으로 산동성을 방문했을 때도 입었고, 그것이 인터넷상으로 중국인들 사이에 급속히 전해져 총리를 칭송하는 아름다운 이야기로 회자되었던 것이다.

기억력 좋은 산동성의 한 네티즌이 총리의 '11년 점퍼'를 발견하고 놓치지 않고 인터넷에 올렸던 것이다. 이 네티즌은 '대중망大家網'이라는 인터넷 뉴스사이트에서 총리의 산동성 방문 기사를 읽은 후 소개된 사진 속의 총리의 점퍼가 매우 눈에 익다는 느낌을 받았다. 마침 그는 1995년 총리가 채소시장을 방문했을 때 현장에 있었다.

그때 본 총리의 모습과 흡사한 곳이 있다고 느끼면서 당시 사진을 꺼내 대조해보았는데, 옷의 여러 위치가 비슷해 마침내 11년 전의 점퍼와 같은 점퍼라고 확신하기에 이르렀다. 이 네티즌은 대중망의 그 기사에 200자 내외의 댓글을 달고 두 장의 사진을 함께 올렸는데, 이 글을 읽은 수많은 네티즌들이 이 내용을 다른 사이트로 옮기면서 무려 23만여 개 사이트에 총리의 '점퍼 이야기'가 올라왔다.

"주름지고 해진 점퍼를 입은 총리는 소박한 보통 노인 같았다. 부디 溫 총리가 주은래周恩來 총리를 닮기를 바란다"는 내용들이 올라와 네티즌들을 매료시켰다. '칠순의 노인'이라고 밝힌 한 네티즌은 溫 총리의 점퍼 기사에 "이런 감동적인 장면을 볼 때마다 나도 모르게 감동의 눈물을 흘린다. 이런 훌륭한 총리를 모시고 있다는 것이 행복하며, 우리조국과 인민에게 희망이 있다"고 댓글을 올렸다.

중국인들이 원자바오 총리의 검약한 '11년 점퍼'와 함께 거론하는 주은래 전 총리는 중국인들의 존경의 대상으로 청렴결백의 산증인이다.

북경 천안문광장에 가면 "인민의 총리로 인민의 사랑을 받고 인민을 사랑했으며, 동고동락으로 인민과 총리의 마음이 하나로 이어졌다"는 내용의 글이 인민영웅기념비 뒷면에 새겨져 있다. 주 전 총리는 소매와 깃이 해지면 기워 입다보니 원래 색깔조차 알아보기 어려울 정도로 검소했다. 그는 25년간 살던 관저도 낡아 비가 샜지만 새는 곳만 수리해서 살만큼 검약을 솔선수범하였으며, 남긴 재산이 고작 한화로 80만원에 불과한 5000위안이었다. 그래서 중국인들은 지금도 고인을 존중하고 있는 것이다.

원자바오 총리가 중국인들에게 인기가 높은 것은 검소하고 소박한 생활 스타일뿐만이 아니다. 그가 존경받는 이유가 되는 일화 몇 개를 소개한다.

이렇게 백성의 질고를 관심있게 지켜보고 일관된 청렴결백이 원자바오 총리가 인민대중들의 인기 및 존경을 한 몸에 받아 안는 이유이며, 溫 총리가 '2006년 화제의 국제인물'에 올라 국제적으로도 훌륭한 지도자로 존경받는 이유이기도 하다.

얼마 전 노무현 대통령은 원자바오 총리를 만난 장소에서 "당신의 인기는 한국에서 나보다 높습니다"는 의미심장한 이야기를 했다는 후문이다. 요컨대 검약한 생활태도 및 청렴한 정치는 지구상 어느 나라를 막론하고 미담으로 회자되며, 서민들의 존경의 대상으로 통한다는 이야기다.

중국의 당면과제, '3농' 문제 해결

최근 몇 년간 중국경제는 연속 10%대 성장을 기록하며 명실상부한 글로벌 경제대국으로 부상한 것은 주지의 사실이다. 하지만 고도성장의 이면에 속출하고 있는 양극화 심화, 소외계층 증가의 부작용 및 그로 인해 증대되는 사회 불안정요소도 간과할 수 없는 실정이다. 비정규직 양산과 농촌경제 침체지속 상태는 내수를 기반으로 하는 안정적 경제성장을 어렵게 할 뿐만 아니라 사회 안정을 심각하게 저해하는 요인으로 되고 있다.

현재 8~9억의 방대한 농민공동체를 가지고 있는 중국사회의 상황은 고도성장과 더불어 GDP가 세계 3위인 경제대국임에도 불구하고 GNI_{일인}당 국민소득가 낮은 직접적 원인이며, 빈익빈부익부 현상의 심화와 사회 불안정의 요인으로 부각되었고 그것의 해결책으로 중국정부가 사회주의신新농촌 건설을 추진하고 있는 것이다.

후진타오胡錦濤 중국지도부는 사회적 불균형의 문제 해결을 지속적 경제발전의 필수요건으로 인식하고 있고, 양적인 성장보다 질적 성장에 초점을 맞추고 있다. 얼마 전 후진타오 국가주석의 "반드시 인민의 정서를 이해하고 인민의 의사를 충분히 반영하며, 인민의 이익을 실현해야 한다."는 중요연설에서도 백성의 질고와 민생문제를 중시하는 중국정부의 의지를 엿볼 수 있다.

최근 중국정부가 국정이념으로 추진하고 있는 '조화로운 사회 건설'에 불가피한 '삼농三農' 문제 해결은 중차대한 사회문제로 각광받고 있다.

유념해야 할 점은 중국정부의 대책 마련과 노력에도 불구하고 농민공農民工을 비롯한 소외계층은 지속적으로 확대되고 있다는 것이다. 불완전한 최근 통계에 의하면 현재 1.5억 명을 상회하는 농민공이 중국전역에 있는 것으로 추정되고 있다. 그리고 고도성장에 따른 양극화가 사회보장제도 확충이 따라가지 못할 만큼 빠르게 진전되고 있으며, 소득 불평등을 나타내는 지니계수빈부격차와 계층 간 소득분포의 불균형 정도를 나타내는 수치로 보통 0.4가 넘으면 소득분배의 불평등 정도가 심한 것임도 0.45로 악화되고 있는 실정이다.

최근 농민과 농민공 등 소외계층을 중심으로 토지보상 현실화, 체불임금 지급 요구 및 공무원 부정부패를 반대하여 잇달아 발생되는 대규모 집단시위는 사회안정 위협의 불안정 요소로 수면 위로 부상했고, 이는 조화사회 건설에 걸림돌로 작용하고 있다.

통계에 의하면 농민공수는 연평균 800만 명 정도로 증가되고 있는데, 이는 도시화·산업화 과정의 사회발전 결과로 볼 수 있다. 하지만 농민공은 도시 이동을 금지하는 호적제도의 폐단현재 일부 성씨에서 호적제도를 폐지하고 있음으로 저임금은 물론하고 열악한 노동환경에 직면하고 있으며, 사회보장제도의 사각지대에 놓여 있는 상황이다.

현재 중국전역에 1억 5천만 명의 농촌 유휴遊休노동력을 감안하면 향후 10~20년간 농민공은 지속적으로 확대될 전망이며, 따라서 농민공 문제 해결은 '삼농' 문제에서 가장 시급히 급선무로 대두되고 있다.

최근 노동가능 인력의 대규모 도시 이주에 따른 농촌의 인력난과 가정해체현재 남편 없이 농촌에 남아 가정을 책임지는 여성의 숫자가 4,000~5,000만 명으로 추산됨를 동반한 '삼농농촌·농민·농업' 문제가 심각해지고 있으며, 농촌가정이 기형화되는 '386199' 현상이 만연되고 있는 실정이다. 이른바 '386199 부대'란, 농촌의 노동가능 인력이 도시로 이동하면서 농촌가정이 기형화되고 농촌의 피폐화가 심화되는 상황을 묘사한 말이다.

'38'은 3월 8일 부녀절로 여성을 의미하며, 남편이 도시로 떠나 여성이 자녀양육과 부모봉양 및 농업생산 활동까지 부담하는 현상이다. '61'은 6월 1일 어린이날을 지칭하며, 아버지나 어머니 심지어 부모 모두가 도시로 떠나면서 황폐한 농촌에 남겨진 어린이를 가리킨다. '99'는 9월 9일음력 노인의 날이며, 아들 며느리가 없는 농촌에서 손자 양육과 가사 및 농업 등에 시달리는 농촌 노인을 의미한다.

이러한 상황에 대비해 중국정부는 농촌 및 농민공 문제 해결을 위한 일련의 조치들을 적극적으로 추진하고 있는 것이다.

최근에는 임금 지불 보장, 상해보험 가입, 자녀 의무교육 보장 등 농민공 권익보호를 위한 해결책들이 강구되었으며, 노조가입 보장과 노동계약

의무화, 호구제도의 점진적 개혁을 통해 농민공의 법적인 지위가 보장되고 있다. 중국정부는 농민들의 부담을 덜기 위해 각종 세금면제 정책을 추진하고 있고 농업을 지원하기 위한 인프라 건설 등 대비책을 마련하고 있으며, '삼농' 문제 해결을 위해 국가의 관련 예산을 확대하고 있다. 이러한 중국정부의 신소외계층 정책으로 인해 양극화와 사회 불평등 인소로 인한 대립 등 사회갈등이 어느 정도 해소되고 있으며, 실제로 조화사회 건설이 중국전역에 본격적으로 추진됨에 따라 소외계층의 사회에 대한 불만이 점차 완화되고 있는 실정이다.

최근 중국의 12개 성시에서 호적제도가 폐지되어 농민공의 도시이주에 편리를 도모해주고 있으며, 양성화된 농민공이 점차 도시사회발전의 주역으로 발전·성장함에 따라 일부는 이미 경제성장의 수혜계층으로 자리매김을 했다. 하지만 도시에 진출한 농민공의 문제는 여전히 존재하고 있다. 예컨대 농민공 주택문제 해결과 자제 교육 및 저소득층의 병 치료가 어려운 상황은 크게 개선되지 못하고 있으며, 이는 중국정부의 향후 과제로 남아있다.

만약 농민과 농촌 및 농민공의 문제를 방치한다면 곧 사회갈등과 불안정의 요인으로 부상할 것이며, 농촌의 황폐화와 가정의 기형화는 심화될 것이다. 이는 궁극적으로 중국정부가 추구하는 조화사회 건설의 최대의 애로사항으로 역기능의 작용을 하게 될 것이다.

관련 대안 및 해결책으로 신 소외계층에 대한 중국정부의 지속적인 관심과 정책 추진이며, 사회주의신농촌 건설에 박차를 가하는 것이다. 요컨대 '삼농' 문제 해결은 중국정부의 당면과제로 조화사회 건설의 보장이 되며, 아울러 경제강국 및 선진국이 되는 지름길이 될 것은 자명하다.

28명 중국인의 야비한 '침묵'

얼마 전 한국 공영방송인 KBS 아홉시 뉴스에서는 "폭력보다 무서운 28인의 침묵"이란 제목으로 시청자들을 경악하게 하는 뉴스를 방영한 바 있다.

중국 우한武漢시의 대중교통인 버스 안에서 3명의 젊은 승객이 요금 시비로 아버지뻘 되는 운전기사를 폭행하여 갈비뼈를 끊어놓은 끔찍한 악성 사건이 발생했다. 불가사의한 것은 백주에 대중교통인 버스 안에서 중목소시衆目所視 하에 운전기사를 폭행하는 패륜이 벌어지고 무법천지로 변했지만 당시 28명이나 되는 버스 안의 승객들이 침묵을 지키면서 모르쇠로 일관했다는 점이다.

사건의 전말은 이러하다. 지난 12월 우한武漢시의 대중교통인 버스에 3명의 20대의 젊은 승객이 올라타면서 버스요금 6위안한화 120원 중 1위안을 내지 않고 좌석으로 향했다. 이에 운전기사의 1원을 더 넣으라는 말이 나오기 무섭게 청년승객 중 한명이 운전기사를 향해 무작정 주먹과 발길을 날리면서 구타를 시작했다. 다른 한 명도 협조에 나서자 운전기사는 반항할 생각도 하지 못한 채 일방적으로 당하기만 했다.

그 중 보다 못한 한 여성 승객이 휴대폰으로 110한국의 112에 전화를 걸어 경찰에 신고하려 하였지만 그들에 의해 난폭하게 제지당하고 말았다. 불량배들은 버스에서 내린 뒤에도 유리창을 박살내며 기사를 위협했다. 당시 버스 안에 있던 28명의 승객은 아무도 난동을 말릴 엄두를 내지 못했고 침묵을 지키면서 폭행을 외면했다. 묻노니, 인성은 어디 있으며 정의는 어디에 갔는가?

당시 자동카메라에 찍힌 운전기사 폭행사건이 매스컴에 전해지면서 우한시 및 중국전역에 센세이션을 일으켰다. 이 소식을 접한 시민들은 난동을 부린 불량배들의 인성 부재를 질책했고, 침묵으로 일관하면서 불의를 외면한 승객들을 비난하고 나섰다. 본 사건 관련 인터뷰에서 격앙된 우한 시민은 "아버지 벌 되는 운전기사를 폭행한다는 것은 너무나 인간성이 없다고 봅니다. 정말 화가 납니다. 우리 우한시에 이런 시민의식이 결여된 사람들이 있다는 사실이 부끄럽습니다"고 통탄했다.

특히 이 사건을 전하던 우한 TV 여성 앵커가 당시 승객들의 무관심과 침묵에 눈물로 인성을 호소하는 장면이 방송되어 더욱 시청자들의 마음을 무겁게 했다. 인터넷에도 중국네티즌들의 수십만 건의 비난 의견이 폭주했고 시민들의 분노는 전국으로 확산되었으며, 이번 사건을 계기로 중국인들 사이에 실종된 시민의식을 되찾아야 한다는 각성의 목소리가 높아지고 있다.

물론 운전기사 폭행은 한국사회에도 존재하고 있고 뉴스에 자주 보도되는 사건이기도 하다. 다만 오십보백보五十步百步로 그 폭행사건이 주로 취객들에 의해 발생되고 있으며, 불미스러운 일이 발생될 경우 즉시 승객들에 의해 경찰에 신고 되며, 승객들에 의해 제지되는 경우가 대부분이다.

최근에는 운전을 방해하는 행위에 중지를 권고하는 버스 운전기사를 폭행하는 50대 취한을 고등학교학생들이 제지하여 사고를 미연에 방지한 케이스가 매스컴에 보도되기도 했다. 최근 들어 운전기사 폭행사건들이 잇따르자 정부는 운전석 주변에 보호벽을 설치하는 등 조치를 실시하기도 했다.

분명한 것은 운전기사 폭행사건의 발생은 폭력을 휘두르는 한국사회의 어두운 일면을 보여주는 부조리이며, 구별된다면 중국과 같은 '침묵' 현상은 거의 발생되지 않는다는 점이다.

주목되는 것은 이번 악성사건을 통해 볼 수 있는 것은 자기와 상관되는 일이 아니면 절대 나서지 않는 시민의식부재 및 불의를 외면하는 중국인의 악습이 여전히 중국사회에 잔재하고 있다는 사실이다. 즉 자신의 이익과는 관련이 없다면 침묵으로 일관하며, 팔짱을 끼고 남의 일을 둘러보기를 좋아하는 중국인들의 폐습은 역사적으로 전해내려 온 고질병이다.

일찍 중국의 대문호 노신鲁迅선생은 중국인의 인성 부재와 남의 일에 참여하기 싫어하고 자기중심적인 소시민의 관습 및 시민의식 부재에 대해 통렬하게 비판한 적이 있다. 끊임없는 전란과 계급투쟁의 정치운동 속에서 명철보신明哲保身과 소관한사少管閑事는 어느덧 중국인들의 진부한 인생철학으로 군림해왔다.

불의가 정의를 압도하는 사회는 비전이 없으며 건전한 사회가 아니다. 또한 불의를 외면하고 정의를 주장하지 못하는 민족에게는 희망이 없다. 28인 중국인의 '침묵'은 폭력보다 더 야비하고 비열하며 비겁한 행위다. 중국인들의 시민의식 실종에 개탄하며, "침묵 속에서 폭발하지 않으면 침묵 속에서 멸망할 것이다"는 노신선생의 명언을 상기시키고 싶다.

이른바 명철보신을 추앙하는 중국인들의 소시민적 의식과 생활신조 및 노예근성은 21세기 문명사회의 부조리로 반드시 근절되어야 할 시점이며, '침묵'은 때로 금보다 귀하지만 때로는 일종의 범죄와 진배없다.

2008 음력설야회로부터 본 중국사회 변화 및 쟁점

매년 설달 그믐날밤 8시부터 장장 4~5시간 방송되는 음력설야회春節晚會는 CCTV가 중국인의 최대 명절 음력설에 즈음해 제작한, 10억 시청자들의 안방 브라운관을 달구는 인기 프로그램이다. 중국 최고의 스타배우가수들이 총출동해 다양한 야회프로에 참여하며, 재담相聲과 소품小品 등 야회프로에는 작금의 중국사회 쟁점과 현안들이 다뤄지기 때문이다. 음력설야회 시청은 중국인들에게 있어 '설을 쇠는過年' 불가결의 상징이 되었다. 현재 수많은 현대판 이산가족들이 해외에서 CCTV 4채널로 음력설야회프로를 시청한다.

금년 춘절야회春晚에서 가장 감동적이고 시청자들의 공명을 불러일으킨 프로는 막바지에 신설된 특집프로 '온난溫暖 2008'이었다.

최근 지구촌의 뉴스로 세계인의 주목을 받은 천재지변, 중국남방 특대 폭설재해로 교통난과 전력난 등으로 수천만에 달하는 이재민들이 정부의 지원을 기다리고 있는 급박한 상황에서, 수많은 스타배우들이 출현한 시낭송災害支援 프로는 구구절절 시청자들의 심금을 울렸다. 이는 '일방 재해에 팔방이 지원—方有難, 八方支援'하는 아름다운 사회풍경 및 조화사회 민심을 반영하였기 때문이다. 음력설야회 단골인 채명蔡明과 곽달郭達이 출현한 소품 '몽환가원夢幻家園'은 현재 중국사회 쟁점인 부동산 개발 및 문제점을 해학적으로 반영하였다.

최근 급속한 경제발전에 힘 입어 북경, 상해 등 대도시에는 부동산 개발 붐과 함께 주택단지들이 우후죽순처럼 일어서고 있다. 이와 같은 현상은 사회발전 변화를 반영해주는 동시에 경기과열과 통화팽창 위기를 초래하고 있다. 부동산 개발회사들의 '내 집 마련'에 절박한 소비자 심리를 이용한 허위광고와 허술한 AS售后服務 등 부동산 투기현상의 문제점들은 지적해주고 있다.

중국의 주식시장에 존재하는 투기현상 및 그에 따른 위험부담과 광적인 주식투자 열풍에 일침을 가한 재담에는 가볍게 일소—笑로 흘려보내기 아쉬운 사색적인 요소가 내재해 있다. 최근 중국에는 주식투자가 직장인 중심으로 '범국민 주식화' 현상으로 확산되고 있으며, 1억 투자자들이 일확천금을 노리며 주식투자에 집착하고 있다. 최근 원자보우 총리는 주식시장의 이상 열풍에 대해 언급하면서 "현재 주식시장은 이미 위험국면에 들어갔으며, 폭락할 경우 정치·경제·사회분야에서 엄청난 혼란을 불러일으킬 것"이라고 경고했다.

2007년 중국에서 네티즌들과 미디어로부터 가장 많이 각광받은 유행어로, 상승의 뜻을 나타내는 '오르다漲'가 선정되었다. 최근 중국경제 고도성장의 후유증으로 경기과열과 인플레이션 위기가 심각해지고 있으며, 물가는 천정부지로 치솟고 부동산 가격상승과 증시가 무제한 폭등하였다. 이렇게 과열 방지가 쟁점화 되는 현실 속에서 부동산 및 주식 투기현상의 문제점을 반영한 소품 프로가 그냥 '아니 땐 굴뚝의 연기'만은 아닐 것이다.

溫 총리의 추천을 받은 단독프로 '농민공農民工의 노래'는 수천만 농민공들의 염원을 반영한 인기프로로, 야회에 이채를 가미했다. 그간 도시화발전에 지대한 공헌을 했음에도 사회적 기시대상으로 천대받았던 농민공들이 야회의 '주인공'으로 등장했다는 자체가 그들에 대한 당과 정부의 관심과 중시를 반영해주고 있다. 최근 중국사회가 경제중심사회로 이행됨에 따라 도시진출노동자農民工에 대한 문제가 심각한 사회문제로 부상했다. 溫 총리가 '가장 마음에 걸린다最放心不下的'는 농민공 문제는 중국사회 쟁점으로 장기간의 언론과 사회여론의 주목을 받을 것이며, 조사사회 건설의 중대한 변수로 작용할 것이다.

요컨대 이른바 '농민공'이란 불미스러운 딱지를 없애고 그들에 대한 사회공헌에 걸맞는 대우와 보장이 뒷받침되어야 하며, 취업 및 임금보장과 자녀교육에 관한 사회복지가 시급히 마련되어야 한다. 따라서 그들을 더 이상 '기시의 대상'이 아닌 합법적인 도시노동자로 인정해주고 대우해줘야 할 것이다. 그것이 조화로운 사회발전이 보장받는 일이 될 것이다.

최근 몇 년간 음력설야회에서 시청자들이 기대하는 작품이 바로 '산단단山丹丹'으로 불리는 백운흑토白雲黑土 시리즈 소품이었고, 현재 음력설야회의 백미白眉로 자리 잡고 있다. 금년에도 조본산趙本山과 송단단宋丹丹 명 콤비가 출현한 '횃불잡이火炬手'가 최고의 인기프로로 집중조명을 받은 하 이라이트로 손색없었다. 금번今番 소품이 예년에 비해 다른 점은 올림픽 '홍보대사'로, 관련 지식보급으로 내용이 꾸며졌다는 것이다.

베이징올림픽은 2008년 중국의 국가대사로, 개혁개방 이후의 성과와 중 국사회 발전변화를 집약적으로 표현해주는 '대외창구'로 작용할 것이다. 중 국인들에게 있어 자국에서의 올림픽의 개최는 단순히 종합적인 체육경기 가 아니라 국가경쟁력과 민족의 자긍심을 높이고 중국의 우수한 문화를 대외에 홍보하며, 중국인의 이미지를 제고하는데 절대적인 기여를 하는 것 으로 간주되고 있다. 미상불 올림픽의 성공적인 개최는 2008년이 명실상 부한 '중국의 해'로 손색없고, 21세기가 '차이나 시대'로 거듭나는 결정적인 계기 및 이정표가 될 것이다.

소품 '거리의 위사街頭衛士'는 최근 중국도시에서 만연되고 있는 음주운전 및 '인맥관계'에 의해 처벌여하가 결정되는 불량현상을 지적했다. 급속한 경제발전에 따라 중국은 바야흐로 '자가용 시대'를 맞고 있지만, 교통질서 의 문란함과 음주운전으로 인한 교통사고가 빈발하고 있다. 올림픽 개최 지 북경의 교통상황에도 개선할 바가 적지 않으며, 따라서 문명한 교통문 화는 성공적인 올림픽 이미지와 국격 제고에 크게 일조할 것은 자명하다.

개혁개방 성공과 고도성장으로 중국은 불원간 '경제강국'으로 도약할 것 이다. 하지만 경기과열과 통화팽창 위기, 도농 격차 심화 및 환경파괴 등 사회적 문제들이 쌓여있다. 이러한 사회문제들을 원만하게 해결하지 못하면 지속적인 경제발전에 큰 차질이 빚어질 수 있으며, 사회적 혼란과 함께 그동안의 개혁개방 성과들은 물거품이 될 수 있다. 사회 안정 속에서 조화롭고 균형적인 발전은 향후 중국경제의 지속적 발전을 확보하는 요인이며, 조화사회 건설과 함께 국태민안의 현실로 거듭날 수 있는 사회적 보장이 된다.

올림픽이 중국경제 및 사회발전에 미치는 영향

2001년 WTO 가입 이후 중국경제는 연평균 10%대의 고도성장과 1% 대의 물가상승을 유지하면서 고성장·저물가 시대를 구가했다. 특히 2001년 올림픽 개최지가 결정되면서 베이징을 중심으로 투자 붐이 일면서 해외투자가 확대되었고, 2003년 이후 세계경제 호조에 따른 중국경제는 수출확대와 고정투자가 급증했다. 한편 올림픽 이후 중국경제가 질적 성장과 경기부양책으로 지속가능한 고도성장의 낙관론연착륙과 경기과열에 따른 부작용으로 성장률 하락과 경기둔화가 불가피하다는 비관론경착륙이 엇갈리고 있다.

현재로선 올림픽이 중국경제와 사회발전에 긍정적 영향을 미칠 것이라는 낙관적인 평가가 지배적이다. 지난 7~8년간 중국경제는 성공적 투자유치와 올림픽 특수에 힘입어 연평균 성장률 10%대의 고도성장을 유지하면서 '세계경제 엔진'으로 발전했다. 2007년의 경제성장률은 11.4%로, 중국경제가 세계경제에서 차지하는 비중이 2001년 3.7%에서 6.4%로 높아졌다. GDP 대비 고정자산 투자비율도 2001년 30%에서 2007년 55%로 급증했는데, 이는 올림픽 경기장·공항·전철·도로 등 인프라 확충에 따른 건설투자 확대로 나타났다.

한편 경기과열과 과잉 건설투자 부작용으로 성장 둔화를 예고하는 '불안조짐'들이 곳곳에서 나타나면서, 올림픽 이후 중국경제는 '인플레이션과 경기과열 후유증으로 경기침체에 빠질 것'이라는 비관론이 등장했다. 외국학자들은 그 경착륙 증거로 올림픽 기간 상하이上海 종합지수 12% 급락과 소비자물가 급상승2006년 1.46%에서 2008년 6.3%, 부동산버블 붕괴와 소비지출 하락 및 수출의 둔화무역흑자 감소를 꼽고 있다. 삼성경제연구소는 최근 보고서에서 "중국경제는 경기과열에 따른 긴축정책 등으로 경제성장률이 2008년 9.8%에서 2009년 8.1%로 둔화될 가능성이 크다"고 전망했다.

올림픽을 계기로 과열되었던 경기가 올림픽 이후 둔화되는 것은 일반현상으로 지적된다. 서울올림픽 이후 성장률이 1988년 10.64%에서 1989년 6.74%로 하락되었고, 이와 같은 '경기둔화' 현상은 시드니·아테네올림픽에서도 마찬가지였다. 문제는 올림픽 이후 중국경제의 '버블거품 붕괴'가 건설투자 위축에 따른 고용 부진과 자산가격 하락, 소비심리 위축 등 전방위적으로 발생할 수 있다는 점이다. LG경제연구원은 "올림픽 이후 투자심리 위축과 부동산시장 침체, 주식시장이 부진할 경우 금융부실로 이어질 수 있다"고 지적했다.

반면 낙관론의 이유로, 올림픽을 계기로 이뤄진 대규모 인프라 투자와 중국경제의 글로벌화 및 산업의 질적 고도화가 경제성장의 동력이 된다는 점과 국가브랜드와 기업이미지 제고와 같은 '올림픽 후광효과'를 꼽고 있다. LG경제연구원은 "올림픽으로 중국경제는 크게 악화되지 않을 것이며, 올림픽투자가 많이 이뤄졌지만 전체 GDP에서 차지하는 비중이 크지 않다"고 지적했다. 실제 올림픽 인프라 시설에 투자된 420억 달러는 중국의 총 고적투자액의 3%이며, 베이징이 중국 국내총생산GDP에서 차지하는 비중은 3.7%에 불과하다.

저명한 경제학자 린이푸林毅夫 세계은행 선임 부총재는 중국은 "대규모 고정투자와 내수확대, 하이테크산업 발달로 성장세를 이어갈 것"이라고 전망했다. 중국학자들은 서방학자들의 '비관론'을 일축하면서 "중국은 여전히 공업화 단계로 농촌 도시화 수준이 낮고, 경제발전이 낙후한 서부지역 개발에 지속적 투자가 필요하다. 정부는 소비중심의 질적 성장을 추구하고 있고, 소비가 중국경제를 견인할 것"이라고 주장했다. 게다가 2010년 상하이 엑스포와 2012년 광저우廣州 아시안게임은 여전히 투자를 대기, 주가폭락도 유가 상승과 미국경제 슬럼프 등 세계경제 불안으로 비롯된 '일시적 현상'이라는 견해가 지배적이다.

최근 중국 국무원은 3차례 경제대책회의를 열고 경기부양책을 논의했다. 향후 중국정부는 '급격한 경기하락 방지를 위해 기존의 경제성장기조는 유지하면서 인플레이션 억제에 주력'하는 '일보일공—保—控'의 경기부양책을 펼칠 것으로 전망된다. 따라서 위안화의 절상속도를 조절하면서 수출 및 투자확대 정책과 내수확대를 동시에 추진하는 경기진작책이 적절하게 실시될 경우, 경제성장률 8.5~9.5% 수준의 '연착륙'을 할 것으로 전망된다.

베이징올림픽의 성공적 개최는 스포츠축제를 초월하여 중국이 정치·경제·문화·외교·스포츠에서 명실상부한 '세계중심국가'로 부상하는 기점이다. 13억 중국인들에게 자신감과 민족적 긍지감을 심어준 사회통합 대축제인 올림픽이 중국인의 의식변화와 사회발전에 긍정적 영향을 끼친다는 점에서, 자못 심원한 영향력과 역사적 의의를 지닌다. 향후 중국은 고도성장의 경제력과 올림픽에서 얻은 자신감을 기반으로 과학발전관에 입각한 질적·합리적 성장, 지역발전 균형에 초점을 맞추면서 '지속가능한 경제발전'을 추구할 것이다.

반면 올림픽 성공이 경기과열로 인한 부작용과 중국사회의 사회적 병폐들을 해결하는 만병통치약은 결코 아니라는 점을 명심해야 한다. 천정부지로 치솟은 부동산 가격과 소비자물가는 조화사회 건설과 민생문제를 우선시하는 중국정부가 반드시 해결해야 중차대한 문제이다. 또한 경제발전에 따른 환경문제와 도농 양극화, 소외계층의 사회적 불만은 올림픽의 장밋빛 이면에 가려진 '어두운 그림자'로 잠복해 있다. 북경 '코리언타운' 왕징望京의 민박·요식업은 정부의 규제와 단속으로 때 아닌 불황, '올림픽 비수기'를 맞았다.

중국에 대한 수출의존도가 높고 최대 교역국인 한국은 중국 리스크에 대비하는 한편, '올림픽 특수'를 누리고 있는 중국경제의 질적 고도화와 내수확대의 경기부양책에 편승해 서부내륙지방 진출방안을 모색하고 환경관련 사업과 IT산업, 호텔·상업·레저 등 복합개발사업을 추진하는 것이 바람직하다. 그것이 서로에게 '득이 되는' 원－원 전략이 될 것이다.

'봄의 불청객', 황사

봄철이면 어김없이 찾아오는 '불청객'이 있다. 그것이 바로 한국 언론 및 한국인들 사이에 자주 회자되고 있는, 이웃나라 중국에서 무료로 수출해주는 자연공해, 황사黃砂다.

요즘 한국 전철 속의 잡상인들은 벌써부터 황사 방어용 마스크를 파는 데 열을 올리고 있다. 밀려오는 중국산과 더불어 황사는 어느덧 한국인들의 생활근저를 '위협'하는 중국발 2대 '악재'로 지목되고 있다.

황사는 간단하게 말하면 황토지대나 사막 등지에서 발생한 미세한 토양입자가 대기 중에 수송되어 낙하하는 자연현상이다. 일반적으로 황사라 하면 중국의 신강의 타클라마칸 사막과 몽골고원의 고비사막, 황하 상류의 아라산 사막 및 몽골과 중국의 넓은 건조지대 등에서 발생하는 '모래바람'을 가리킨다. 황사는 한반도와 일본 및 미국 본토까지 영향 주는 공해로 경제개발 및 환경문제와 직결되는 사회문제이기도 하다.

현재 한반도에 영향을 미치는 황사는 거의 아시아대륙 중심부에서 발원한다. 발원지에서 모래폭풍이나 기타 강한 바람으로 인해 황사 현상이 발생하면 무엇보다도 발생 지역의 사막화가 급속하게 진행된다.

토양이 바람에 휩쓸려가면서 표토가 유실되고 비옥한 토양이 메말라 식물이 자라지 못하고 식생이 파괴되면서 토양의 사막화가 빠르게 진행되는데, 중국의 황하黃河 중류에서만도 매년 20억 톤에 달하는 토양이 유실되어간다고 한다.

황사는 시정視程 장애, 호흡기 질환, 눈 질환, 알레르기 등 각종 질환을 유발한다. 아울러 황사에 포함된 미세 입자들이 대기 중에서 화학반응을 일으켜 각종 산화물을 생성해 흡연자들의 만성기관지염을 악화시키고 노인과 영아嬰兒의 호흡기 질환을 유발한다.

그 밖에 황사로 인한 누런 먼지로 시야가 흐려지고 하늘이 황갈색으로 변해 항공기 운항에 영향을 미치며, 정밀기기에 황사가 들어가 오작동을 일으킨다. 또한 강물 및 토양을 중화시키고 식물의 기공氣孔을 막거나 생장 장애를 일으키므로, 황사의 피해는 다방면이다.

반면 황사 속에 섞여 있는 석회 등 알카리성 성분이 산성비를 중화함으로써, 토양과 호수의 산성화를 방지하고 식물과 해양 플랑크톤에 유기염류를 제공한다는 '이점'도 있다는 것이 전문가들이 지적이다. 하지만 황사는 이점보다 폐해가 많은 이소폐다利少弊多의 공해로, 환경문제의 해결과 더불어 인류가 해결해야 할 자연공해임이 틀림없다.

현재 중국정부는 황사의 피해를 줄이기 위해 여러 가지 대책을 강구하고 있지만 그 효과는 미미하다. 황사의 발원지인 중국이나 몽골, 황사 피해를 직접적으로 받는 한국과 일본 등도 황사 피해를 줄이기 위한 각종 대책이 마련되고 있지만 아직까지는 근본적인 해결책은 없는 상태이며, 현재까지 가장 많이 이용되는 방법은 방풍림 조성이다.

중국정부는 황사 피해를 줄이는 대안의 하나로 황사의 발원지인 사막지역에 꾸준히 방풍림을 조성해 왔는데, 연구 결과 2m 높이의 방풍림을 조성할 경우 방풍림 뒤쪽 20m 이내의 황사를 완화시키는 것으로 나타났다.

최근 중국정부가 추진하고 있는 서부지역 대개발 프로젝트에서도 생태 환경 복원을 인프라의 확충과 함께 최우선적인 과제로 삼고 있다. 그러나 중국의 전체 면적 가운데 15%가 넘는 1억 5000만ha가 사막지역이기 때문에, 이 방대한 지역에 단기간 전부 방풍림을 조성한다는 것은 현실적으로 거의 불가능하다는 한계도 안고 있다.

또한 황사의 원인이 되는 사막화의 확대가 가난한 지역주민의 목축 및 연료벌채 등 인위적인 요인에도 크게 기인하므로, 광대한 지역의 주민 생활방식을 근본적으로 개선하고 전환해야 하는 나름대로의 딜레마가 있는 것도 부인할 수 없는 사실이다.

토양 사막화의 급증과 더불어 황사는 환경오염의 '주범'으로 우리 실생활에 등장하고 있다. 현재 2008년 올림픽개최도시인 북경시는 황사의 영향권에 놓여있어 그 피해가 적지 않다. '환경올림픽'을 갈망하는 중국정부의 관련대안과 해결책이 시급한 상황이다.

한국과 일본 등 인접 피해국도 사막화 방지노력이 성공할 수 있도록 기술적 지원을 비롯한 국제사회의 협조요청을 적극 추진할 필요가 있으며, 황사로 인한 국민피해를 예방하고 최소화하기 위해 황사관련 조사 연구와 관측 및 예보기능의 강화 조치가 필요하다.

중국과 몽골은 황사의 '발원국'이자 최대의 피해국으로 심각한 환경문제가 대두되고 있기 때문에, 우선적으로 중국과 몽골정부의 사막화의 방지 노력이 선행되는 것이 중요하다. 아울러 환경문제는 국경을 초월하여 인류가 공동 해결해야 할 사회문제로 국제적인 협력과 노력이 필요한 시점이다.

인류는 자신들의 행복한 삶을 위해 환경친화적인 자연과 공존해야지만, 때론 자연이 '선물'로 주는 공해公害를 정복해야 한다. 환경문제가 대두될수록 황사 피해로 인한 일련의 사회문제는 문명사회의 아킬레스건이 될 것은 자명하다.

요컨대 봄마다 어김없이 찾아와 우리들의 건강을 위협하는 자연의 공해를 거론하는데 열중하기보다는 인류가 힘을 합쳐 황사의 폐해를 줄이려는 인위적인 공동의 노력들이 더욱 중요하다는 이야기다.

중국은 21세기 '스포츠강국'인가

2008년 8월 24일, 베이징올림픽 주경기장 '새둥지鳥巢'에서 진행된 화려한 폐막식 속에서 16일 동안 활활 타오르던 올림픽성화가 꺼지면서 29회하기올림픽은 대단원의 막을 내렸다. 이번 올림픽에서 개최국 중국은 금메달 수51개와 메달합계100개에서 모두 사상 최고기록을 달성하면서 '스포츠강국'의 이미지를 확실하게 굳혔다. 주최국 특유의 천시天時·지리地利·인화人和의 우세와 더불어 중국대표선수들의 물오른 기량과 막강한 실력을 바탕으로 한 선전은 스포츠대국의 자존심을 살리기에 충분했다.

개최국 중국이 라이벌 미국을 제치고 시종 '종합순위 1위'를 고수하게 된 주요인은 중국이 절대적 실력을 자랑하는 올림픽 전통항목에서 강세를 유지했기 때문이다. 중국선수들이 베이징올림픽에서 딴 금메달 중 38개가 '드림팀의 실력'을 보여준 역도·다이빙·탁구·체조·사격·배드민턴 등 전통항목에서의 우승으로 얻어진 것이다. 상술한 항목에서 훈련노하우와 실전경험 및 두터운 선수층을 보유하고 있는 중국이 향후 오랜 기간 강세를 유지할 것이며, 이 또한 중국이 '올림픽의 강자'로 군림할 수 있는 중요한 밑바탕이기도 하다.

금번 베이징올림픽에서 중국의 금메달 수51개는 올림픽의 '절대 강자' 미국36과 한국13 · 북한2의 금메달수를 합친 것과 같다. 그 중 13개 항목에서 중국선수들은 처음으로 우승, 금메달을 따내는 쾌거를 이뤘다. 특히 여자 양궁 개인전에서 따낸 금메달은 '드림팀' 한국 명수 3명을 연이어 제치고 따낸 것이기에 더욱 큰 의미가 있다. 그 외에도 수영 200m에서 획득한 여자개인전 금메달과 남녀체조 단체전에서의 우승, 막판 복싱에서 따낸 2개의 금메달과 한국인 출신 김창백 감독이 이끈 여자하키가 따낸 '금메달 못지않은' 은메달은 베이징올림픽에서 개최국 중국이 거둔 '혁혁한 성과'로서 손색이 없을 것이다.

중국이 스포츠강국으로 성장하는데 최대의 걸림돌은 올림픽 '하이라이트'인 구기 종목에서의 약세를 꼽을 수 있다. 실제 여자 하키 은메달과 여자 배구 동메달을 제외하면 대부분 경기가 기대에 부응하지 못했으며, 여자 축구와 여자 농구팀은 메달 획득 실력을 구비했지만 홈장主場 이점을 살리지 못하고 '부진한 모습'을 보여주었다. 특히 1990년대 최강 미국과 함께 막강한 실력을 자랑했던 여자 축구의 4강 진출 실패와 중국스포츠의 아킬레스건, 남자축구는 1승도 거두지 못하고 예선 탈락해 수많은 축구팬들을 실망시켰다.

한마디로 올림픽에서 많은 관중과 지대한 영향력을 지닌 3대 구기농구 · 축구 · 배구항목에서 질적인 제고를 가져오지 못한다면, 중국은 진정한 스포츠강국이 될 수 없다.

　중국경제의 비약적 발전으로 중국이 최근 올림픽에서 우수한 성적을 거두면서, 무한한 발전가능성을 지니고 있다는 점은 아무도 부인하지 못할 것이다. 하지만 지구촌 최고의 선수를 뽑는 올림픽이나 에이스들이 우열을 가리는 세계선수권대회에서 '육상강국' 미국, '수영강국' 호주·미국 등에 도전할 경기수준을 갖추지 못한다면 스포츠강국으로 발전할 수 없다. 금번 베이징올림픽의 수영경기에서 창조한 한국·일본 등 아시아국가의 '역사적 돌파'와 자메이카 등 아프리카국가의 '육상강국' 부상은 중국에 시사하는 바가 적지 않다.

　한편 서방세계를 비롯한 외국 언론들이 개최국 중국의 성공적인 올림픽 준비와 순조로운 진행 및 화려한 개막식·폐막식에 대해 찬양의 필묵을 아끼지 않았지만, 외국 언론들이 '이구동성'으로 꼬집은 점이 바로 주최국 관중의 혼잡한 응원매너와 자민족중심주의에 기초한 후진적 응원문화이다. 특히 '라이벌' 한국과의 양궁경기에서 홈팀 관중의 상대방 선수에 대한 야유와 근거리 관중석의 휘슬소리 및 잡음은 정상적인 경기진행에 방해가 될 정도였다. 선진적인 응원문화의 부재는 '스포츠문명국'과의 거리를 갈수록 요원하게 할 뿐이다.

　21세기 '스포츠강국'으로서의 중국의 또 다른 '아킬레스건Achilles 腱'은 수영에서 '8관왕' 목표를 달성하고 7개의 세계 신기록을 창조한 '외계인' 미국 펠프스, 육상 100m·200m에서 연속 세계기록을 갱신하면서 육상

단거리 '최고 강자'로 군림한 자메이카의 볼트와 같은 '슈퍼스타'의 부재이다. 이러한 점에서 110m 허들의 금메달리스트 '국민영웅' 류샹劉翔의 부상으로 인한 결장이 13억 중국인들에게 더욱 아쉽게 느껴지는 대목이다.

향후 지구촌 최대의 축제인 올림픽에서 육상과 구기종목에서 절대적 강세를 유지하고 있는 미국과 기존 올림픽 전통항목에서 '드림팀 실력'을 자랑하고 있는 중국의 양립 및 대결이 전망된다. 분명한 것은 주최국 중국이 이번 올림픽에서 금메달 종합순위 1위로 차지했다고 해서 21세기 '스포츠 강국'으로 도약했다고 말할 수 없다는 점이다.

요컨대 스포츠 기초시설과 생활체육이 전면적으로 보급되고 전 국민 참여의식의 제고와 대중운동이 고도로 발전했을 때, 명실상부한 스포츠강국으로 거듭날 수 있을 것이다.

중국 공직사회의 사회악, 부정부패

얼마 전 한국 공영방송 KBS 1은 베이징특파원이 전해온 중국 공직사회의 부패를 폭로하는 충격적 사건을 뉴스로 보도했다. 뉴스는 "내몽고內蒙古자치구 소재지 후허하오터呼和浩特시의 공안국 산하 한 공안국장이 시위市委의 부서기를 살해한 후 현장에서 자살했다"고 전했다.

비슷한 시각 홍콩 사우스차이나모닝포스트도 중국 시사지 재경財經 뉴스를 인용, "2월 5일 후허하오터시의 여의如意개발구 관육여關六如 공안국장이 왕지평王志平 후허하오터시 시위부서기를 총으로 쏴 살해한 후 자살했다"고 보도했다.

홍콩주재 연합뉴스 특파원 보도에 의하면, 당시 무기총를 휴대한 關 국장은 음력설 위문행사로 거의 비워져 있는 시위 청사에 진입하여 사무실 문을 일일이 열어보다가 王 부서기가 사무실에 있는 것을 보고 "나를 알아보겠느냐"고 소리친 뒤 그를 겨냥해 총을 발사했고, 총성을 듣고 무장경찰이 달려오자 關 국장은 곧바로 총으로 자살했다.

關 국장이 사전에 유서와 함께 그가 회뢰 금품을 주었던 정부측의 주요

관료들의 명단을 남겨놓았다는 점에서, 본 사건이 단순한 우발적인 것이 아닌 사전에 준비하고 계획적으로 진행되었다는 것이 드러났다.

사건이 발생하자 중앙기율검사위紀檢委와 공안부公安部 등 집법기관은 합동 수사팀을 구성해 후허하오터에 파견, 본 사건에 연루된 후허하오터시 당정黨政 간부들을 조사하고 있는 것으로 전해졌다. 사건의 발생 원인에 대해 '두 가지 설'이 있다.

그중 關 국장이 고위직 승진을 위해 금품을 뿌렸지만, 승진에서 누락된 것에 원한을 품고 일을 저질렀을 것이라는 추측이 지배적이다. 다른 하나는 범죄조직 사건에 연루된 혐의로 파면될 위기에 몰린 關 국장이 이를 무마하기 위해 시위 및 정부 관료들에게 회뢰했지만, 아무런 소용도 없게 되자 보복으로 살인을 획책했다는 일설—說이다.

인터넷에 관련 기사가 실리면서 사회적 파문이 커져가자 중국정부는 인테넷에 오른 관련기사들을 모두 삭제시키는 등 언론 확산을 통제하였지만, 홍콩매체와 관련 뉴스에 민감한 외국 언론들에 의해 부패 스캔들은 세계에 타전되었고 극도의 악영향을 끼쳤다.

종이로 불을 살 수 없는 것처럼 감출수록 더 드러나는 법이다. 북경이공理工대학 胡 교수는 "이번 사건은 자신의 이권보호를 위해 수단·방법을 가리지 않는 중국 공직사회 부패현상을 그대로 보여주며, 이는 인사 결정권이 소수 권력자에게 집중돼 있기 때문"이라고 지적했다.

중국에서 공안국장은 집법기관의 일인자로 막강한 권력과 파워를 갖고 있지만, 권력남용의 '부패 상징'이기도 하다.

중국의 드라마에서는 공안국장이 회뢰를 받고 법을 무력화시키는 부패 장본인으로 등장하는 경우를 자주 볼 수 있다. 정부의 영도와 통제를 받고 있는 집법기관으로서의 공안국은 독립성이 강한 검찰원이나 법원에 비해 행정적으로 직급이 반급 낮지만, 최근에는 공안부장이 국무위원이 되고 지방 공안국장이 정부 부시장을 겸직하고 있다. 이처럼 막강한 권력을 갖고 있는 공안국장을 중국백성들은 범보다 더 두려워한다.

그처럼 권력이 막강한 파워를 갖고 있는 공안국장도 범처럼 무서워하는 이가 있는데, 그것이 바로 정부의 최고 권력자인 시장市長이고 시장보다 더 높은 시위서기市委書記이다. 평소에는 '고양이 앞에 쥐'에 불과하지만, 권전權錢 교역의 부패 포로가 되면 쥐도 고양이를 물려고 달려든다. 부정부패의 권전 교역에는 승자는 없고 오로지 패자만 존재한다.

인민이 준 신성한 권력총을 남용하면, '고양이'도 죽고 '쥐'도 모두 황천에 간다. 이 또한 권력남용과 관료들의 부정부패가 자초한 부패 권력자의 비참한 말로이기도 하다.

현재 중국의 지방 관료사회에서는 "돈 없이는 공직을 못 얻는다"는 말이 나올 정도로 매관매직賣官賣職과 뇌물상납 등 관행이 뿌리 깊게 자리 잡고 있다.

중국에는 정상적으로 해결할 수 있는 일도 뇌물을 증송해야 해결된다는 속설이 있다. 평소 중국인들이 상투적인 수단으로 관용되는 관시이關係, 인맥에 의한 뒷문거래 및 뇌물수수는 사회풍기를 문란하게 하고 부정부패를 조장하는 최대의 사회악이다. 현재 금품회뢰와 관시이 악용은 중국사회를 갉아먹는 양대 사회악으로 군림하고 있다.

최근 중국정부가 매년 2만여 명의 부패공직자를 적발해 유죄판결을 내릴 정도로 부패척결 의지를 보이지만, 공직자범죄는 갈수록 대형화 및 고급화되고 있다.

현재 조화사회를 목적으로 사회 안정과 더불어 '지속가능한 성장'을 추구하는 중국사회 발전의 걸림돌이 바로 중국사회에 만연된 공직자 부정부패 및 권력남용으로 속출하는 범죄행위다. 얼마 전 전인대숲人大에서 원자바오 중국총리는 중국사회를 갉아먹는 공직사회 부정부패에 대해 엄중처벌을 선언했고, 관료들의 부정부패에 대한 중국정부의 척결 의지를 분명히 했다.

중국 공직사회에 만연된 부정부패와 공직자들의 권력남용은 당과 정부에 대한 백성들의 신뢰감을 떨어뜨리며, 이는 궁극적으로 중국정부가 추구하는 조화사회 건설에 최대의 위협요인으로 작용할 것이다.

요컨대 사회악으로 중국 공직사회에 암세포처럼 만연된 공직자들의 비리와 부정부패가 사라지지 않는 한 청렴한 공직사회는 기대하기 어려우며, 균형적인 발전과 사회 안정이 조화를 이룬 명실상부한 조화사회의 도래는 요원할 것이다.

중국 CCTV 축구해설원이 '흥분한 이유'

지난 한달 동안 지구촌 축구팬들을 흥분의 도가니 속에서 열광시켰고, 안방 브라운관을 뜨겁게 달구었던 월드컵이 유럽의 전통축구강호 '아주리군단' 이탈리아대표팀이 우승트로피를 획득하면서 시원섭섭하게 막을 내렸다.

이로써 이탈리아는 5성五星 브라질에 이어 4성四星으로 진급하면서 월드컵강자로 확실하게 자리매김을 했다. 경기 내내 실력을 바탕으로 줄곧 안정된 플레이를 펼쳤고 최상의 컨디션을 유지한 이탈리아가 우승컵을 획득한 것은 당연한 것이며, 중망소귀衆望所歸의 결과로 볼 수 있을 것이다. 이 또한 유럽 '홈장'의 우세를 톡톡히 발휘한 결과이기도 하다.

2006년 독일월드컵은 별다른 이변이 없는 대회로, 축구변방국인 아시아와 아프리카 및 북중미의 제자리 회귀와 수준 높은 빅리그를 유치한 유럽의 축구선진국 진면모를 재확인할 수 있는 대회이었다.

굳이 이변으로 선정한다면, 스타급의 멤버들로 구성된 '우승후보 0순위' 브라질의 8강전 탈락을 들 수 있을 것이다. 그리고 2006 독일월드컵의 가장 큰 해프닝으로, 본 대회 골든볼MVP을 수상한 프랑스 월드스타 지네딘

지단의 그 유명한 '박치기'를 꼽을 수 있다.

또 다른 중요한 에피소드로, 한국 모방송사 간판해설원의 중도하차와 중국 CCTV의 '유명' 해설원의 '오버혹은 방송사고?'를 꼽을 수 있을 것이다.

필자는 평소 존중하던 한국의 유명한 축구해설원의 '중도하차'에 대해서는 얼마 전에 자신의 견해를 적은 졸문을 발표한 바 있다. 아래에 중국 CCTV 축구해설원의 흥분 및 '오버' 현상에 대해 나름대로의 소견을 적는다.

사건의 발단은 16강 토너먼트에서 이탈리아와 호주의 경기해설을 담당하고 있던 중국 CCTV의 간판해설원이 평상시의 이지를 상실하고, 이외로 '오버' 해설을 진행한 것이다.

경기도중 반칙으로 한명이 퇴장당해 10명으로 뛰던 이탈리아가 경기종료 1분을 앞두고 왼쪽 윙백 그로소가 페널티킥을 유도하였다. 그로소가 침착하게 골로 성공시키자, 담당 해설원이 흥분된 어조로 "이탈리아 만세"를 연발하였고, "호주는 물러가라"고 외쳤던 것이다.

축구해설원으로서 스포츠맨십과 일순간의 이지를 상실한 그의 언행은 급기야 중국 네티즌 사이에서 화제로 부상했고, 비난의 화살과 더불어 여론의 질타를 받았다. 사태가 급격히 악화되자 CCTV 관련 책임자가 해당 해설자의 부적절한 언사에 대한 인정과 함께 진화에 나섰고, 물의를 일으킨 해설원 당사자도 드디어 공개적인 사과성명을 발표했다.

그 후 여론의 영향력을 의식한 관련 당국은 해당 해설원에게 '레드카드'로, 다음 경기의 해설자격을 취소하는 것으로 '사건'을 갈무리했다.

최근 10년간 중국 CCTV 스포츠 전문채널에서 독일 분데스리가와 이탈리아 세리에 A 리그의 축구해설을 담담하고 있는 본 해설원은 '386세대'의 간판해설원이다. 그는 중국 축구팬들에게 잘 알려져 있는 공인으로, 축구팬들 사이에서 막강한 영향력을 갖고 있다.

최근에는 월드컵대회마다 중국 CCTV의 주요해설원으로 맹활약하고 있으며, 게다가 즉흥적인 해설과 해박한 축구지식으로 매우 유명하다. 한마디로 그가 갖고 있는 호소력은 매우 크다고 할 수 있다.

장시간 이탈리아 세리에 A 리그의 담당해설자로 있은 그가 이탈리아대표팀에 대해 특수한 감정과 편애하는 마음을 가질 수도 있는 것이다. 하지만 일반 축구팬도 아니고 수억 명의 팬들을 대상으로 하는 축구해설원이라면, 자기의 사심을 개입시키지 말고 공정한 해설을 진행해야 한다는 것은 너무나 당연하고 자명한 이치다.

특히 중립적인 입장에 서야 할 축구해설원이 공공연히 한 나라의 '만세'를 부르면서, 다른 대표팀 감독에 대한 모욕적인 언사는 스포츠맨십 및 해설원의 자격을 상실한 망발이다. 그리고 이번 '방송사고'의 주요한 원인은 2002년 한일韓日월드컵 이후, 중국인들이 갖고 있는 이른바 '히딩크 콤플렉스'에서 기인한 것이라고 볼 수 있다.

금번 호주대표팀의 감독이며 네덜란드 출신인 히딩크는 월드컵에 처음 참가한 호주대표팀을 16강에 진출시킨 장본인이자, 2002년 한일월드컵에서 한국대표팀의 '4강 신화'를 창조한 공신으로서 세계가 인정하는 명감독이다.

월드컵 당시 홈장 우세와 최상의 컨디션을 보유한 한국팀은 유럽축구강호 이탈리아·스페인을 누르고 4강에 진출했다. 당시 중국 CCTV에서 생방송을 진행하던 본 해설원을 비롯한 몇몇 해당 중계자들이 한국대표팀에 대해 심판의 '편파판정'을 대거 운운하면서, 한국팀의 4강 진출을 비하하는 발언을 쏟아내 한국 축구팬들의 반발을 야기한 적이 있다.

중국인들에게는 20여 년 동안 지속되어 온 이른바 '공한증恐韓症'이 심병心病으로 남아 있다. 아울러 스포츠대국이지만 유독 남자 축구에는 절대약자인 중국인들의 '축구 콤플렉스'가 라이벌인 한국의 '4강 신화'를 이끌어낸 '히딩크 콤플렉스'로 이어졌던 것이다.

2006년 독일월드컵의 16강에 진출한 '다크호스'로, 아시아의 어느 대표팀에 비해도 뒤지지 않는 실력을 가진 호주가 다음 월드컵예선부터 아시아에 편입된다. 이는 월드컵 콤플렉스를 가지고 있는 중국대표팀에게는 설상가상으로, 차기 월드컵의 본선 진출에 또 하나의 강력한 적수가 생기는 셈이 된다. 그만큼 월드컵 진출이 어려워진다는 말이 된다.

최근 10년간 중요한 경기마다 한국·일본대표팀에 부진한 경기를 펼쳐 스포츠대국의 자존심을 구긴 중국으로서는, 실력과 명성을 겸비한 축구강호 호주라는 '불청객'이 결코 반갑지만 않은 것은 분명하다. 그것이 일국의 관변·간판해설원이 자신의 신분을 망각하고, 일순간의 흥분에 따른 "호주는 물러가라"고 외치는 한심한 '방송사고'가 유발된 이유이다.

다행한 것은 본 해설원이 관련 당국의 '레드카드잠정 해설자격 취소' 처분을 허심하게 받아들였고, 적시적으로 본인의 잘못을 뉘우치고 사과성명을 했다는 점이다.

월드컵을 포함한 모든 축구경기는 단순한 스포츠로, 그 어떤 정치적인 요소나 국가적 의미를 지나치게 부여해서는 안 된다. 축구해설원은 모름지기 공정한 해설을 하는 것이 원칙이며, 자신의 편애지심과 애국심 및 국가 이념적 요소를 임의로 가미한다면 어불성설이다.

따라서 '공정한 해설'을 진행한 간판해설원을 중도하차 시킨 한국 모방송사의 행위와 스포츠맨십과 이지를 상실하고 망언을 한 중국 CCTV의 간판해설원의 행위는 모두 스포츠의 도덕과 정신에 위배되는 '오십보백보'의 불미스러운 추태로, 반성하고 삼가야 할 것이다.

요컨대 이데올로기에 관계없이 지구촌·축제로 4년에 한 번씩 진행하는 월드컵에 인위적으로 '이념적 요소'를 가미한다면, 그것은 또 다른 우리 사회 비극의 빌미가 될 것이다.

연변의 대외창구, 옌지延吉 공항

　얼마 전 필자는 한 달 동안 북경과 고향 연변에 다녀왔다. 최근 1~2년 간 나의 귀국코스는 베이징北京 공항으로 입국해서 북경에서 한동안 일을 보고 고향인 연변으로 돌아와 부모님을 비롯한 고향친지들을 만나본 후 옌지延吉 공항에서 인천 국제공항으로 직행하는 것이었다. 최근 여러 번 옌지 공항을 이용한 경험이 있는지라 고향 망신을 시키며 연변의 이미지에 먹칠하는 옌지 공항의 추루하고 혼잡한 모습을 적어본다.

　작년 여름 그동안의 전례를 깨고 처음으로 옌지 공항으로 입국한 필자는 크게 곤욕을 치른 적이 있다.

　나는 대부분 베이징 공항을 통해 출입국을 한다. 그런데 그것이 공항 출입국관원의 트집의 빌미가 될 줄은 생각지 못했다. 그는 범죄자를 대해듯이 '북경인'이 왜 연길로 입국하는가 하면서 이상한 눈초리로 필자를 한동안 훑어보았다. 그래서 고향에 일이 있어 그런다고 대답하니, 그는 여전히 미심쩍어 상사한테 회보를 하면서 도장을 찍어주지 않고 20분간 필자를 괴롭혔다. 나중에 많은 출입국 도장이 찍혀 있는 필자의 여권에서

'흠집'을 찾지 못하고 마지못해 도장을 찍어주는 것이었다.

몇 년 전 필자는 비즈니스로 사천성 청두成都시로 귀국하여 공항 입국수속을 할 때 비슷한 상황을 경험한 바 있다. 나중에 한국기업가들을 모시고 사천성에 투자고찰을 왔다는 것을 알게 된 그들을 필자에게 거듭 사과를 하면서 자신들의 '불찰'에 대해 양해를 구했다. 그런데 고향의 출입국직원들에게는 통하지 않았다. 그들을 여권에 찍힌 한국출입국관리소 재입국허가 증명을 무시했고, 수십 번이나 찍은 베이징 공항 동행들의 도장마저 불신했다. 무조건 불신과 트집으로 해외에서 온 자식을 맞아준 고향 공항의 첫 '선물'이었다. 이 또한 결코 필자 본인만이 당한 '억울한 일'이 아닐 것으로 확신한다.

무릇 옌지 공항을 이용해본 경험이 있는 고객이 공동으로 느끼게 되는 점은 공항로비의 혼잡한 인파로 입구에 접근하기 어렵다는 것이다. 입구를 향한 고객들과 배웅하는 사람들이 큰 소리로 떠들면서 서로 밀고 닥치는 혼잡한 국면에 대해 아무도 상관하지 않는다.

필자는 하루에도 100만의 유동인구가 드나드는 베이징 열차역의 출구를 빠져나올 때 겪는 힘든 상황을 옌지 공항에서 새삼스레 체험한다. 고객이 하도 많아 인산인해를 이룬 베이징 역전의 인파 속을 빠져나오면 온몸이 물주머니가 된다. 혼잡하고 떠들썩한 옌지 공항의 무질서한 상황을 보면서 낙후한 고향의 '축소판'을 보는 것 같아 더욱 가슴 아프다.

더욱 한심한 것은 해관 통과시, 옌지 공항에서는 처음 출국하는 사람이나 제 집처럼 외국에 자주 드나드는 비즈니스맨들을 막론하고 무조건 소위 건강증健康證을 요구한다는 점이다. 건강증을 한번 만드는데 인민폐 300여 위안한화로 5~6만원을 받는다고 한다. 이 또한 엔지 공항만의 특유현상이며 한심한 가렴잡세에 속한다.

같은 중국이지만 수도 베이징에 없는 특수한 규정이 연변에만 있어 도저히 납득이 가지 않는다. 그래서 자주 출국하는 공무원들이나 비즈니스맨들은 대부분 관시이關係를 통해 임시로 '통과증'을 얻어 무난히 출국수속을 한다고 한다. 필자도 인맥을 통해 얻은 '통과증'을 사용해 통관수속을 마쳤다. 저도 모르는 사이 편법을 이용한 파렴치한 인간이 되었다.

공항인원들의 딱딱하고 굳어져 있는 얼굴을 보노라면 소름이 끼칠 정도로 살벌한 분위기를 느낀다. 그들은 처음으로 해외출국을 하는 나이 지긋한 어른들에게 통관 및 등기수속에 관해 자세하게 알려줄 대신 마치 죄인을 다루듯이 눈을 부라리며 큰 소리로 호통 친다.

필자가 간신히 통관수속을 마치고 대기실에서 커피를 마시고 있는데, 옆자리에 앉은 50대 중년부녀가 홀가분한 목소리로 통관 부탁신세를 진 친지와 통화한다. "벌금을 하면 3000위안한화 50~60만원을 내야 하는데 공항 그분이 도와줘서……. 나중에 만나면 꼭 인사를 드려라"고 부탁한다. 이분도 나처럼 '편법을 동원했구나' 하는 생각이 들면서 여간 씁쓸하지 않았다.

현재 외강중간外强中干의 연변은 가까이에서 들여다보면 악취가 풍기는 '고인물'에 비길 수 있으며, 내부와 밑은 썩어 있다. 부패가 살판치고 뒷문거래가 공공연히 활약하는 부정부패의 축소판이 바로 하루에도 수천 명의 고객을 맞이하는 연변의 대외창구인 옌지 공항이다. 옌지 공항은 연변의 얼굴이자 연변을 대표하는 이미지다. 그 이미지가 먹칠당해도 수수방관되고 있다. 21세기 문명사회 상징인 밝은 서비스와 '조화'는 없고 오로지 불신과 혼잡, 추악한 암거래만이 살판치고 있다. 목전의 옌지 공항에는 '조화사회'의 문명하고 조화로운 분위기 대신 혼란과 추루한 교역 및 무질서만이 난무하고 있다.

정부의 어른들은 모름지기 왜 국내에서 고등교육을 받은 민족의 고급두뇌인 젊은이들이 고향을 등지고 낯선 타향에 정착하는지 심사숙고해야 한다. 무엇 때문에 해외에서 선진교육을 받은 우리민족의 엘리트들이 자신이 나서 자란 고향에 돌아가기를 거부하는지, 우리 모두가 가슴에 손을 얹고 곰곰이 생각해볼 필요가 있다.

추루한 옌지 공항의 추악한 현상은 착잡한 심정으로 고향을 다녀가면서, 고향의 현실을 우려하는 모든 이들의 발걸음을 무겁게 하고 있다. 제발 '한강에 돌 던지듯'이 나만의 고민 및 기우가 아니기를 기대할 뿐이다.

언제면 문명하고 밝은 분위기를 연변의 대외창구인 옌지 공항에서 볼 수 있겠는지? 누구나 한번쯤 고민되는 안타까운 현실이다. 언젠가는 "문명한 옌지 공항"이란 명제로 글을 쓸 수 있는 기회가 분명 있을 것이다. 필자는 '그날이 멀지 않았다'고 굳게 믿고 있다.

'푸른 등'과 '붉은 등'이 주는 계시

장기간 타향에서 전전긍긍하는 필자에게는 고향의 산천은 언제나 정겹고 아름답게 느껴지며, 꿈에도 보고 싶은 고향의 친지들은 항상 친근하고 정답게만 다가온다. 그래서인지 고향에서 보낸 시간은 언제나 짧게 느껴지고 빨리 지나간다. 고향에 왔을 때 부풀어진 마음과 떠날 때 서글퍼지는 마음을 더욱 주체할 수 없다.

누구나 나서 자란 고향이 잘되기를 바라며, 아울러 고향에 대한 애착심과 수구초심首丘初心은 인지상정이라고 해야 할 것이다. 그렇듯 마음속으로는 동경하고 회향심에 젖어있던 고향이건만, 막상 와보면 눈앞에 들어오는 현실들이 여러 가지로 불미스럽고 거슬리는 현상들이 한두 가지가 아니다.

얼마 전에도 고향의 이른바 "특색"을 꼬집고, 쓴소리를 해서 고향의 독자들에게 여간만 미안하지 않다. 그렇지만 눈앞에 보이는 것이 낙후한 현실이고, 고향의 이미지에 악영향을 미치는 안타깝고 불량한 현상에 대해 집고 넘어가지 않는다면 중시와 변화가 없을 것이 아니겠는가? 그리고 낙후한 현실의 변화 및 그에 대한 개변이 없다면, 우리는 영원히 후진사회의 국민으로 경시와 업신여김을 당할 것이다.

그래서 오늘도 '방관자청傍觀者淸'의 입장에서 또 고향에 대한 쓴소리를 한다. 대개 연변의 수부 연길延吉시에서 받는 첫 인상은 차량과 택시가 많은 반면, 교통질서의 혼란과 시민들의 교통의식 부재에 따른 교통규칙 준수가 잘 이루어지지 않는다는 것이다. 연변경제의 발전과 해외노무수입이 늘어남에 따라 중국의 같은 수준의 소도시에 비해 연길시의 택시업은 상당히 발달되었고, 40여 만 연길시의 인구에 비해 차량 수량은 지나치게 많다.

현재 연길시의 유관부문에서 교통량이 많은 하남다리를 기준하여 택시번호의 기수와 우수를 나누어, 격일제로 통과하게 하는 규제가 단적으로 이 점을 설명해준다. 최근 연길시에 1원짜리 버스와 값싼 소형버스들이 늘어남에 따라 택시업은 점차 '불경기'로 전락하면서, 택시가 많은데 비해 고객이 적은 상황이다.

게다가 일부 직업의식이 결여된 택시기사들의 '부르는 것이 값'인 부적절한 택시요금으로, 시민들의 택시에 대한 불신이 갈수록 높아지고 있다. 또한 치열한 고객유치경쟁에 따른 택시들의 속도위반과 불법정차가 난무하고 일방통행규정이 무시되고 있으며, 교통규칙에 위반되는 택시차량들의 유턴 현상이 난잡하여 교통사고가 증가되는 추세를 보이고 있다. 무질서한 교통질서는 그 도시와 지방의 '불량한 이미지'와 낮은 시민의식과 직결된다.

최근에는 개인들이 경영하는 소형버스들도 고객 빼앗기에 가세하여 뒷차가 앞차를 추격하고 초월하는 기현상이 난무하고 있어 교통상황은 더욱 혼잡하다. 고객의 안전을 전혀 고려하지 않고 돈벌이에만 전념하는 비정상적인 현상이 더는 지속되어서는 안 된다. 이는 연변자치주와 연길시의 대외 이미지에도 상당히 악영향을 미치고 있다. 바야흐로 연변정부 유관 부문의 중시와 적시적인 조치가 소요되는 시점이다.

그리고 자가용을 가지고 다니는 음주운전도 단속대상이 되어야 할 줄로 안다. 왜냐하면 초속운전과 음주운전은 모두 교통사고의 주원인이고 화근이 되기 때문이다.

현재 연길시는 '푸른 등'과 '붉은 등'이 자동적으로 교체되는 교통시스템으로 변했다. 이 선진적인 시스템은 시민들의 자각적인 교통규칙 준수 및 높은 시민의식을 요구하고 있다.

난해한 점은 많은 시민들이 명백히 신호등 전자판에 '붉은 등'이 켜져 있음에도 불구하고, 스스럼없이 횡단보도에 뛰어들어 우왕좌왕하는 현상이 자주 목격된다는 것이다.

약 10m 되는 횡단보도를 15초 동안 푸른 신호가 켜져 있지만, 이들은 무조건 생명의 위험을 무릅쓰고 횡단하는 이유가 도저히 납득이 되지 않는다. 문명시민의 기준과 너무나 거리가 먼 이들의 '무지한 행위'를 보면서, 필자는 착잡한 생각에 빠져든다.

다년간 서울에서 생활하면서 서울시민들에 대해 감복하게 되는 점이 있다면, 그들의 철저한 교통규칙 준수정신이다. 현재까지 '붉은 등'이 켜져 있는 횡단보도를 건너는 한국인을 한사람도 보지 못했다. 그처럼 성급하고 '빨리빨리'를 추구하는 한국인들이지만, '푸른 등'의 통행 규칙과 '붉은 등'의 금지의 룰을 준수하는 것이 어느덧 생활의 일과로 되어버렸다.

최근 교통사고의 주요인이 되는 음주운전 단속이 강화되고 있고, 운전기사들의 불량한 습관을 근절시키고 있다. 바야흐로 교통의식 제고와 교통규칙 준수가 의사일정에 오르고 있는 중국인들이 모름지기 벤치마킹해야 할 바라고 생각한다.

문명사회의 시민이라면 모름지기 교통규칙을 준수해야 함은 당연지사다. 얼핏 보면 교통규칙 준수는 사소한 일로 화제에 올릴 일이 아니라고 생각하는 이들이 적지 않을 것이다. 교통규칙을 준수하지 않으면 작게는 당사자가 교통사고로 상하거나 생명위험이 발생할 수 있으며, 크게는 무질서한 교통질서로 그 지방과 국가의 이미지에 악영향을 미친다.

'푸른 등'에 대한 존중은 일상에서 당신의 안전을 보장해줄 뿐 아니라, 인생 정도正道의·진로를 밝혀주는 이정표로 될 것이다. 반면 '붉은 등'에 대한 무시는 일생에서 만회할 수 없는 악과를 초래하고, 인간의 자멸을 의미한다는 것을 명심할 필요가 있다. 한편 '푸른 등'과 '붉은 등'에 대한 준수 여부는 그 사회의 문명정도와 시민의식과도 직결된다.

최근 연길시에서는 자가용이 급증하고 있는데, 이는 고향의 부富를 상징하고 있다. 하지만 낙후만 차車문화와 교통의식은 반드시 변화되어야 할 것이다. '푸른 등'과 '붉은 등'이 우리에게 주는 계시는 단순히 시민들의 교통규칙 준수여부만은 결코 아닐 것이다.

현재 연변에서 주장州長의 직접적인 주창 하에 활발하게 벌어지고 있는 "문명한 연변사람" 캠페인이야말로 적시적이고 바람직한 연성환경 건설의 일환임에 틀림없다. 이 또한 필자를 비롯한 많은 이들이 이번 '문명 캠페인'에 공감하고 있는 이유일 것이다.

해외의 불효자가 고향의 여러분께 삼가 한마디 올립니다. 이젠 제발 교통규칙 좀 지키며 삽시다! 그것이야말로 우리 모두가 문명시민이 되는 길이며, 우리사회의 행복지수를 높이는 정도正道입니다.

베이징올림픽을 통해 본 중국인의 의식변화

　　13억 중국인들에게 크나큰 희열과 자신감을 안겨준 베이징올림픽의 성공적 개최와 화려한 마무리는 '종합순위 1위'로 사상 최고의 성적을 거둔, 21세기 '스포츠강국'으로 부상했다는 것에만 그치는 것은 결코 아니다. 2008년 각종 자연재해와 돌발적 악재들을 물리치고 성공적으로 치러낸 올림픽이었고 중국인의 의식변화에 긍정적 영향을 미친 역사적 전환점이며, 중국인의 국가적 자긍심과 민족적 자부심으로 강화된 사회통합의 대축제였다.

　　지구촌의 축제로서 수십억이 지켜보는 가운데 원만하게 치러진 베이징올림픽은 중국인들에게 있어 스포츠축제로서의 의미를 훨씬 초월한다. 우선 올림픽의 갖는 긍정적 효과를 극대화하여 스포츠 · 경제 '강국'으로서의 위상 제고, 국가브랜드 파워 상승에 크게 일조했다는데 긍정적인 의미가 있다. 대내적으로 국민통합과 애국주의를 고양하는 소기 목적을 달성했고, 대외적으로는 80여 명 외국정부요원이 북경에 집결되면서 '스포츠외교'를 극대화하여 중국의 국격國格 제고와 대국이미지를 굳히는데 2차적

목표를 이뤘다고 할 수 있다.

'공존·화합·번영'에 취지를 둔 베이징올림픽의 성공적인 개최가 서방 세계의 긍정과 외국 언론들의 찬양을 받으면서 개최국 중국인들의 국가·민족적 자긍심과 '하면 된다'는 중국인들의 긍지와 자신감이 극대화되었다는데, 금번 올림픽이 가져온 긍정적인 의미와 역사적 의의가 있는 것이다. 현재로서는 베이징올림픽에 대한 긍정적인 평가와 '낙관적 시각'이 국내외적으로 지배적이다. 종래로 '중국 칭찬'에 인색한 한국의 공영방송 KBS는 "중국은 이번 베이징올림픽을 통해 '세계중심국가'로 부상했다"고 긍정적으로 평가했다.

2008 베이징올림픽의 4대 구호는 '중국풍격, 인문풍채, 시대풍모, 대중참여'이며, 3대 이념은 '과학기술, 녹색 환경, 인문'이다. 그 취지를 요약하면, 올림픽을 창구로 현대와 전통이 공존한 개최지 수도 북경의 변화된 모습을 보여줌으로써 살아있는 5000년 전통문화와 개혁개방 이후 굴지의 경제대국으로 부상한 중국을 세계에 홍보하고, 나아가 선진적 시민의식과 달라진 국민 소양·자질 변화를 알리는 것이다. 즉 첨단적인 시설과 '오염 없는' 깨끗한 환경에서 일류 서비스를 받으면서 스포츠축제를 즐긴다는 '주최 측의 타산'이다.

올림픽 개최지 북경시의 아름다운 모습과 도시풍모는 올림픽에 왕림한 수십만 외국인들의 찬사를 받기에 충분했다. 중국의 대외창구이자 수도 '북경의 얼굴'인 T3 국제공항은 첨단기술과 선진적 시스템을 이용해 올림픽을 계기로 신설된 것으로, 인류문명의 성과인 과학기술을 활용한 성공적인 하드웨어硬件이다. 그 외, 면모가 일신된 교통 인프라지하철, 도로와 현대적이고 시설이 호화로운 주경기장 '새둥지鳥巢'와 수영경기장水立方에서도 과학기술의 힘을 엿볼 수 있다. 특히 개막식에서의 성화·점화와 개폐회식에서 보여준 아름답고 '엽기적 장면'들은 특유의 중국문화와 과학기술이 어우러져 만든 걸작이었다.

금번 베이징올림픽의 중요한 취지는 '환경올림픽'이었지만 지리적으로 몽고대륙과 인접, 황사영향권에 있고 대기오염과 스모그 공해가 유명해 많은 이들의 우려를 자아냈다. '녹색올림픽' 실현을 위해 북경시는 많은 심혈을 경주했고 환경보호에 유리한 일련의 효과적 조치들을 단행했다. 배기가스 규제 강화로 5만대의 공공버스를 천연가스 등 청정에너지 차량으로 교체했고 오염이 심한 공장들을 시외로 이전했다. 올림픽 직전에는 차량 2부제를 실시했고 인공강우와 건설공사를 잠정 중지하는 인위적인 강경 조치도 마다하지 않았다. 그 결과 베이징 상공에는 '파란 하늘'이 나타났고 올림픽의 '순조로운 진행'이 보장된 것이다.

환경문제는 경제발전의 부산물로 민생문제와 직결되며, 선진국과 후진국을 가름하는 표준이기도 하다. 경제발전과 함께 환경보호 및 환경오염을 줄이는 것은 향후 중국의 중차대한 사회문제로 부상될 것이다. 중요한 것은 환경문제에 대한 중국인의 의식변화가 구체적 실천으로 이어져 올림픽과 같은 '성공적 효과', 즉 생활환경 개선으로 가시화되는 것이다.

올림픽의 주요이념이며 중국정부가 많은 정력을 기울어 도모한 '인문올림픽'은 선진 시민의식의 수립과 국민 자질을 제고하고, 궁극적인 취지는 조화롭고 번영한 중국의 면모를 보여주려는 것이다. 올림픽이 가져온 중요한 의식변화로 서비스의식의 향상을 꼽을 수 있으며, 수많은 자원봉사자들의 헌신적 봉사는 외국인들에게 깊은 인상을 남겼다. 일본 요미우리讀賣신문은 금번 베이징올림픽의 변화로 중국인의 '치부恥部'인 공중화장실의 개선을 꼽았다. 중요한 것은 외국인에게 '국한'된 선전적 서비스가 얼마동안 지속되는가 하는 것이다.

고도의 경제발전과 올림픽정신에 고무된 중국인들의 국민건강 중시와 더불어 전 국민이 참여하는 생활체육의 보급, 즉 태극권·양거秧歌·사교무 등 건전한 대중스포츠가 더욱 발전할 것은 자명하다. '조화사회와 행복한 생활에는 건강한 운동이 결여되어서는 안 된다'는 의식변화 역시 올림픽이 중국인들에게 가져다 준 의식변화 중 하나로 볼 수 있다.

한마디로 올림픽을 통해 얻은 가장 중요한 의식변화는 '중국속의 세계, 세계속의 중국'이라는 진일보 인식 증진과 세상을 향한 중국인의 '열린 마음 자세'라고 할 수 있다.

모택동과 등소평, 그리고 박정희

'중국의 심장'으로 불리는 북경 천안문天安門 광장에 가보면, 금빛 찬란한 천안문 정면 벽에 걸려 있는 모택동毛澤東의 대형 초상화가 눈에 띈다. 하루에도 수십 만 명의 국내외의 관광객들이 이곳을 배경으로 기념사진을 찍는다.

외국에서는 개혁개방 이후 고도성장을 하고 있는 중국을 '등소평의 개혁이 성공한 나라'로 바라보고 있지만, 광장중심에 위치한 모주석毛主席 기념관과 함께 이 초상화는 나라를 창건한 '수령'의 위엄을 여전히 자랑하고 있다. 천안문 광장은 중국특색의 사회주의국가 '축소판'으로, 외국인들의 사색을 자아내게 하는 곳이다.

1949년 10월 1일 모택동 주석이 천안문 성루에서 중화인민공화국 건국을 장엄하게 선포한 이래 모택동은 중국인들 속에 중국이라는 나라를 창건한 위대한 지도자로 각인되었다. 건국 후 장기간 맑스·레닌주의와 모택동사상이 국가의 지도사상과 이념으로 확정되면서, 중국인민의 위대한 수령 모택동은 중국인들의 '마음속의 태양'·'인류의 구세주'로 자리 잡았다. 국내외에 유명한 칭송가 "연변인민 모주석을 열애하네"는 당시 모택동의 위상을 가히 짐작할 수 있는 전형적인 사례로 볼 수 있다.

신중국이 창건된 후 모택동의 권위와 수령의 지위는 갈수록 우상화되기 시작했고, 드디어 중국인들의 무한한 충성 속에 전고미증유의 '영원한 태양', 위대한 영수領袖로 신격화되었다. 모주석의 일련의 어록은 강력한 법위에 군림하는 금과옥조金科玉條로 신성시 되었고, 그가 가지고 있는 권력과 영향력은 역대의 봉건군주를 초과하는 지고무상의 지경에 이르렀다. 우선 모택동이 이러한 영향력과 위망을 얻게 된 원인을 이해하려면, '20세기 역사위인'으로 불리는 모택동의 중국역사에 남긴 발자취를 살펴보아야 할 것이다.

역사 속의 모택동은 중국공산당 창건자의 한사람이자 중국노농홍군을 창립한 주요당사자의 한사람이다. 그는 대내외에 유명한 2만5천리장정을 승리적으로 완수했고 몇 차례의 역사적 위기 속에서 당과 홍군을 만회하여 당과 군대의 지도자로 추앙받았으며, 중국공산당 제1대 영도집단의 핵심인물로 자리 잡았다. 그 후 팔로군과 해방군을 이끌고 8년 항일전쟁과 3년간의 내전을 승리로 이끌면서 중화인민공화국을 창건한 일등공신이며, 중국인민들로부터 리더십과 카리스마를 인정받은 초대국가주석으로 '불멸의' 모택동사상의 창시자이다.

새 중국을 창건한 모택동은 경제건설의 중요성을 외면하고 '계급투쟁 중심'의 국정이념을 제정했다. 이는 그 후 3년 내 영국을 따라잡는 '대약진

운동'1958~1960과 중국역사에 엄청난 악영향을 끼친 전대미문의 문화대혁명1966~ 1976 같은 비극을 잉태하는 빌미로 되었던 것이다. 중국인민과 중국사회에 엄청난 재앙을 안겨준 문화대혁명은 "영도자가 잘못 발동하고 간신들에 의해 잘못 이용된, 당과 국가에 막대한 피해를 준 내란"으로, 그의 '후계자' 등소평에 의해 정의되었고, 모택동은 "공적이 1차적, 과오가 2차적"으로 평가되었다.

'386세대'로 문화대혁명의 피해를 크게 경험하지 못한 필자 세대들은 가끔 그 악명 높은 '대혁명'이 없었다면, 현재의 중국은 어떤 모습이었을까 하고 생각해본다. 1976년 모택동 서거 당시 초등학생이었던 필자는 '영원히 만수무강할 줄' 알았던 그의 사망에 큰 충격을 받았으며, 중국이 곧 망하는 줄 알았다. 하지만 중국은 망하지 않았고 새로운 역사시기 위대한 리더를 맞이했다. 그가 바로 중국인민에게 희망을 안겨준 개혁개방의 창시자이며, 경제건설을 새로운 국정이념으로 설정한 '20세기 위대한 지도자' 샤오핑小平 동지이다.

'선부론'과 함께 자본주의 시장경제시스템을 도입하는 "중국특색의 사회주의 건설", 즉 '등소평 이론'의 창시자인 '작은 거인' 등소평은 개혁개방의 총설계자로 가난하고 낙후하며 '잠자고 있던 사자'로 불리던 중국을 현재 GDP 세계 3위, 외환보유고 세계 1위, 세계 3위의 무역대국인 정치·경제·외교대국으로 변신하게 한 장본인이다.

작금의 중국경제 고도성장은 '경제건설 중심'의 새로운 국정이념에서 비롯된 것이며, '선부론'에서 '균부론'으로 발전한 현재의 조화사회 건설 이념도 등소평 이론의 연장 및 같은 맥락의 유지로 볼 수 있다.

 칠전팔기로 '오뚝이·부도옹不倒翁'이라는 닉네임을 가지고 있는 등소평은 개인숭배를 타파했고 가난하던 중국을 '부유한 나라'로 이끌었기 때문에, 성공한 정치인 및 위대한 지도자로 세계무대에서 각광받게 된 것이다. 1980년대 그는 미국의 권위적인 평가기관으로부터 네 번이나 '세계에서 가장 영향력 있는 정치인 1위'로 선정되었다. 이는 사회주의국가의 지도자로서 이례적인 것으로 그의 탁월한 리더십과 카리스마가 세계적으로 인정받았다는 '유력한 증거'이며, 아울러 정치인의 넓은 안목으로 그가 창시한 일국양제一國兩制의 성공적인 홍콩반환1997은 향후 대만귀속을 위한 조국통일의 초석을 마련했다.

 등소평의 위대한 점은 그가 개인숭배를 철폐한 동시에 권력에 연연하지 않고 적시기에 은퇴를 선택했다는 것이며, 그것이 그가 오늘까지도 후세들의 칭양을 받고 있고 중국인들 사이에서 미담으로 전해지고 있는 이유이다. 등소평은 사회주의권에서 권세욕에 집착하지 않고 급류용퇴를 한 위대한 지도자이며, 이 또한 그가 나라를 창건한 '국부' 모택동에 비해 더욱 중국인들의 사랑을 받는 이유이자 원인이다. 하지만 '변혁의 시기' 일국의 지도자로서 그 역시 차기 '후계자' 선정 실패, 민주화 '진압'이라는 역사적인 평가에서 자유롭지만 않다.

 '동시대인물'로 1960~70년대 한국의 정치·역사무대를 풍미한 박정희

朴正熙는 공적과 과오에 대한 찬반이 엇갈리는 정치지도자이다. 한국의 지도자 박정희는 모택동의 카리스마와 일인독재, 등소평의 정치·경제적 리더십을 '겸비'한 지도자로 볼 수 있다. 구별되는 것은 나라를 창건한 '중국의 수령' 모택동에 비해 그는 쿠데타군사정변로 정권을 잡았다는 점이며, 중국을 '부유한 나라'로 이끌었고 중국인들의 추앙을 받고 있는 등소평에 비해 박정희는 권력집착으로 독재정치를 실시해 결국 비참한 일생을 마쳤다는 점이다.

1970년대 '한강의 기적'을 창조한 대통령 박정희는 눈부신 경제성장을 이뤘고, 독특한 패기와 추진력 및 강력한 리더십과 카리스마로 한국의 근대화를 이끈 장본인으로서 오늘날까지도 한국인들 사이에서 미담으로 회자되고 있는 국가지도자다. 하지만 그는 강력한 대통령 중심제의 권력구조를 바탕으로 대통령 연임을 위한 개헌안을 불법으로 통과시켰으며, 장장 18년 동안 독재정치를 강행했고 1979년 '부마'사태로 명예롭지 못한 일생을 마감했다. 박정희는 '경제기적'을 일으킨 대통령이자 민주화를 말살한 독재자로 이중의 평가를 받고 있다.

모택동과 등소평, 그리고 박정희는 중국과 한국의 한 세대를 풍미한 20세기 정치지도자로서 후세에 기억될 역사적 위인들이다. 그들은 각기 나름대로 정치지도자로서의 캐릭터와 권위적인 리더십 및 공과功過를 갖고 있다. 분명한 것은 그들의 역사무대에서의 공과에 대한 평가는 시대와 이념 및 국적에 따라 다를 수 있다는 점이다.

요컨대 그들 사이의 공과와 우열을 무리하게 거론하고 비교한다면, 이는 견강부회牽强附會로 어불성설이다. 왜냐하면 그들은 부동한 정치시스템을 소유한 국가의 정치지도자로, 서로 다른 정치·경제적인 역사배경과 이데올로기를 전제로 하고 있기 때문이다.

중국이 강대국 및 후진국인 10가지 이유

중국이 강대국인 10가지 이유

1. 중국은 14억에 근접하는 세계 1위의 인구대국이자 세계 3위인 960만 평방km의 광활한 국토를 갖고 있는 대국이다. 또한 4대문명의 발원지로 유구한 역사와 문화를 갖고 있는 '깨어난 사자'이며, 불원간 '슈퍼파워' 미국과 어깨를 겨룰 수 있는 21세기 또 하나의 '초강대국'이라는 것은 자타가 공인하고 있는 현실이다. 현재 중국은 현재 군사비 지출액 세계 4위의 군사대국2006년 475억 달러이며, 인구와 나라의 크기 및 문화면에서 강대국의 조건이 되는 하드웨어를 갖추고 있다.

2. 30년 동안의 끊임없는 개혁개방을 거쳐 중국은 경제발전을 비롯해 괄목상대의 눈부신 성과를 거뒀다. 개혁개방의 총설계자 등소평의 중국특색의 사회주의 이론에 힘입어 시장경제시스템을 도입했고, 최근 10여 년간 전례 없는 고도성장을 거쳐 경제대국의 규모에 걸맞는 성장과 발전을 이루었다. 최근 중국정부는 경제정책과 관련법규의 재조정을 통해 명실상부한 경제대국에서 글로벌 '경제강국'으로의 도약을 차질 없이 준비하고

있다.

3. 중국경제는 1995년 이후 9~10%의 고도성장을 기록하며 무착륙 비행을 지속하고 있고, 2001년 WTO 가입 이후 연속하여 10%대 경제성장률을 달성한 결과 GDP 규모 세계 3위, 외환보유고 세계 1위, 미국과 독일에 이어 세계 3위의 무역대국으로 세계경제에서의 위상을 획기적으로 제고하면서 경제대국으로서의 입지를 굳혔다. 그리고 엄청난 대미 수출 흑자 및 무역흑자 3000억 달러, 1조 달러를 돌파한 외환보유고, 위안화 평가절상과 중국증시의 파동이 국제경제에 미치는 거대한 영향력은 중국을 강대국의 반열에 올려놓았다.

4. 2008년 북경올림픽과 2010년 상해엑스포세계박람회는 명리名利가 동반되는 특별 이벤트로 국격國格 제고와 지속적인 투자유치에 긍정적으로 작용할 것이며, 중국에 대한 국제적인 관심 고조는 국가브랜드 파워상승에 일조할 것이다. 북경올림픽은 중국문화의 우수성을 만천하에 알릴 것이며, 중화사상 재조명과 국민통합, 정치·사회 안정에 적극적인 효과를 창출할 것이다. 상해엑스포는 올림픽에 못지않은 경제이익과 투자효과를 불러올 것이며, 중국의 위상과 강대국의 입지를 더욱 강화해줄 것으로 전망되고 있다.

5. 2007년에 출범한 후진타오胡錦濤 2기 지도부는 '지속가능한 경제성장'의 정책목표를 제정하고 고도성장의 경제력과 자신감을 기반으로 경제체질 개선 노력 및 질적 성장을 본격화하고 있으며, 경제대국으로서의 위상

과 영향력을 지구촌 곳곳으로 넓혀가고 있다. 실제 품질이 양호하고 가격이 저렴한 '메이드인 차이나'는 전 세계의 시장을 공략하고 있으며, '중국산·중국풍'의 열기를 이어가고 있다. 현재 중국은 제조업 '세계 공장'의 피동적 국면에서 벗어나 독자적인 신기술을 개발해 첨단제품 생산과 수출을 증가하고 있다.

6. 최근 고도성장과 WTO 가입을 발판으로 경제대국으로 발돋움했고, 현재 UN 안보리 상임이사국인 중국은 초강대국 미국과 함께 세계질서를 조율하는 '이해 당사자'로 자리매김했다. 바야흐로 '국제사회 조정자'로 부상한 중국은 국제사회에서 자신의 목소리를 높여가고 있으며, 한반도 평화와 동북아 안정에 영향 주는 중요한 핵심역량으로 자리 잡고 있다. 오늘날 국제사회에서 날로 주목을 받고 있는 '친디아Chindia'와 '브릭스BRICs' 국가들의 주축으로 성장한 중국은 초강대국 미국이 라이벌의식을 느끼면서 견제하는 정치대국으로서의 위상을 굳혀가고 있다.

7. 현재 중국은 높아진 국제사회 위상을 바탕으로 세계 각국과의 외교관계를 강화하고 있다. 중국정부는 세계 각국의 다양성을 인정하고 상호공존하는 외교관계를 수립하면서 서방국가 중심의 일방주의적 외교체제 견제에 주력하고 있다. 중국은 외교대국의 이미지를 이용해 반反서방국가 성향이 강한 아프리카 중심의 제3세계와의 우호관계를 지속적으로 구축하고 있으며, '지속 가능한 성장의 원동력 확보'를 위한 경제외교에 전력을 기울이고 있다. 예컨대 에너지 확보를 위한 중앙아시아 등 산유국産油國과

의 경제협력 강화, 인도 및 아세안과의 FTA 체결은 경제적 이익과 더불어 정치·경제적 결속 강화를 의미한다.

8. 현재 전 세계의 화인華人·화교華僑는 6000만, 그들의 유동자산은 2조 달러로 이는 중국의 연간 GDP와 맞먹는 규모이다. 지난 20여 년간 중국이 거둔 눈부신 경제성장에는 화교자본의 기여가 매우 컸으며, 중국에 유입된 외국인투자 중 70%가 '화교자본'이라는 비공식통계가 있다. 막대한 화교자본은 중국이 역동적인 수출주도형 경제구조를 갖추도록 하였고 중국 상품이 세계시장으로 진출하는 데 교두보 역할을 해왔으며, 급성장의 중국경제에 절대적인 공헌을 한 것이다. '중화경제권'으로 결속된 해외자본의 지지는 21세기가 '중국의 세기'라는 인식과 전망에 큰 힘을 실어주는 또 하나의 객관적 요인이 되고 있다.

9. 어떤 사회를 막론하고 경제발전과 사회 안정을 도모하는 시기에는 이론과 실천능력을 겸비한 탁월한 지도체계와 강력한 리더십이 필요하다. 최근 20여 년간 중국이 개혁개방 이후 선부론先富論과 균부론均富論에 이르기까지 자타가 인정하는 경제성장을 이룩하게 된 것은 청렴한 정치와 집체적 영도를 근간으로 하는 덩샤오핑의 시장경제 도입, 장쩌민江澤民의 경제중심 전략, 후진타오의 조화사회 건설의 정책수립으로 이뤄진 정확한 리더십의 결과로 볼 수 있다. 후진타오·원자바오 총리를 중심으로 하는 제4대 중국최고지도부의 청렴결백과 민생 중시의 정책 출범은 중국이 지속 발전할 수 있는 정치적 보장이다.

10. 그 외에도 여러 가지 요소와 원인들이 중국이 강대국으로 발전될 수 있는 필수조건으로 되었고, 또한 경제대국에서 경제강국으로 발전될 수 있는 이유를 제공하고 있다. 예컨대 유구한 역사문화를 가지고 있는 중국은 세계각지에서 유학하고 있는 우수한 인재를 포함해 풍부한 인적자원과 고급인력을 갖고 있다. 또한 남녀평등의 반변천半邊天 여성파워와 1997년 홍콩 반환과 마카오 문제의 원만한 해결로 높아진 국제적 이미지, 중국인 특유의 민족근면성과 다민족국가의 사회통합, 세계 최대의 상품소비시장 소유 등등이다.

* 상술한 필수조건과 '원인·이유'들이 필자가 21세기 '주역' 중국의 비전과 미래를 밝게 보는 이유이다. 물론 목전 여러 가지 문제점들을 갖고 있지만, 바야흐로 강대국의 위상과 국가적 브랜드파워 및 주가를 높이고 있는 '중국현실'을 부정할 수 없는 '이유'이다.

중국이 후진국인 10가지 이유

1. 현재 중국은 경제규모GDP가 세계 3위의 경제대국이지만, 8억이 넘는 농민을 가지고 있는 농업국가로 1인당 GDP는 110위인 엄연한 발전도상국이다. 현재 중국경제의 고도성장 이면에는 도농都農 격차와 지역 양극화 및 빈익빈부익부 현상이 갈수록 심화되고 있으며, 도시화·산업화과정에서의 일련의 사회문제들이 산적된 채 미해결로 남아있다.

2. 개혁개방 이후 경제발전에 따른 급속한 도시화·산업화의 발전은 8~9억의 방대한 농민계층을 가진 중국사회에 많은 문제점들을 초래하고

있다. 현재 농촌지역의 국민소득은 1000달러 이내이고 쌀값폭락 등 원인으로 농민들은 전통적인 직업인 농사일에서 비전을 잃어가고 있으며, 농업생산제도의 후진성으로 전통적인 농업국가의 이미지를 여전히 벗어나고 있는 상황이다. 농촌과 농민문제는 사회 불평등의 불안정인소로 부상되어 조화사회 건설의 걸림돌이 되고 있으며, 사회주의 신新농촌 건설의 '강요적인 선택'이 되고 있는 것이다.

3. 농촌 '과잉' 인구의 대량적인 도시 이주는 중국특색의 농민공農民工, 농촌 호구를 가진 도시 임시노동자로 호적상으로 농민의 신분이나 실제로는 노동자 역할을 하고 있는 집단 탄생과 함께 신소외계층의 지속적인 확대 및 새로운 사회문제인 '삼농三農'문제를 유발했으며, 농촌의 황폐화와 기형적인 농촌가정의 급증을 초래했다. 그리고 도시에 거주하고 있는 농민공은 임금체불·자녀교육 문제 등은 소외계층 신정책 출범의 '원인'으로 제공됐고, 이는 사회 불안정 요소로 최근 소외층의 대규모 시위 등 불협화음의 파열음이 커지고 있는 이유이다.

4. 최근 양극화의 격차가 심화되고 있는 중국사회에서 교육비·의료비용·주택문제 해결은 중국의 서민층을 짓누르고 있는 신 '세 개의 큰 산'으로 군림하고 있다. 물가의 상승과 부동산 가격폭등은 서민들의 주택마련이 갈수록 어렵고 천정부지로 치솟는 교육비용과 의료비는 경제적으로 부유하지 못한 최하층 백성들의 생활난과 소외감, 삶의 욕망을 상실하게 만드는 주요인이다. 현재 중국사회에는 가난한 백성은 높은 교육비로 인해

자식 공부뒷바라지가 점점 어려워지고 비싼 치료비로 병에 걸리면 가산을 '탕진'하는 현상이 비일비재하다.

5. 현재 중국사회에는 공금 횡령과 축첩내연 관계·회뢰 등 고위급 공무원들의 부정부패가 '만연'되고 있으며, 이는 최근 중국정부가 부패척결에 칼을 빼들게 된 이유이기도 하다. 일부 도덕성과 당성黨性을 상실한 탐관오리들의 부패와 비리현상은 백성들 마음속의 당의 숭고한 형상을 약화시키고 있으며, 많은 서민들이 정부에 대한 불만과 불신임이 증가되고 있는 요인이다. 중국인들이 상투적인 수단으로 관용되는 관시이關係, 인맥에 의한 뒷문거래는 사회풍기를 문란하게 하고 부정부패를 조장하는 근원이며, 후진국의 상징으로 불리는 뇌물과 관시이의 악용은 중국사회를 갉아먹는 양대 사회악이다.

6. 최근 일반 공무원 사회에 만연되고 있는 '철밥통' 의식과 안일한 사고방식, 낙후한 서비스 의식은 현재 백성들의 공무원 및 사회시스템에 대한 불만족과 불신임의 직접적인 원인이 되고 있다. 이는 외국투자자들의 불만·불평으로 이어지고 있으며, 중국사회 전체에 대한 부정적인 이미지로 각인되고 있는 주요인이다. 공무원 사회의 나태한 사업스타일과 관료주의 작풍이 개선되지 않는다면 중국은 영원히 후진국의 누명에서 벗어나지 못할 것이며, 따라서 공무원 사회의 부패척결과 사상전환은 의사일정으로 취급되어야 한다.

7. 현재 중국인과 중국사회에는 경제성장제일주의 신념과 의식이 팽배

한 가운데, 일련의 사회적 문제들이 산재해 있다. 예컨대 환경오염에 대한 환경의식의 결여와 무질서하고 문명치 못한 교통의식과 공공의식 빛 남을 배려할 줄 모르는 생활매너, 보수주의적이고 낙후한 사상의식 등은 중국 사회가 조화사회 건설 및 선진사회로 발전하는데 큰 걸림돌이 되고 있다. 경제성장에 따른 부작용과 문화지체 현상들은 중국정부와 중국인이 스스로가 해결해야 할 새로운 시대의 과제로 나서고 있는 것이다.

8. 현재 바야흐로 고령화 사회에 진입하고 있고 산아제한·계획생육이 국책으로 시행되고 있는 중국사회에서 사회복지 정책 및 여건들의 미비로, 많은 사회적 문제들이 양산되고 있는 실정이다. 즉 노후복지와 산아제한 대비책들이 철저하게 마련되어 있지 않기 때문에, 사회보장제도와 복지사회 건설이 사회문제로 의사일정에 오르고 있는 것이다. 사회복지 체계 및 관련 정책의 완정 여부는 선진국과 후진국의 분별의 척도가 되고 있으며, 우리사회의 행복지수를 반영하는 엄연한 사회적 기준이다.

9. 중국은 고도성장과 함께 경제개혁에는 성공하였지만, 민감하고 복잡한 정치개혁에는 별로 큰 진전이 없다는 것이 국제학자들의 평가이다. 더욱 많은 백성들이 정치에 관심을 가지고 참여할 수 있는 민주적인 사회로의 발전은 시대가 부여한 역사적 사명이며, 물질문명과 정신문명이 공동 발전한 민주적인 문명사회를 이루는데 있어 정치개혁은 불가피하며 사회 안 정과 개혁의 성과를 지키는 사회적 보장으로 직결될 것이다. 현재 중국사회에는 계급과 계층, 중앙과 지방, 진보와 보수 및 발전과 분배

사이의 대립 및 갈등이 상존하고 있다. 따라서 중국은 지속적 사상해방이 필요하며, 글로벌 시대에 역행하는 낙오자가 되어서는 안 된다.

10. 현재 중국사회에는 다양한 사회적 모순과 갈등 및 사회문제들이 현존하고 있다. 예컨대 서부와 연해지역의 양극화 심화와 경제건설 치중과 정신문명 및 연성환경 건설 홀시, 중국인들 속에 만연된 자기중심주의와 파벌주의 및 금전 숭배에 따른 이기주의 확산과 도덕성의 타락이다. 또한 도시이주민농민공의 급증에 따른 도시환경과 치안의 악화, 대학생 실업문제와 정리해고자에 대한 재배치문제, '작퉁冒牌공화국'에 따른 지적재산권 분쟁문제 등은 중국정부가 시급히 해결해야 할 당면과제며, 이 또한 중국이 여전히 후진국인 이유이다.

* 상술한 사회문제와 사회적 모순들은 대부분의 발전도상국들이 경험하게 되는 보편적 사회현상으로 볼 수 있다. 이러한 사회문제는 경제발전과 문화적인 소양 및 사상의식 제고와 더불어 정부차원의 해결책 마련, 백성들의 적극적인 참여와 노력으로 개선이 가능하며 사회발전 중에서 치유될 수 있는 사회병폐라고 생각한다. 만약 상술한 사회문제들이 적시적으로 해결된다면 중국은 21세기 명실상부한 경제대국에서 경제강국으로 도약할 것이며, 물질문명 발달과 고도로 민주화된 문명사회, 선진국에 진입하는 것은 시간문제라고 본다.

드라마 "연안송"과 중국 제1세대 혁명가들

　최근 필자는 해외채널인 527CCTV 4채널에서 이른 새벽한국시간 3~4시에 어김없이 방송하는 중국 드라마 "연안송延安頌"을 거의 매일 빠짐없이 시청하였다. 본 드라마는 모택동毛澤東 탄신 110주년에 즈음해 중국 CCTV가 2003년에 제작한 장편드라마총 40회로, 중국 시청자들에게 많은 인기를 얻은 적 있는 역사드라마였다. 몇 년 전 중국에서의 '단편적인 시청'에 이어 두 번째로 되는 해외에서의 시청이다.

　드라마 "연안송"은 역사드라마 "장정長征"의 후속편이다. 모택동과 주은래·주덕 등 공상당 제1세대 지도자들이 홍군을 지휘해 2만5청리장정을 끝내고 섬북에 도착한 후 1936~1945년 사이에 발생한 역사사실을 바탕으로, 모택동 등 중공中共 요인要人들의 연안에서의 10년 생활을 다큐멘터리 형식에 가까운 장르로 보여준 드라마작품이다. 즉 '혁명의 성지' 연안에 근거지를 둔 중국공산당이 국민당과의 통일전선을 맺고 8년 항일전쟁 승리를 취득하고, 모택동이 당과 군의 영도적 지위를 확립하는 과정을 스릴과 서스펜스의 연속으로 진솔하게 보여주었다.

본 드라마는 1930~1940년대 당의 역사에서 중요한 회의인 낙천회의 · 6기4중전회 · 당7차대회, 중대사변인 서안사변 · 환남사변 등을 통해 모택동의 정치적 결단력과 리더십, 통수인물로서의 영도자질과 카리스마를 남김없이 보여주었다. 드라마 시청을 통해 항일抗日을 위해 국민당과의 통일전선을 결성하고, 홍군에서 팔로군으로 발전하는 과정의 '역사적 사실'을 전면적으로 이해할 수 있었다. 한편 드라마는 모택동의 가정비화와 생활상의 에피소드를 통해 그의 인간미와 성격특징을 진솔하게 보여주었고, 연안땅굴에서 밤을 지새가면서 '일하는 모습'을 통해 '老毛모택동의 닉네임'에서 군위軍委주석, 당의 영수로 되어가는 당위성을 시사해주었다.

중국에는 "한명의 '영웅'에는 세 명의 '유력한 조수'의 도움이 필요하다—個好漢三個幇"이라는 유명한 명언이 있다. 만약 『삼국지』에서 촉蜀나라를 세운 '영웅' 유비劉備가 제갈량諸葛亮과 관우關羽 · 장비張飛의 도움이 없었다면, 촉의 건국과 '일국의 황제'가 된다는 것은 불가능했을 것이다. 마찬가지로 모택동이 당과 군의 영수로 추앙받게 된 것은 '영원한 동반자'이며 홍군 및 팔로군 총사령인 주덕朱德과 '영원한 2인자' 주은래周恩來, 모택동의 '제일임—任 후계자' 유소기劉少奇 등 동지들의 일관된 지지 및 신임과 갈라놓을 수 없을 것이다. 물론 모택동의 영수로서의 자질과 리더십이 결정적인 인소라는 것은 부인할 수 없는 사실이다.

정강산井崗山 시기 유명한 "朱 · 毛不分家주덕과 모택동은 갈라지지 않는다는 뜻"의 당사자인 주덕 총사령의 지지는 모택동의 중요한 라이벌인 장국도張國濤가

당시 중앙홍군에 비해 막강한 군사력을 가진 홍4군단紅四軍團의 통수권과 홍군 총정위 및 '당의 창시자의 한사람'으로서의 정치적 자력 등을 빌미로 '제2중앙'을 건립하고 당과 군의 분열을 시도했을 때, 주덕의 장張과의 지속적인 투쟁과 모택동에 대한 확고한 신념은 모택동이 정적 장국도를 '제거'하는데 중요한 역할을 했다. 그 후 모택동의 또 다른 정적 왕명王明이 소련 공산국제 '경력'을 정치적 배경으로 모택동과 영수지위를 다툴 때, 주은래와 유소기 등 동지들의 모택동에 대한 신임과 지지를 결코 간과할 수 없을 것이다.

드라마 "장정"과 "연안송"을 동시에 시청한 시청자라면 모택동이 장정 중, 준의회의에서 당시 '3인단三人團'의 주요책임자인 박고博古와의 치열한 노선투쟁에서 승리를 거두며 홍군에서의 영도적 지위를 재확립하고 기로에 빠진 당과 군을 만회하는데 중요한 역할을 한, 준의회의 이후 당 총서기 낙포洛浦, 장문천와 '3인군사소조주은래·모택동·왕가상' 성원인 왕가상王稼祥이 모택동에 대한 확고한 지지를 기억할 것이다. 당시 요직에 있었던 낙포와 왕가상의 모택동에 대한 절대적 지지는 군사요직에서 밀려나있었던 주덕과 '삼인단'의 성원이었던 주은래에 비해 더욱 '결정적인 작용'을 한 것도 엄연한 역사적인 사실이다.

드라마 "연안송"에서 보여주다시피 '서열상 2위'인 군위주석 모택동이 '전쟁시기'라는 당시 특수상황을 감안해 사실상 1인자인 '사령관司令官'으로 본다면, 서열상 1위당 총서기지만 '사실상 2인자'인 장문천을 '정위政委'라고 볼 수 있다. 당시 당 총서기인 장문천의 모택동에 대한 지지와 신임은 모택동이 강력한 라이벌 장국도와 왕명과의 대결에서 전면적인 승리를 거두는데 중요한 역할을 했다. 6기4중전회에서 모택동의 영수지위를 확립하는데 '중요한 변수'이었던 공산국제 주요지도자의 모택동에 대한 지지와 영수지위 '인정', 그 중요한 소식을 '갖고 온' 왕가상과 임필시任弼時의 중요한 작용도 말살할 수 없을 것이다.

결국 권세욕에 집착하지 않고 1년간 '지방조사를 떠난' 낙포와 왕가상의 변함없는 신임에 대해, 7차당대회에서 당과 군의 영수지위를 확립한 모택동은 결코 잊지 않는다. 일찍 '영원한 동지'인 낙포에게 부인 하자진河子珍을 통해 부인劉英을 소개해줌으로써 그의 일관적인 지지에 '보답'했고, 중앙위원 선출에서 낙선된 왕가상에게도 후보위원으로 '보충'해준다. 해외에서 선진이론과 '경험'을 배워온 해외파들이 '본토박이' 모택동에게 '양위讓位'하고 역사무대에서 퇴출한 '역사적 현실'을 온고지신의 입장에서 생각해보면 리더십에는 '지식만이 유일한 조건'이 아니며, 오늘날 '중국특색 사회주의'가 추진되는 현실을 다소 이해할 수 있다.

드라마 "연안송"과 후반생에서 보여주다시피 모택동의 가장 '불행한 점'은 조강지처 양개혜를 일찍 혁명 중에 잃었고, 정강산 및 파란만장한 장정시기를 함께 지내온 '환난지처' 하자진과의 연안 결별이다. 이는 결국 '악처' 강청江靑과의 '운명적인 만남'으로 이어졌고, 말년에 치른 대가의 '불행의 씨앗'이 되었다. 모택동과 하자진의 불화는 모택동이 노전우 주덕의 '老

毛'에서 '주석'의 호칭변화와 거수경례를 '태연하게' 접수하면서부터이다. 모택동의 지위 변화와 출산 등 문제로 그들의 모순은 격화되었고, 결국 모택동의 말대로 '강剛'과 '철鐵'의 결합은 파경을 맞는다.

드라마에서는 크게 부각되지 않았지만 '악처' 강청은 주은래의 오른팔을 불구로 만든 장본인이며, 그 후 총리와의 악연과 모주석의 '만년의 불행'을 초래한 '주범主犯'이다.

당의 역사에서 중차대한 전환점인 제7차 당대표대회를 통해 모택동을 위수로 주덕·유소기·주은래·임필시로 구성된 공산당 제1세대 영도집단이 결성되었으며, 결국 이들은 3년 내전을 승리로 이끌었고 신중국 탄생 후 당과 국가의 주요영도자들로 되었다.

오늘날 중국공산당은 총서기 위주의 '집체적 영도' 체제를 실시하고 있다. 권력이 한사람에게 너무 집중되면 우상화와 더불어 독재가 나타난다는 것을 역사가 말해주었고, '일인독재체제'가 재현되어서는 안 되는 당위성과 민주를 바탕으로 한 리더십의 중요성이 바로 본 드라마의 시사점이다.

2

만만디_{漫漫地}와 빨리빨리

한국의 설날과 중국의 춘제

한국에서는 양력설을 신정新正이라고 하며, 음력설을 구정舊正이라고 부른다. 중국에서는 양력설을 위안단元旦이라고 하며, 음력설은 봄에 맞는 명절이라고 해서 춘제春節이라고 부른다. 한중韓中 간의 공통점은 양력설과 음력설이 모두 명절로 공휴일이지만 음력설 연휴가 더 길며, 음력설인 구정과 춘제를 최대의 민족명절로 중요시한다는 것이다.

물론 두 나라지간의 설을 쇠는 방식과 내용은 다르지만 또 하나의 같은 점이라면, 설 연휴를 계기로 경향京鄕 민족 인구 대이동이 진행된다는 점이다. 하지만 연휴 기간은 중국이 한국에 비해 훨씬 더 길며, 명절에 부여하는 의미도 더 크다. 한국의 음력설인 구정은 민족 최대의 명절로 각광받지만, 온 가족이 조상의 산소에 가서 벌초·제례를 갖추는 추석에 비해 명절지위와 중요성은 좀 손색이 있고 버금간다.

그런 의미에서 황금계절인 가을에 고향에 가서 조상의 산소에 제사를 지내는 추석이야말로 한국인들의 진정한 민족 최대의 명절이라고 할 수 있다. 단적인 예로 평소 한국인들은 조상의 음덕을 기리는 추석명절에 고향에 못가면 '죄의식'을 느낄 정도지만, 새해를 맞이하는 가족모임의 명절인 설날구정에는 대부분 집에서 차례(茶禮)를 지낸다에는 상대적으로 그런 느낌이 덜해진다. 작년 추석에는 1주일 '황금연휴'가 이어졌지만 금년 구정 연휴는 고작 3일로, 대부분 정월 대보름까지 이어지는 중국의 춘제 연휴에 비길 바가 못 된다.

한국인들은 현재 단 하루만 공휴일로 지정되어 있는 양력설에 비해 조상대대로 내려오는 전통을 중요시하여 음력설을 더 큰 명절로 여겨왔다. 이런 점을 감안해 1985년 한국정부는 전통적인 설 명절인 음력설을 '민속의 날'로 정했고, 1989년에는 해방 후 한동안 인정해오지 않았던 음력설을 정식명절로 인정하고 3일간의 공식 공휴일로 선포했다. 현재 음력설은 한국의 연중 가장 중대한 명절의 하나로 인정되며, 대부분의 가정들에서는 차례 및 세배와 같은 전통적인 명절풍습이 지속되고 있다. 설이나 추석 같은 명절이 오면 한국인들은 차례를 지내 조상의 음덕蔭德을 기린다. 설날아침에는 가족들이 모여서 정초의 차례를 지내는데, 이는 모처럼 자손들이 모두 모여 오붓하게 지낼 수 있는 기회다.

차례와 함께 민족복장을 한 젊은이들과 어린이들은 집안의 웃어른에게 순서대로 세배를 올리며, 차례의식이 끝난 후 온 가족이 모여 떡국으로 마련한 세찬歲饌을 먹게 되는데 이는 음복飮福의 의미를 지닌다. 또한 아이들에게는 세뱃돈을 주며 덕담을 나누고 한해의 운수대통을 축원해준다. 어른들은 세주歲酒를 마시면서 친지간에 정을 돈독히 하며, 한편에서는 고스

톱과 윷놀이판을 벌여 명절의 분위기를 돋운다.

구정 연휴기간에는 대규모의 민족 대이동이 시작된다. 지방으로 가는 비행기티켓과 KTX, 새마을과 무궁화호 열차표는 일찍 좌석이 매진되어 벌써부터 품절이다. 고속버스터미널도 환고향하려는 고객들로 붐비고 있고 연휴 내내 서울―지방의 상·하행 고속도로는 귀성·귀경하는 차량 정체로 극심한 몸살을 앓는다. 그것은 대부분의 한국인들이 자가용으로 고향나들이를 하기 때문이다. '한강의 기적'을 일궈낸 한국인들은 자동차강국의 신세를 톡톡히 지고 있는 셈이다. 설 연휴 기간 시민들이 가장 관심 있게 지켜보는 TV 뉴스가 고속도로 관련 교통정보이다. 따라서 인구이동보다 '차車 이동'이란 표현이 더 적절할 것이다.

중국에서는 음력설인 춘제를 한해 행사 중 최대의 명절로 간주한다. 1주일 이상의 긴 춘제 연휴가 시작되면 대부분의 중국인들은 불원천리不遠千里하고 고향으로 돌아가 가족과 함께 설을 쉰다. 그리하여 전란 중 피난민을 상상케 하는 민족 대이동이 중국전역에서 진행된다. 대부분의 중국인들은 열차를 이용해 환고향하며, 춘제 연휴를 계기로 억을 헤아리는 대규모의 인구가 동서남북으로 이동한다.

현재 중국사회가 '경제중심'사회로 부상함에 따라 농촌의 많은 잉여 노동력들이 도시에 진출해 건축업과 각종 서비스업에 종사하고 있다. 이들은 거의 일 년 내내 가족과 떨어져 타향에서 열심히 일해서 돈을 벌고 있다. 그러다가 음력설이 다가오면 무조건 환고향해 가족과 함께 설을 쉰다.

　　서울에서 부산 및 광주로 돌아가는데 소요되는 시간이 8~9시간이라면 중국인들이 노상에서 보내는 시간은 2~3일이 걸린다. 하지만 부자가 된 심정으로 '금의환향'하는 그들의 마음은 가볍기만 하다. 열차는 중국인들의 특유의 인내력이 발휘되는 장소가 되며, 중국인들의 장시간의 노정은 대장정을 방불케 하며, 드라마 속의 극적인 화합·대단원을 연상케 한다. 미상불 음력설·춘제는 중국인들에게 있어서 '만남의 명절'이기도 하다.

　　중국인들은 음력설이면 행운을 비는 부적과 같은 장식품을 집안 곳곳에 붙이는 풍습이 있는데, 이런 장식품은 거의 붉은 색이다. 예전부터 '붉은 색은 길吉하다'고 여긴 중국인들은 춘제가 다가오면 현관문에 붉은 색으로 만든 각가지 복福자를 거꾸로 붙인다. 이는 중국어로 '福倒'라는 의미로 '복이 온다福到'와 발음이 같고, 따라서 새로운 한해 가정에 행복이 깃들기를 염원하는 것이다. 중국어로 魚yu, 물고기는 '풍족하고 남는다'는 뜻의 餘yu와 발음이 같다. 그래서 중국인들은 춘절인사로 '年年有餘해마다 풍족한 생활을 바란다는 뜻'라고 덕담을 주고받는다.

　　한국에서는 음력설이면 나이를 '한살 더 먹는다'는 뜻으로 떡국을 먹는다. 떡국은 꿩고기를 넣고 끓여야 하지만 꿩고기가 없을 땐 닭고기를 넣고 끓이는데, 그래서 '꿩 대신 닭'이라는 속설이 유래되었다.

　　중국의 전통적인 설날 음식은 만두이며, 중국어로 쟈오즈餃子라고 한다. 쟈오즈가 설날의 필수음식으로 된 것은 또 쟈오즈의 모양이 고대 돈元宝과 비슷해 새해에 먹으면 재운과 복이 온다는 뜻에서 비롯되었다. 쟈우즈에 갖가지 길한 음식물로 소를 만들어 새해의 소원성취를 기원하고 생활이 더 달콤하기를 기원하는 마음으로 사탕, 건강장수를 비는 낙화생땅콩, 생남을 기원하는 대추와 밤 등으로 죠우즈의 소를 만든다. 죠우즈는 역사가 오랜 민간음식으로 중국인들이 설 명절에 빼놓을 수 없는 음식이다.

자정 무렵 중국전역의 밤하늘에 울려 퍼지는 폭죽소리는 공포의 전쟁을 방불케 하는데, 이는 한해의 액운을 쫓고 새해에 행운을 기원하는 의미로 통한다. 해마다 설 명절이면 정월대보름까지 이어지는 폭죽놀이는 많은 이들이 상하고, 화재사고가 발생해 국가에 많은 손실을 가져오고 있다. 안전사고와 환경문제로 정부의 관련 규제가 심화되고 있지만, 전통적인 민속놀이는 향후에도 지속될 것이다.

해마다 고향에 돌아가 가족과 함께 하는 설 명절이 오지만 여러 가지 사정으로 가족과 떨어져 설을 쉬는 이들이 있어 가슴 아프다. 선진국에 진입하는 한국이나 경제가 비약적으로 발전하고 있는 중국을 막론하고 아직도 우리사회에는 소외된 빈곤층과 고독하게 만년을 보내는 독거노인들이 적지 않다. 다행인 것은 중국에서는 정부지도자들의 '紅包돈을 싼 붉은 종이' 형식으로 정부 보조금이 지급되며, 한국에서는 자원봉사자들의 봉사활동이 진행된다. 현재 많은 중국동포들이 고향에 돌아가지 못하고 다소 외롭게 설 명절을 보내고 있다. 그래서 마음이 더 무겁기만 하다. 더욱 많은 이들이 고향에 돌아가서 가족과 함께 행복하고 근심걱정 없는 유쾌한 설 명절을 보낼 수 있는 그날이 하루빨리 오기를 진심으로 기원한다.

비교되는 한·중 음식문화

'대한민국 국민은 밥심에 산다'는 미모의 탤런트의 광고내용을 우리는 얼마 전까지 한국TV에서 자주 볼 수 있었다. 한국에서는 중국에서 거의 볼 수 없는 쌀 광고와 밥 광고를 매스컴에서 심심찮게 볼 수 있다. 그것은 대다수 한국인들이 쌀과 밥에 관심이 많고 밥 위주의 음식문화가 현재까지 지속되고 있기 때문으로 볼 수 있다.

물론 요즘 한국의 젊은이들은 라면이나 자장면 같은 면식面識도 즐겨먹지만 아직도 많은 한국인들은 여전히 국밥 위주의 음식습관을 지키고 있다. 따라서 한민족의 음식문화는 '밥 문화'로 개괄할 수 있다.

밥과 국이 위주인 한식韓食과는 달리 볶음요리 위주의 중식中食은 좀 구별이 있다. 물론 국토가 광활하고 지역문화의 특징이 뚜렷한 중국은 지방마다 부동한 음식문화를 갖고 있는 현실을 간과해서는 안 되지만, 대부분의 중국인들에게는 밥보다 면식이 더 인기가 있다. 동북지방을 제외한 대부분의 중국인들이 먹는 밥은 풀기 없는 얼량미二粮米로, 한국인들이 먹는 기름기가 많고 점성이 강한 밥과는 많이 다르다.

한국인들에게는 밥이 주식이지만, 중국인들에게는 밥이 느끼한 요리를 먹기 위한 '부식'이 되는 것이다. 한마디로 중국인의 음식문화는 '요리 문화'로 요약할 수 있다.

중식은 요리 종류가 많고 맛은 있지만 기름에 볶은 요리가 많아 느끼한 특징이 있는 반면, 한식은 밥을 제외한 모든 음식이 담백하고 기름기가 적다. 밥과 국이 위주인 한식은 젓갈과 장아찌, 김치와 자반 같은 밑반찬 종류가 많아 풍성하고 맛깔스럽다. 하지만 무침 같은 밑반찬들은 중국인들에게는 크게 인기가 없다. 중국인들은 여러 가지 요리를 함께 먹는 식습관이 있지만 한식은 주로 한 가지 요리의 위주이며, 담백한 음식을 즐기는 한국인들은 고기는 구워먹거나 기름을 빼서 먹고 기름기를 뺀 고기를 상추에 싸서 먹기도 한다. 중국인들은 대부분의 음식을 끓여먹으며 회 요리와 같은 생음식은 싫어하므로, 횟집에 처음 온 중국손님들을 초대한다면 상당한 실례가 된다.

중국인들은 식사할 때 주로 젓가락을 사용하며, 요리와 밥을 먹은 다음 국은 마지막에 마신다. 하지만 한국인들은 식사할 때 수저를 동시에 사용하며, 보통 밥을 국에 말아먹는다. 숟가락은 밥과 국을 먹을 때 사용하고 젓가락은 반찬을 먹을 때 주로 사용한다. 반면 중국인들은 밥 식기를 들고 나무로 된 젓가락을 사용하여 식사를 한다. 식사시 중국인들은 이야기를 나누면서 밥을 먹고 이동식사가 가능하지만, 한국인들은 식사시 조용하게 먹으며 떠들거나 이동하면서 먹으면 예의가 없는 것으로 간주한다.

한국인들은 쇠로 만든 무거운 식기와 수저를 사용하는데, 이런 식기사용과 식사습관은 주로 성리학의 영향 및 조선시대의 양반상놈의 잔재의식에서 기인된다고 볼 수 있다.

이처럼 한국인들과 중국인들은 부동한 식사습관과 구미口味 등을 갖고 있지만 공동점도 갖고 있다. 예건대 한·중 두 나라 젊은이들은 모두 라면과 같은 인스턴트 음식을 즐겨먹으며, 고기와 여러 가지 야채를 함께 넣어 끓여먹는 샤브샤브火鍋는 두 나라 미식가들한테 모두 인기가 있다. 다만 샤브샤브용으로 중국인들은 양고기를 즐겨먹으며, 한국인들은 소기기를 선호하는 차이점이 있다. 중국인들은 김치의 마늘냄새를 꺼리고 한국인들은 중국요리의 향료냄새를 싫어한다. 현재 한국인들이 선호하는 '중화요리'는 중국과 한국요리의 특징이 섞인 복합체로, 한국인들의 입맛에는 맞지만 중국인들의 입맛에는 별로다.

현재 한·중 두 나라의 부동한 음식문화를 동시에 향유하고 있는 중국동포들은 담백한 한식 맛의 묘미와 느끼하지만 구미를 당기는 중화요리의 향연을 만끽할 수 있어 참으로 행운이다. 그들은 중식의 느끼함을 반감시켜주는 김치와 한식의 담백함을 미봉해주는 볶음요리를 즐겨먹는다. 이 또한 현재 중·한 두 나라의 문화 속에서 생활하고 있는 중국동포에게만 부여된 특혜이다. 기름기가 많은 중식의 요리들을 먹은 후 매콤한 김치나 젓갈류의 반찬을 먹을 수 있다는 것은 매우 행복한 일이며, 구미를 돋우는 식사방법이리라고 생각된다.

물론 한·중 두 나라의 색다른 음식문화로 인한 '불협화음'이 없는 것은 아니다. 최근 중국의 경제발전에 따라 한국을 방문하는 비즈니스맨들과 여행객들이 적지 않다. 한국을 찾은 중국인들의 가장 큰 불만이 바로 중국인의 음식문화구미와 습관 등를 제대로 파악 못한 한국 측의 식사대접 '소홀'이다. 평소 느끼한 복음요리의 중식에 습관된 그들은 야채 위주의 담백함과 한 가지 요리 위주의 한식에 못마땅해 한다. 물론 한식의 특색요리인 불고기나 갈비 등은 즐겨먹지만 국밥 위주의 한식에는 잘 적응하지 못한다.

얼마 전 필자는 중국 사천성에서 온 기업인을 서울에서 만난 적이 있는데, 그의 가장 큰 불만이 바로 자신이 싫어하는 생반찬이 많고 단조로운 한식에 습관이 안 된다는 것이다. 매운 음식을 즐겨먹는 고장에서 온 그가 필자가 대접한 얼큰한 해물탕은 아주 맛있게 먹어주어서 기분이 좋았다. 이는 중국에 처음 간 한국인들이 느끼한 중국요리에 잘 적응을 못하는 것과 마찬가지로 엄연한 문화차이로 볼 수 있다.

얼마 전 필자는 "보신탕과 한민족"이란 글을 한국의 한 문학지에 발표한 바 있다. 일명 '사철탕'이라고 불리는 보신탕은 중국에서는 꺼우러우탕狗肉湯, 북한에서는 단고기로 불리며 대부분의 한민족이 즐겨먹는 대중음식이다. 반면 양고기를 선호하는 중국에서는 사정이 좀 다르며, 중국에는 '양대가리를 내걸고 개고기를 판다挂羊頭, 賣狗肉'이라는 유명한 성어가 있다. 비슷한 표현으로 한국어의 회자膾炙, 회와 고기는 사람들의 입에 자주 오르내리는 맛있는 음식으로, 화제에 자주 오른다의 뜻도 '회를 먹지 않는' 중국인의 관점에서는

'어폐가 있는' 언어표현이 된다. 즉 부동한 음식문화는 상이한 사회문화를 만들어낸다.

평소 한국인들이 '밥을 산다'는 말은 대개 술을 곁들이지 않고 밥만 먹는 경우가 대부분이다. 한정식에는 다양한 밑반찬이 나오며 특색음식이 많은 것이 특징이지만, 중국인의 식사초대는 주로 고급요리와 고급술을 곁들인 번다하고 풍성한 음식이 마련된다. 중국의 '삼채일탕三菜一湯, 세 가지 요리에 한 가지 국' 유행어는 평소 중국정부의 손님 초대표준이지만, 실제 귀빈을 초대시 훨씬 호화롭고 풍성한 음식상이 마련된다. 최근 낭비가 심하고 먹자주의가 성행되고 있는 중국에서 '절검의식'이 의사일정에 오르고 있는 이유이다.

같은 동양문화권에 속하는 한국과 중국이지만 음식습관 및 음식문화는 많이 다르다. '만만디慢慢地'의 중국인들은 식사하는데 많은 시간을 할애하지만 한국인의 식사시간은 매우 짧다. 이는 '빨리빨리'의 한국인의 성격특징에서 기인된다. 부동한 역사배경과 환경에서 유래되는 각 나라와 민족의 음식습관과 문화는 상호 존중되어야 하며, 자신들의 기준으로 제멋대로 폄하貶下한다면 어불성설이다. 우리는 모름지기 느끼하지만 맛있는 중식과 담백하면서도 구미를 돋우는 한식의 묘미와 우수성에 비중을 두고 초점을 맞춰야 한다.

같은 맥락으로 현재 한중 두 나라에서 '성행'되고 있는 한류와 중국산에 대해서도 객관적이고 공정한 시각으로 바라봄이 바람직하다.

중국의 유학과 한국의 유교

유학儒學은 중국고대의 전통적 정교일치政敎一致의 학문으로 공자에 의해 크게 이루어져 유교의 근본이 되었고, 공맹지학孔孟之學이라고도 불린다.

유교는 '공자의 사상을 따르는 중국의 대표적 철학사상'이라고 한국 국사사전에 적혀 있다. 유교는 인간의 윤리도덕을 기초로 한 철학으로 근본사상은 인仁이며, 수신修身·제가齊家·치국治國·평천하平天下의 실현을 목표로 하였다. 시경詩經·서경書經·주역周易·예기禮記·춘추春秋의 5경五經과 논어論語·맹자孟子·중용中庸·대학大學의 4서四書를 주요 경전經典으로 삼는다.

유교는 중국 춘추시대 말기의 대사상가 공자에 의해 창시되었고, 맹자·순자에 의하여 체계화된 학문으로 발전되었다. 기원전 2세기 전한西漢 한무제 때 유교는 국교國敎로 채용되었으며, 후한東漢 때는 경서의 해석학이 활발하였다. 위·진·남북조 시대에는 당시 유행한 도가道家사상으로 경서를 주석함으로써, 유교에 도가철학이 유입되었다. 후한 때에 불교가 들어오고 위·진·남북조 시대에 도교道敎가 성립되면서, 유·불·도 3교의 논쟁이 계속되었다. 당唐대에는 불교와 도교가 세력 다툼을 하면서 발전되었기 때문에, 상대적으로 유교는 침체되었다.

송宋대의 유교는 불교 자체에는 반대하면서도 불교의 깊은 교리에는 관심을 보였고 신新유학·성리학性理學이 부상하였으며, 명明대에 왕수인王守仁에게 계승되어 양명학陽明學으로 정립되었다. 청淸대에 이르러서는 실사구시를 표방하는 고증학考證學이 대두되었고, 신해혁명 이후 전개된 근대화 운동을 통하여 유교는 '봉건체제의 정신적 지주'로 적대시되었다.

유학은 기원전 3세기 중국의 전국시대에 고조선으로 중국문화의 유입과 함께 전래되었고, 고구려·백제·신라에서 모두 한학漢學이 발달하였다. 고구려에서는 국립대학인 태학太學이 설립되어 유교 경전에 대한 교육이 이루어졌으며, 지식층에서 경서가 읽혀졌다. 백제에서도 5경 박사를 두었던 점으로부터 유교의 경전을 중시하였음을 알 수 있다. 신라시기 역시 임신서기석 등에서 유교의 수용을 알 수 있다.

통일신라의 유교는 대체로 진골眞骨을 중심으로 하는 골품骨品제도와 이를 옹호하는 불교에 대항하는 성격을 띠었다. 당시 유학의 목표는 첫째로는 경전과 사기에 통달하여 정치나 법률제도를 잘 알고 그것을 운용할 만한 관리가 되는 것이며, 둘째로는 사부詞賦와 문장에 능통하게 되는 일이었다. 당시 대표적 유학자로는 설총·최치원 등이 있었다.

고려의 태조 왕건은 사상적으로 불교·도교·유교를 폭넓게 받아들였으며, 유교를 국가의 정치이념으로 채용하였다. 또한 광종의 과거제도 실시와 성종의 국자감國子監 설치 등은 유교정치가 실시되고, 유교전통을 제도적으로 확립시킨 것이라고 할 수 있다. 예종·인종 때는 국학을 진흥시켜 유학이 크게 발달하였지만, 그 후 무신정변과 계속되는 전란으로 유학은 점차 쇠퇴되기 시작했다.

고려 말 신진사대부들이 조선왕조를 개창한 후, 전통적인 유학과 불교·도교의 폐단이 시정되면서 유교는 조선시대의 정치·지도이념으로 방전되었다. 조선시대 성군으로 일컫는 세종대왕은 유교적 국가의례와 사회제도를 정비했고, 조선왕조 유교사회의 기틀을 확립했다.

조선중기에 성리학 대가인 이황李滉·이이李珥에 의해 조선유학성리학의 최고봉에 도달했고, '바른 것을 지키고 옳지 못한 것을 물리친다'는 유교의 정치·윤리사상은 조선사회의 정신적 지주가 되었다. 유교는 임진왜란·병자호란 등 왜적의 침략에 대항하여 싸우는 정신적 지주로서 구한말 서양에 대한 문호개방, 일제의 침탈 등 국가가 어려운 시기에는 위정척사운동·의병운동이 나라를 지키려는 구국운동의 밑바탕이 되었던 것이다.

유교는 중국에서 기원되었지만 '유교문화의 꽃'은 한국이 더 화려하게 피웠다. 그 결과 '군자君子의 나라'·'동방예의지국東方禮義之'의 명예로운 호칭을 들었으며, 인간을 존중하는 높은 인문문화를 발전시켜 왔던 것이다.

그러나 조선시대의 유교는 형식과 명분 중시와 상공업과 기술에 대한 경시, 보수적인 경향에 따른 쇄국정책과 엄격한 가부장제와 여성차별주의 등 문제점을 가지고 있었으며, 농업 이외의 상공업을 천시하였으므로 결국 산업기술의 발전을 저해하여 사회의 정체와 산업의 후진성을 초래하였다. 이 또한 유교가 갖고 있는 양면성으로, 사회발전의 걸림돌이 된 '부작용'이기도 하다.

조선 중·후기 임진왜란과 병자호란 이후 사회적 피폐와 농민생활의 어려움이 지속되었다. 청淸의 실사구시의 고증학과 서학西學의 영향을 받아 사회학자들과 혁신파들의 현실사회에 대한 반성과 함께 실리적이고 체계적인 '개혁' 움직임이 있었지만, 조선정부의 쇄국정책의 실시와 위정척사운동으로 인해 '유교정치'는 사회발전의 걸림돌의 역할을 하였다.

1910년 일제에 의한 조선왕조의 멸망과 함께 '국가종교'로서의 유교체제는 허물어지고 말았다. 유교는 조선시대의 정치이념으로서 그로서의 순기능과 긍정적인 일면이 있었지만, 여러 가지 문제점과 자체의 진부성으로 인해 사회발전을 저해하는 역기능도 갖고 있었다.

'유학의 발원지' 중국에서는 유교라는 말은 별로 사용하지 않고 전국시대 제자백가 중 한 학파를 의미할 경우 유가儒家라고 부르며, 중국고대의 윤리도덕과 인仁 및 4서5경을 연구하는 학문을 의미할 때는 유학儒學이라는 말을 사용하는 것이 일반적이다.

물론 중국에서도 유교가 국교로 채용된 적이 있었지만 중국의 유학은 주로 공자의 학문과 사상을 뜻하며, 한국의 조선시대 유교가 갖고 있는 정치적인 이데올로기와 종교적인 색채가 거의 존재하지 않는다고 볼 수 있다. 이 또한 한국의 유교와 중국의 유학의 가장 큰 구별과 차이점으로 볼 수 있다.

중국에서 전래한 유교는 인간의 윤리규범과 철학사상으로 간주되지만, 조선시대에 정치·사상이념으로 정착되면서 이데올로기적 정치적인 기능을 갖게 되었다. 조선시대의 유교는 교화적인 면을 중시하였기에, 어느 정도 '종교적인 의미'가 포함되었다고 볼 수 있다.

유교의 종교화 논쟁이 지속되고 있는 작금의 역사현실을 통해, 한국의 유교는 윤리도덕의 의미와 종교적인 색채가 병존한다는 것을 알 수 있다. 한마디로 유교儒敎는 '수기치인修己治人'의 학문이면서도 윤리학이자 정치·종교학이기도 하다.

유교는 20세기 초 신해혁명과 신문화운동을 거쳐 퇴폐한 '봉건사상'으로 치부되었고 대부분의 중국인들의 기억 속에 사라져버렸지만, 최근 들어 중국의 곳곳에서 전통문화에 대한 중시와 더불어 부활의 기미를 보이고 있다.

요컨대 기독교와 불교 등 다종교가 추앙받고 있는 작금의 한국사회에서 대부분의 한국인들이 여전히 유교적 윤리사상의 영향력에서 벗어나지 못했고 유교적인 생활 패턴 속에서 생활하고 있는 점을 감안하면, 유교가 한국인들에게 미치는 사회적인 영향력이 중국의 유학에 비해 훨씬 더 크고 광범위하다고 할 수 있다.

중국의 호구제도 개혁과 한국의 호주제 폐지

중국정부가 '현대판 신분제'라는 비판을 받아 온 호구제도를 약 반세기 만에 폐지하는 방안을 추진 중이다. 최근 중국의 12개 성省과 자치구 및 직할시가 농업호구와 비농업호구를 구분하는 호구제도를 점차적으로 폐지하고, 정부가 도시지역과 농촌지역 주민들의 이주를 자유화를 위한 새로운 호구등기제도 도입을 검토 및 실행하고 있다.

호구제도는 1958년 제정된 '호구등기조례'에 따라 농촌과 도시시민을 구분하고, 농촌인구의 도시이주를 엄격히 금지하고 있는 중국 특유의 사회제도이다. 농촌호구를 가진 사람은 도시에서 생활하더라도 취업·주택보장·의료보험·실업·양로보험 등의 혜택을 받을 수 없고, 자녀들의 입학이 어려운 사회폐단을 안고 있다. 그간 도농都農 이원구조의 호구정책으로 인해 도시에 진출한 농민공農民工은 불법이민자 취급을 받아왔으며, 자녀의 교육과 의료 등 각종 사회보험과 사망보상금 보상 등 사회복지에서 엄청난 불이익을 받아왔다.

현재 중국의 유동인구는 1억5000여 만에 달하며, 이 중 절반이 넘는 인구가 임시거주증으로 도시에 상주하고 있어 사실상 호구제도의 의미가 약화되었다. 개혁개방으로 사회주의 시장경제가 활성화되면서 농촌인구가 도시에로의 유동이 급속하게 진행되었다. 전문가들은 도농 인구를 차별화하는 현행 호구제도가 빈부 및 도농 격차를 유발하고 국가 자원배분 차원에서도 불공평하므로, 당연히 점차적으로 개혁 및 폐지돼야 한다고 주장한다.

현유의 호구제도는 당시 중국실정에서 출발해 계획경제의 순조로운 운영을 가능하게 한 중요한 기반이 되었지만, 시장경제가 활성화되면서 그 실효성이 점차 약화되고 있다. 도시화의 시대적 발전에 따라 매년 천만 명의 농민공이 도시로 유입되어 임시거주증을 발급받아 '도시노동자'로 변신하고, 도시 내 빈민계층을 형성하고 있다. 농민공은 도시주민과 동등한 사회보장체제의 혜택을 받을 수 없고 불평등한 사회지위를 감수해야 하므로, 사회적 불만이 점차 커지고 있고 이런 도시 내 이원화 현상이 사회불안요인으로 작용하고 있다.

현유의 호구제도로 이원화된 노동시장은 시장기능에 의한 효과적인 자원분배를 저해하고 있고, 일부 지역의 심각한 노동력 부족현상의 원인이 되고 있다. 그러나 호구제도 개혁은 단순히 도시 진입의 '입장권' 발급만이 아닌 노동시장과 사회복지시스템 및 토지제도 등 수많은 문제와 뒤얽혀 있고, 사회구조의 다방면의 변화와 수많은 이익집단의 반발이 동반되는 민감한 문제이다. 호구제도 개혁은 도시인구과밀과 국가의 행정통제력 약화 및 재정 부담과 도시 실업문제 등 사회문제를 야기할 수 있기 때문에 '뜨거운 감자'가 되고 있는 것이다.

호구제도의 폐지는 농촌인구의 급격한 도시유입으로, 사회치안과 주택난 등 일련의 사회문제들을 유발할 것이다. 또한 경제가 발달한 동부 연안에 인구편중 현상이 출현하여 농촌발전은 물론 지역 간 균형발전도 차질이 빚어질 것으로 전망된다. 그럼에도 불구하고 호구제도 개혁은 시대발전의 추세로 현유의 문제점과 사회폐단을 해결하는데 일조할 것이며, '이점이 많고 폐가 적은利多弊少' 적극적이고 합리적 대안이 될 것이다.

과거 50년 간 인구이동 통제의 역할과 의료·주택·교육 등 모든 면에서 이원화 구조를 주도해 온 진부한 호구제도에 대한 본격적 개혁은 중국정부의 합리적 사회제도에 대한 추구와 사회문제 해결에 긍정적 역할을 할 수 있다는 점에, 그 적극적인 의미가 있다. 호구제도의 개혁 및 폐지는 최근 중국정부가 추진하는 과학적 발전관과 도농 간의 빈부격차의 해소를 위한 사회주의신新농촌 건설이념에도 부합되며, 현존하는 사회문제 해결에도 긍정적 역할과 조화로운 사회건설에 적극적인 기여를 할 것이다.

2008년부터 실시되는 호주제戶主制 폐지는 한국사회의 중대한 사회개혁으로 볼 수 있다. 호주제란 호주를 중심으로 가족을 구성하는 민법상의 가족제도로, 남성을 중심으로 승계되는 것이 주요특징이다. 가부장적 가족제도의 근간을 이루는 호주제도 하에서 여성은 결혼하면 남편의 가계에 편입되고 자녀는 아버지 가계에 입적入籍되며, 호주승계 순위는 아들·

딸·처·어머니·며느리의 순으로 되어 있다.

한국은 전통적으로 남아선호 사상에 입각한 남녀차별이 심한 나라로, 똑같은 자식을 낳아도 딸을 낳게 되면 좋은 대우를 받지 못했고 아들을 낳지 못하면 죄인취급을 받았다. 아들을 못 낳는 죄는 칠거지악七去之惡에 속하며, 집안의 대를 끊는다는 이유로 가족에서 쫓겨나기도 했다. 민주화된 현대사회에서 남녀차별의 대표적인 사회적 폐단이 바로 호주제이었다.

현유의 호주제는 여성과 남성을 차별하는 가부장제 가족제도의 전형이며, 남성우월 의식과 전통문화를 법적으로 제도화한 것이다. 부계혈통을 특권화하고 있는 호주제도는 산업화되고 민주화된 현대사회에서 많은 성차별적인 문제점들을 낳았으며, 여성들의 지속적인 '호주제 폐지운동'에 힘입어 호주제 폐지의 현실화하기에 이르렀다.

호주제가 성립된 배경에는 남성은 항상 여성보다 우월하며, 여성은 속성상에서 남자에게 의존할 수밖에 없는 '종속적인 존재'라는 고정관념이 자리 잡고 있다. 호주제는 부계우선 혈통주의와 남성우월 의식을 조장하여 성차별을 발생시켰다. 호주제도에 의해서 여자는 혼인하면 남편의 가정에 입적하게 되는데, 이는 가부장적 생활문화의 세습과 남성우월 의식을 조장하고 혼인생활에서의 성적 불평등을 초래하는 근본적인 원인이 되었다.

부계우선 혈통주의와 남성 우선적인 호주제도는 법적으로 부계혈통만을 인정하는 문제점을 안고 있다. 즉 여자는 호주가 될 수 없으므로 한 집안의 혈통을 잇기 위해서는 반드시 아들을 낳아야 한다는 남아선호 사상을 부추겼고, 수많은 여아가 어머니의 뱃속에서 낙태를 당했다. 따라서 여아와 남아의 출생성비가 매우 기형적인 성비불균형 현상이 초래되기도 했다.

성감별에 의한 여아낙태는 남녀가 조화로운 사회를 이루기 위한 근본을 부정하며, 생명을 경시하는 사회풍조를 만들고 있어 심각한 사회문제가 되고 있다. 아들 위주의 호주승계 순위는 아들선호 사상을 고착화하는 것으로, 가부장적 남성우월성을 상징하며 양성평등에도 위배된다. 따라서 혼인과 가족생활은 개인의 존엄과 양성평등을 기초로 성립되고 유지되어야 한다는 헌법상 가족정책이념에 부합하는 가족제도를 구현하자면, 기존의 호주제는 반드시 폐지되어야 한다는 주장이 지배적이고 사회적 주류를 이루고 있는 상황이다.

호주제도가 폐지됨에 따라 '출가외인'은 옛말이 되고, 여아선호 확산에 따라 남아선호와 성별불균형 등 사회문제가 점차 해결될 것이다. 가정의 모계중심 재편과 여성의 활발한 사회진출 및 노후를 자식에게 의존하지 않겠다는 인식이 더욱 확산될 것이며, 재산상속에서도 아들 딸 구분이 없어질 것이다. 궁극적으로 호주제의 폐지는 자녀가 어머니의 성姓을 따를 수 있어 남아선호 사상이 퇴조될 것이며, 가족 안에서의 성차별을 없애고 다양한 대안적 삶과 새로운 가족형성을 가능하게 하는 중요한 사회적 대안이 될 것이다.

구별되는 것은 중국의 현행 호구제도에서 호주戸主의 승계 자격은 기존의 한국의 호주제와는 달리, 남자에게만 국한되는 것이 아니고 여자도 호주가 될 수 있다는 점이다.

중국의 호구제도가 도시화·산업화에 따른 자유로운 인구이동의 장애가 되고 도농 격차 등 사회 불평등의 문제를 야기했다면, 한국의 호주제는 남성위주의 가부장적 문화의 사회폐단으로서 남녀평등의 현대정신에 위배된다. 사회발전의 걸림돌이 되는 호구제도의 개혁과 호주제의 폐지는 시대발전의 추세로, 사회발전의 대세로 받아들이는 것이 바람직하다.

한·중 설날음식, 떡국과 죠우스餃子

한국의 설날 세시음식으로 가장 대표적인 것이 떡국이며, 음력설이면 가가호호 '나이를 한살 더 먹는다는 뜻'으로 떡국을 먹는다. 한국 드라마를 보면 설날아침에 깨끗한 한복차림으로 조상께 차례를 드린 후 웃어른께 세배를 하고 세찬歲饌으로 온 가족이 떡국을 나눠먹는 장면을 볼 수 있다.

떡국을 먹는 이유는 가족이 일년간 건강하고 무병장수 및 무탈하게 보내려는 염원이 담겨있다고 한다. 특히 설날 차례 제사상에도 떡국이 빠질 수 없는데, 산 사람과 '죽은 사람'이 모두 먹는 설날음식이 바로 떡국이다.

동국세시기東國歲時記, 한국 연중행사 및 세시풍속을 적은 책에는 "멥쌀가루를 쪄서 안반 위에 놓고 떡메로 무수히 짓찧어서 길게 늘여 만든 흰떡白餅을 얄팍하게 똑같이 썰어서 장국에 넣고 쇠고기나 꿩고기를 넣어 끓인 것이 떡국餅湯"이라고 적혀있다. 떡국은 떡이 갖고 있는 '잔치'의 상징성이 '명절의 즐거움'으로 확대·연장된 것이다. 즉 평소에는 구경하기 힘든 고기와 떡을 설 명절에 먹을 수 있게 하기 위해 고기가 들어간 떡국이 만들어졌으며, 그것이 대대로 전해져 설 명절 특식特食으로 자리매김을 한 것이다.

동국세시기에는 "떡국에는 원래 흰 떡과 쇠고기·꿩고기가 재료로 이용하였지만, 꿩을 구하기 힘들면 대신 닭을 사용하는 경우가 있다"고 적혀 있다. 꿩은 야생동물이므로 잡기가 힘들었고 쇠고기는 비싸기 때문에, 대신 닭고기로 국물을 만들었다고 한다. 따라서 '적당한 것이 없으면 비슷한 것으로 대신한다는 뜻'으로, 현대인들은 "꿩 대신 닭"이라는 속어를 자주 사용하게 된 것이다.

떡국의 기본재료는 가래떡이다. 예로부터 장수와 무병의 뜻을 나타내는 흰 가래떡을 정결하게 썰어 맑은 장국물에 넣어서 끓였다. 가래떡은 양陽의 기운을 상징하며, 가래떡으로 만든 떡국을 먹고 식구들이 무병장수를 기원하였다. 가래떡의 흰색은 자연에 가장 어울리는 순색으로 깨끗함과 지고지순 및 장수를 상징하며, 흰색의 떡국은 백의민족에게 특별한 의미가 부여된다. 평소 어른이 아이들에게 떡국을 몇 그릇 먹었느냐고 묻는 것은 떡국이 세찬이기 때문이며, 따라서 "떡국 몇 그릇 먹었느냐"는 오늘날 나이를 묻는 대명사가 되었다.

예로부터 한민족은 음력설이면 흰 가래떡으로 떡국을 만들고 떡국으로 차례를 지내왔다. 한민족이 설음식으로 떡국을 먹는 이유로, 윤숙자 한국전통음식연구소장은 "새해 첫날 아침 가래떡으로 만든 떡국을 먹고 가래떡을 길게 늘여 만드는 이유는 '재산이 쭉쭉 늘어나라'는 축복의 의미가 담겨져 있다"고 설명했다. 또 "가래떡을 옛날 화폐 엽전처럼 둥글게 썰어 떡국을 만든 것은 새해에 재화가 풍족함을 소망했고, 가족은 물론 조상님과 세배 손님에게도 떡국을 대접해 재물이 풍성하기를 기원했다"고 역사적 기원을 밝혔다.

중국의 전통적인 설날음식은 소가 있는 만두로, 쟈우즈餃子라고 한다. 쟈우즈가 설날의 필수음식으로 된 것은 '쟈우즈의 모양이 고대 돈元宝과 비슷해 새해에 먹으면 재운과 복이 온다'는 뜻에서 비롯되었다고 한다. 만두에 갖가지 길한 음식물로 소를 만들어 새해의 소원성취를 기원한다. 생활이 달콤하기를 기원하는 사탕과 건강장수를 비는 낙화생, 생남 기원의 대추와 밤 등이 쟈우즈소가 된다. 쟈우즈는 낡은 해를 보내고 새해를 맞는 기쁨과 생활에 대한 꿈을 주는 음식이며, 중국 음식문화의 중요한 조성부분으로 되었다.

만두는 삼국지의 제갈공명이 남만南蠻을 정벌할 때 오랑캐 머리를 제물로 바치는 대신 고기로 만두소를 만들고, 사람머리만두를 만들어 하늘에 제사를 지낸 것에서 유래되었다고 한다. 또한 한나라 명의 장중경張仲景이 겨울철 동상에 걸린 백성을 치료하기 위해 귀 모양 반죽으로 만든 구황식품이 만두라는 설도 있다. 동지부터 설날까지 만두국을 먹으면 몸속의 피가 따뜻해져 양쪽 귀에 열이 올라 동상을 치료했다고 한다, 따라서 중국에는 "동짓날 쟈우즈만두를 먹지 않으면 겨울에 귀가 얼어 떨어진다"는 속설이 유래된 것이다.

쟈우즈는 역사가 오랜 중국의 민간음식으로 설 명절에 빼놓을 수 없는 특식이다. "아무리 맛있는 음식이라도 쟈우즈만큼 맛이 있으랴"는 속언이 있을 정도로 중국인들이 즐겨먹는 음식이다. 삼국 및 남북조시대에는 '훈둔', 명조 때에는 '교자交子'라고 불렀다. 여기에서 '교交'자의 의미는 지난해와 새로운 해가 서로 교체된다는 뜻으로, '교자'는 섣달 그믐날밤과 정월 초하루에 반드시 먹어야 하는 음식물로 전해져 내려왔다. 현재의 죠우즈餃子는 바로 이 '교자交子'에서 유래한 것으로, 이것이 또한 죠우즈의 어원이기도 하다.

현재 중국은 장강長江을 중심으로 북방에서는 면류麵類를 즐기고 남방에서는 곡류穀類를 선호하는 경향이 있다. 중국인의 최대의 명절 음력설이면 지금도 남방에서는 탕원湯圓, 북방에서는 죠우즈를 먹는 식습관이 유지되고 있다. 중국 북방의 '얼음도시冰城' 할빈哈爾濱에는 죠우즈춘餃子村, 죠우즈청餃子城 등 죠우즈 음식점이 적지 않은데, 일 년 내내 죠우즈를 즐겨먹는 단골들로 그 장사가 매우 번창하다.

한국의 떡국은 주로 설 명절에 먹는 시절時節음식인 반면, 중국의 죠우즈는 이미 대중화된 음식으로 변화되었다는 것이 그 주요한 차이라고 할 수 있을 것이다.

현재 한국인들이 애용하는 만두국과 만두는 중국의 특색음식인 죠우즈와 대체적으로 비슷하지만, 그 종류와 맛에서는 적지 않은 차이점도 갖고 있다.

떡국과 만두국은 영양가와 맛이 구수한 국물에 비중을 둔 한민족의 특색음식이며, 김치만두 등 한국의 만두는 만두소의 종류가 상대적으로 적고 맛이 담백한 것이 특징이다. 이는 국밥과 담백한 음식을 즐기는 한국인의 음식문화를 나타내는 반면, 중국의 죠우즈는 고기 위주의 만두소 종류가 다양하고 기름기가 다분한 것이 주요특징이다. 이 또한 국밥보다는 면식과 느끼한 요리 위주의 중국 음식문화의 특징을 감지할 수 있는 대목이기도 하다.

얼마 전 후진타오胡錦濤 중국 국가주석이 음력설 기간에 진행한 남방시찰에서 친히 부대의 관병들과 함께 죠우즈를 빚는 장면이 CCTV 뉴스포커스로 방송되었는데, 이는 설날음식으로서의 죠우즈의 상징성을 확인시켜주는 대목이다.

한국인들이 구정이면 반드시 '무병장수'를 뜻하는 시절음식 떡국을 먹어야 하는 것처럼, 중국인들이 매년 춘제春節·음력설이 되면 설날특식으로 '재운 및 소원성취를 기원'하는 죠우즈를 먹는 음식문화와 생활습관은 장기간 지속될 것이다.

한·중 사우나 문화 차이

필자는 다년간 고국인 한국에서 유학 생활하면서 저도 모르게 사이에 커피와 사우나sauna, 桑拿浴에 인이 배기게 되었고, 특히 사우나 '중독' 증세가 매우 심한 편이다. 사우나는 필자에게 있어 일상의 피로를 풀고 스트레스를 해소하는데 불가결의 생활수단으로 이용되고 있다. 이 또한 많은 한국인들이 사우나를 선호하는 이유라고 생각한다.

최근 들어 매년 몇 차례씩 한국과 중국을 오가는 필자는 한중 두 나라의 사우나 문화를 동시에 경험하고 있고, 아울러 양국의 관련 문화 차이를 체감하게 된다. 아래에 사우나에 투영된 한·중 두 나라의 생활문화적인 차이를 나름대로 피력해본다.

필자는 한국의 숙소 근처에 있는 '진주사우나'에 자주 드나들면서, 한국 사우나의 문화적 특징을 나름대로 이해하고 있다. 사우나는 한국인들에게 부담 없이 피로를 풀 수 있는 매력적인 장소로, 입장료가 싸고 종류가 다양하며 시설이 구전하다. 특히 24시간 영업하는 곳이 많고 사우나에서 밤을 보내는 이들이 많다. 유니폼을 착용한 남녀들이 어우러져 넓은 휴식대

청에서 부담 없이 잠자는 이색적인 진풍경을 보면서, 가끔 지방출장을 가서 사우나에 들리는 필자는 어지간히 놀라고 난해하게 생각한 적이 한두 번이 아니다.

한국 사우나는 입장료가 보통 4~5천원20~30위안으로 일반 한국인의 수입150~250만원에서 보면 별로 부담되지 않는 싼 가격이며, 이는 대중화의 원인이 된다. 특히 사우나 종류가 많은 것이 특징이다. 탕湯으로 온탕·급냉탕·침탕·금은탕·이벤트탕 등으로 다양하며, 땀을 빼는 곳으로 황토사우나·옥사우나·자수정사우나·증기사우나 등 여러 가지 종류가 있다. 사우나 온도도 중국의 70~80도에 비해 한국은 90~100도로 높은 편이다.

평소 '빨리빨리'를 추구하고 성급한 한국인들이지만, 숨이 턱 막히는 고온의 사우나 속에서는 오히려 차분하고 인내성이 강하다. 중국인들에게는 여간만 난해한 일이 아니다.

한국 직장인들은 대부분 사우나를 즐기며 사우나를 통해 일상에서 쌓인 피곤을 푸는 경향이 강하다. 그들은 대개 연장근무를 하거나 외지출장을 갔다 늦게 돌아오게 되면, 사우나에 들려 하룻밤을 보내는 것을 선호한다. 그것은 사우나 요금이 저렴하고 휴식과 피로를 풀 수 있는 일거양득의 효과를 얻을 수 있기 때문이다.

사우나는 샤워장소와 온·냉탕 및 무료 청옥휴게실이 모두 1층에 마련되어 있어 땀을 빼고 금방 휴식할 수 있지만, 늦은 밤에는 땀을 빼고 유니폼을 착용한 후 난방설치가 되어 있는 2층 휴식대청에서 밤을 보낸다.

필자가 사우나를 선호하는 또 다른 이유는 거의 모든 사우나에 이발소가 설치되어 있고, 이발을 한 후 즉시 목욕을 할 수 있기 때문이다. 물론 이발요금은 중국에 비해 비싼 편8000~9000원, 50~60위안이지만, 단골손님이 많아 대기 순서를 예약할 정도이다. 대개 한국의 이발사들은 나이가 지긋한 베테랑이며 이발 기술이 높고 서비스를 잘 해준다.

신을 한번 닦아주는데 2000~2500원15~20위안이고 때밀이 가격은 보통 만원이며, 간단한 지압과 안마를 받으면 2~3만 원대로 비싼 편이다. 따라서 한국의 인건비가 중국에 비해 많이 비싸다는 것을 알 수 있다.

중국에 출장가면 필자는 피로와 숙취 해소를 위해 우선적으로 사우나에 들리는 것이 정해진 순서다. 한국에는 사우나가 대중화되어 있지만 중국에는 사우나가 상대적으로 적고 입장료도 비싼 편이며, 대중화되어 있지 않다. 필자가 중국에 가서 가끔 들리는 베이징 왕징望京의 모 사우나는 입장료가 낮 기간 38위안이고 저녁에는 48위안뷔페음식 포함으로, 저소득층의 서민들이 누구나 부담 없이 자주 다닐 수 있는 곳은 아니다.

평소 중국인들에게 있어 사우나는 단순히 '땀을 빼고 목욕하는 곳'만은 아니며, 술상을 끝낸 후 귀빈을 모시고 여러 명이 함께 가는 경우가 많다. 물론 이 경우 대부분 공금으로 계산되며, 목욕만 하는 것이 아니고 발마사지나 기타 서비스를 받는 것이 보통이다. 중국 사우나는 귀빈 '접대용'이며, 서민들에게는 출입이 부담되는 '호화로운 장소'이다. 한편 한국인들은 사우나에서 보내는 시간이 길고 피로나 스트레스를 푸는데 큰 비중을 둔다.

흔히 한국인들은 저녁 및 술상 전에 사우나에 들려 피로를 풀지만, 중국인들은 술상 후 '술을 깨기' 위해 사우나에 가는 경우가 많다. 술상친구 여러 명이 동행하는 사우나 행차는 목욕 및 서비스 향수를 '함께 한다'는데 의미가 있고, 관시이關係 형성에 큰 비중을 둔다.

중국동포들이 집거해 있는 연변의 도시들에는 한국 사우나를 모방한 고급사우나들이 적지 않다. 사우나 내에 여러 가지 유료서비스가 설치되어 있어 가격은 결코 저렴하지 않지만, 소비수준이 높은 중국동포들은 대부분 사우나를 선호한다. 사우나 종류는 한국에 비해 적고 수질조건도 차하다. 때밀이는 10~20위안으로 한국보다 싼 편이지만, 마사지 비용은 50~100위안으로 저렴한 것은 아니다. 이 또한 중국동포들의 과소비 현상과 한국 문화적인 생활일면을 엿볼 수 있는 장면이기도 하다.

중국 사우나에 가면 가끔 부딪치는 볼썽사나운 장면들을 있는데, 술이 거나해서 간 몰지각한 고객들이 옆 사람을 의식하지 않고 큰 소리로 떠들어 매우 분주하다. 사우나에서 땀벌창이 된 몸으로 샤워를 하지 않고 그대로 냉탕에 뛰어드는 경우를 자주 목격하게 된다. 중국의 사우나에는 "탕안에서 소변을 금함湯內不許小便"이란 사색적인 문구가 적혀있는 반면, 한국의 경우 사우나의 용도와 성능을 설명하는 문구들이 눈에 띈다.

대개 중국인들은 여러 명이 동행하면 목욕보다 마사지가 목적으로, 간단하게 목욕한 후 유니폼을 갈아입고 2층 휴식실·안마방으로 향하는 경우가 많다. 중국인들은 짧은 시간 내 사우나에서 땀을 빼고 금방 냉탕에 뛰어드는 경우가 드문 반면, 한국인들은 사우나에서 많은 땀을 빼고 샤워 후 급히 냉탕에 뛰어들어 몸을 식힌다. 그것이 '급한 성격'의 한국인의 적성에 맞는 것이다. 대부분의 중국인들은 온도가 높은 사우나보다 온탕에 들어가 천천히 몸을 풀면서 피로를 해소한다. '만만디' 중국인의 느긋한 성격을 엿볼 수 있는 대목이다.

한국의 사우나는 대중화된 목욕장소로 일반인들에게 일상화되어 있고, 피로와 스트레스를 푸는 일상수단으로 애용된다. 평소 한국인들은 사우나 '외박'에 대해 별로 거부감을 느끼지 않지만 중국인들은 사우나를 크게 선호하지 않으며, 사우나에서 밤을 새는 것은 '불미스러운 외박'으로 오해의 소지가 다분하다. 그것은 중국인들에게 있어 사우나는 비싼 돈을 내고 각종 '고급서비스'와 향수를 누리는 '사치한 장소'로 각인되어 있기 때문이다.

요컨대 사우나는 호화로운 '서비스 장소'보다는 땀을 빼고 일상피로를 푸는 단순한 '목욕장소'로 이용되어야 바람직하다는 것이, 필자의 어리석은 소견이다.

숫자로 보는 한·중 사회문화 차이점

한국과 중국은 같은 동양문화권에 속하고 한자漢字와 유교문화를 공유한 적이 있는 동아시아 나라로 분류되며, 문화적인 면에서 많은 공통점을 갖고 있다. 반면 각기 부동한 근현대사를 경유했고 서로 다른 역사와 문화 배경을 소유하고 있기 때문에, 한·중 양국의 국민인민들은 일상에서 서로 다른 생활습관과 문화적 차이를 갖고 있다. 예컨대 숫자에 대한 한국인들과 중국인들의 애호 및 선호도에서도 많은 차이점을 나타내고 있다.

평소 한국인들이 특별히 선호하는 숫자는 그다지 많지 않으며, 사람마다 자기가 선호하는 숫자와 번호를 갖고 있다. 그래서 한국인들의 집 전화와 휴대폰번호를 살펴보면 그야말로 천차만별이며, 그것으로 한국인들이 선호하는 숫자를 가려내기란 여간 쉽지 않다.

하지만 상대적으로 0과 9에 대한 선호도가 높다고 할 수 있다. 숫자의 의미와는 별로 관계없이 '숫자들의 발음예, 2424→이사·이사'에 의해 선호도가 가려지는 경우가 많으며, 일부 숫자4의 발음과 유사한 '한자의 뜻예, 四→死'과도 관련 있다고 볼 수 있다.

최근 LG텔레콤이 발표한 골드번호 추첨행사의 결과에 따르면, 휴대폰 뒷자리번호로 '0000'이 가장 높은 경쟁률을 보인 것으로 조사되었고 '1004천사'가 2위, '2222'가 3위로 뽑혔다. 숫자 0과 2는 중국에서 큰 의미가 부여되지 않지만, 한국에서는 선호도가 높은 숫자로 나타났다는 것이 주목되는 점이다.

한국에서 1004는 천사天使와 발음이 같은 '의미 있는 번호'지만, 중국에서는 1004가 '요우－쓰幺－四'로 읽혀지며중국에서는 숫자 1을 'yao(幺)'라고도 읽음, 이는 '죽으려 한다'는 '요우쓰要死'와 발음이 유사해 중국인들이 꺼리는 숫자로 환영받지 못한다.

한편 중국인들이 가장 선호하는 숫자로 8을 꼽을 수 있다. 숫자 8은 '부자가 된다'는 의미의 '빠차이發財'의 '빠發'와 발음이 비슷하기 때문에, 중국에서는 '행운을 갖다 주는 숫자'로 누구나 좋아하는 숫자에 속한다. 이 또한 모든 것을 경제발전 중심에 종속시키는 작금의 중국 실정을 반영해주기도 한다. 따라서 전화번호나 차량번호판에 8자가 많이 들어가면 가격이 천정부자로 치솟는다. 그리고 베이징올림픽개막식이 2008년 8월 8일 저녁 8시로 결정된 것도 이와 같이 숫자 8에 대한 중국인의 선호도에서 그 이유를 찾을 수 있다.

그 외, 숫자 7과 9도 중국인들이 선호하는 숫자로 각광받는다. 최근 신화통신의 보도에 의하면, 지린吉林성에서 진행된 차량번호판 경매에서 'BE 9999'가 '8888'을 제치고 가장 비싼 21만 9천위안약 2628만원에 팔렸다.

이 번호판의 '9'는 중국의 숫자 '지우九'와 발음이 비슷하고 영속성을 뜻하는 '지우久'로 통한다는 것이 중국인들의 선호 이유이다.

개혁개방 이후 경제의 고도성장에 따라 자가용이 급증하는 중국에서 돈 많은 부자들은 차량번호판 경매에 거금을 아끼지 않고 있다. 그것은 대다수의 중국인들이 차량번호판의 '길상吉祥한 숫자'가 그들의 생활에 행운을 가져다 줄 것이라고 굳게 믿고 있기 때문이다.

한국과 중국에서 같은 숫자番號지만 선호도가 크게 구별되는 것이 '18'이다. 중국에서 전화 및 차량번호로 선호되는 '8818'은 한국인들에게는 백안시白眼視되는 번호이다.

'18'은 중국어로 '요우빠幺發'로 '부자가 되겠다'는 '요우빠要發'와 발음이 유사하기에 중국인들은 선호하지만, 한국어로 '18십팔'은 '상스러운 욕'이 되는 발음과 비슷하므로 한국인들이 가장 싫어하는 숫자가 된다. 그 외, '2424'는 중국어로 '아들이 죽는다'는 '얼쓰얼쓰兒死兒死'와 발음이 비슷하기에 중국인들은 회피하지만, 한국어로 '이사이사'로 읽혀져 이사 회사나 용역업체들이 '기억하기 쉬운 전화번호'로 선호한다.

최근 한국에 체류하고 있는 중국동포들이 40만에 달한다. 같은 한민족으로 피부와 언어로 이들을 한국인들과 구별하려면 쉽지 않지만, 그래도 구별할 수 있는 방법이 있다. 그것은 요즘 누구나 갖고 있는 휴대폰의 번호를 알아낸다면 쉽게 구별할 수 있을 것이다.

휴대폰 뒷자리번호에 '88'·'18'·'98'·'78' 등과 같이 8이 들어가는 숫자가 많으면, 십중팔구 중국동포로 짐작할 수 있다. 반면 한국인들은 숫자 8에 대한 선호도가 중국동포들에 비해 매우 낮다. 따라서 생활과 문화적인 면에서 한민족인 중국동포들은 여전히 중국문화에 젖어있다는 것을 엿볼 수 있다.

한국과 중국은 예로부터 한자를 사용하는 같은 유교문화권에 속하는 나라로, 공통으로 싫어하는 숫자와 선호하는 숫자가 존재한다. 가장 많이 알려지고 공인하는 숫자가 '죽을 사死'로 읽혀지는 4四와 영구永久의 '구久'와 발음이 유사한 9九이다.

병원이나 호텔에서 4층四層이 죽음의 '사死'를 연상시킨다고 하여 F층으로 대신하는 것도 이와 같은 이유에서다. 반면 한·중 두 나라가 모두 선호하는 숫자 9九는 양의 숫자홀수 중 가장 크고 '영구하고 오래간다'는 '지우久'와 발음이 비슷하며, '불로장생과 자손만대 영원'하기를 바라는 염원을 나타내고 있기에 한국인과 중국인을 막론하고 모두가 선호하는 숫자가 되는 이유이다.

이처럼 한국인과 중국인이 숫자에 대한 '좋아하고 싫어하는' 선악善惡의 차이점은 양국 문화의 공통성과 차별성에서 기인된다. 몇 백 년 동안 같은 유교문화와 동양문화를 공유한 한·중 두 나라는 오늘날 정치제도와 생활습관이 다른 부동한 문화적 배경을 갖고 있다.

따라서 현존하는 문화적 차이에 대해 서로 인정하고, 역지사지易地思之의 관용적인 사고와 이해심이 절실한 시점이다. 나아가 이러한 문화차이에

대한 인정과 관용적인 시각으로 작금의 한류와 중국산 및 한민족의 상호
불신과 갈등을 이해한다면, 현실 속의 많은 복잡한 일들이 보다 간단해질
수 있다는 것이 필자의 짧은 소견이다.

한·중 지하철 문화 차이

필자는 북경과 서울에서 선후하여 20여 년을 생활하면서 주로 지하철전철을 이용하여 출퇴근하였고, 지금도 주요교통수단으로 이용하고 있다. 한·중 두 나라의 부동한 지하철 문화에 대한 체감을 바탕으로, 서울과 북경지하철의 종합적인 시설과 시스템 및 관련 문화 차이에 대해 비교해본다. 지하철은 현재 한·중 도시민들이 애용하는 대중교통수단으로, 양국의 대중문화의 특징과 국민성을 비교해볼 수 있는 중요한 창구이기도 하다.

1974년 1호선 개통을 시작으로 현재 8호선까지 개통된그밖에 국철이 있음 서울지하철은 그야말로 사통·발달하여, 수도권 '1일 생활권' 진입과 더불어 서울시민들의 일상생활과 밀접한 관계가 있고 중추적인 대중 교통수단으로 이용되고 있다.

고유가 시대인 최근에는 오일 값이 폭등하여 자가용이 소외되고 대중교통이 각광받고 있으며, 지하철 이용자가 더욱 많아지고 있는 시점이다. 현재 하루 400만 시민이 지하철을 이용하고 있는 서울 지하철은 '시민의 발'로, 단순한 운송의 기능을 넘어선 일상생활의 공간으로 자리 잡고 있다.

약 36년의 발전역사를 갖고 있는 서울지하철의 시스템과 하드웨어는 지하철 '천국'으로 불리는 일본 다음으로 선진적인 교통수단이다.

현재 서울지하철은 카드충전제를 실시하며, 65세 이상은 무료승차가 가능하다. 최근 들어 버스와 지하철 통용카드제를 실시하고 있고 검표는 자동시스템으로 되어 있다. 지하철에는 무성TV가 설치되어 있고 시설이 호화롭고 차체가 크며, 노약자석이 따로 설치되어 있다. 얼마 전부터는 서울 중심을 달리는 환선, 운송량이 가장 많은 2호선과 기타 선로들에 안전사고를 줄이기 위한 스크린도어덧문가 설치되었다.

현재 북경지하철의 개통선로는 1호선, 2호선, 13호선, 팔통선, 5호선 5개 선로이며, 70개의 역전과 하루 객운량이 150만 인차人次에 달한다.

1981년부터 대외시운전을 시작한 북경지하철은 상대적으로 시설이 빈약하고 시스템이 낙후하다. 하지만 최근 고도성장과 올림픽을 계기로 지하철의 '일대 변혁'이 예상된다. 현재 지하철 4호선과 10호선, 올림픽지선 8호선은 건설 중이며, L1선공항선은 올림픽개막 전 개통된다. 그 중 13호선과 8호선 및 공항L1선은 전철이며, 입장료는 최근 2위안으로 하향 조정되었다. 기존의 월표月標는 취소되었고 IC카드제가 시행 중이다.

서울지하철이 수도권 구석진 곳까지 거미줄처럼 뻗어나가 있는 반면, 북경지하철은 현재로서는 시민들의 수요를 만족시키지 못하고 있다. 북경인구1,500만와 유동인구300만가 서울1,200만에 비해 더 많고, 최근 자가용 급증에 따라 교통체증이 심화되고 있는 상황에서 지하철 건설 및 개통은 불가피하다.

북경지하철은 역전공무원들의 태도가 불친절하고 줄을 서서 표를 구입해야 한다. 따라서 검표 자동시스템과 카드제 실시는 당면과제로 볼 수 있다. 물론 2008 베이징올림픽을 통해 이러한 불편한 상황들이 곧 개선되리라고 생각한다.

서울지하철의 진풍경은 IT강국의 혜택을 톡톡히 누리고 있는 10~20대 신세대들이 문자메시지를 보내기에 여념이 없으며, 휴대폰으로 드라마나 영화를 감상하느라고 무아지경에 빠져 있는 모습이다. 대개 직장인들은 요즘 무료로 볼 수 있는 조간·석간신문을 보고 있거나 눈을 감고 휴식을 취하고 있다.

북경지하철에도 자주 볼 수 있는 장면이 바로 젊은이들의 손에 거개가 휴대폰이 쥐어져 있다는 점이다. 여름이면 건조한 북경 날씨를 의식해서인지 대부분 승객들의 손에 광천수 등 음료병이 챙겨져 있다. 서울지하철에서는 다른 승객이 선반위에 남겨둔 신문을 볼 수 있지만, 선반이 없는 북경지하철에서는 불가능하다.

서울지하철에서는 대부분의 승객들은 휴대폰을 매너모드로 전환하고 전화가 오면 조용히 통화하지만, 북경의 지하철승객들은 벨소리가 울리면 주위를 아랑곳하지 않고 큰 목소리로 통화를 한다. 공중장소에서 남을 의식하지 않는 중국인의 습성을 엿볼 수 있는 장면이다.

한편 북경지하철에서 볼 수 없는 진풍경이 있다. 서울지하철은 장애인·노약자 '천국'이며, 장애인이라는 이유로 승객들에게 주는 피해는 간과되어 있고 정당화된다. 지하철 잡상인들의 상업행위가 번창하며, CD판매자들은 때 아닌 '음악파티'를 벌이면서 승객들의 휴식에 영향을 준다. 교회에서 만나야 할 기독교신자들을 전철 속에서 자주 만나는데, '예수님 믿으면 천당 간다'는 '삼매경'에 빠진 설교를 듣노라면 지하철을 교회로 착각할 때가 많다. 평소 한국승객들의 대다수는 눈을 지그시 감고 못들은 체하는 것이 보통이다.

세대갈등에 대한 국제 비교연구 결과에 따르면, 한국은 세계에서 세대갈등이 가장 심한 나라로 지적되고 있다. 지하철에서 그러한 세대적 갈등이 더욱 적나라하게 나타난다. 노인들은 노약자석이 모자라 일반석의 젊은이들의 자리를 '넘보지만', 최근에는 그것이 잘 먹혀들지 않고 있다. 북경의 지하철은 전문 노약자석은 따로 설치되어 있지 않고 일반석의 양옆 좌석이 노약자석으로 지정되어 있지만, 대개 젊은이들의 차지로 일반적으로 노인들에게 양보되지 않는다. 이는 노약자석이 상대적으로 많고 젊은이들이 노약자석을 감히 '넘보지 못하는' 서울지하철과는 퍽 대조적이다. 이 또한 '유교국가'와 '평등국가'의 문화적 차이다.

서울지하철역 이름은 각양각색으로 여의나루·왕십리·충무로 등 역사문화적인 명칭과 까치산·도봉산과 같이 자연물을 상징하는 이름도 있으며, 대학이름을 단 역명도 적지 않다. 실제 2호선에는 건대입구·한양대·홍대입구·서울대입구 등 대학이름을 단 역이 6개로, 고등학생들은 매일 아침 2호선을 타고 대학 등교하는 꿈을 꾼다고 한다. 반면 북경지하철은 지역명칭으로 명명命名된 것이 많으며, 북경에는 100여 개 대학들이 있지만 북경대학, 청화대학 같이 교외郊外에 자리 잡은 대학에는 거의 지하철이 개통되어 있지 않다.

물론 자본주의가 고도로 발전한 한국의 정치·경제·문화·교통중심지로, 대한민국의 모든 건설초점이 서울에 맞춰져 있어 '서울공화국'이라고 불리는 서울의 지하철과 발전도상국의 수도로 정치·문화의 중심지인 북경지하철의 하드웨어와 관련 문화에 대해 경제발전수준과 발전역사가 다른 상황에서 단순한 비교는 일방적인 무리가 없지 않을 것이다.

하지만 자타가 인정하는 서울지하철의 하드웨어와 선진적인 시스템카드 사용과 충전 및 자동검표시스템, 버스·지하철 통용카드제 등, 철저한 고객 서비스문화에 대해서는 모름지기 벤치마킹할 필요가 있다. 지하철에는 남을 배려하고 지켜야 할 에티켓이 있다.

현재로선 중국 지하철의 하드웨어가 발달하지 못했지만, 13호선 호칭에서도 볼 수 있는 것처럼 고도성장과 경제발전에 따라 북경을 비롯한 중국 대도시의 지하철 시스템과 하드웨어는 부단히 발전되고 향상될 것이다. 2008 베이징올림픽을 계기로 북경시와 위성도시를 연결하는 '1일 생활권'이 형성되고 공항과 도시중심을 연결하는 전철이 개통됨에 따라, 현재의 단순한 대중교통수단에서 선진적인 시설과 시스템을 갖춘 종합문화시설로 발전될 것이다.

한국의 음주문화상과 중국의 '음주처벌상'

　얼마 전 한국 충청북도 괴산군에서는 술을 많이 마신 공무원에게 주는 상(賞)으로 음주문화상을 발급해 논란이 일어났다. 본 음주문화상은 엄선을 거쳐 선정된 3명의 공무원에게 '근로자의 날'인 5월 1일에 시상되었다. 괴산군은 상을 받은 이들에게 부상으로 건강 팔찌를 전달하고, 연말에는 부부동반으로 선진지역 견학기회도 줄 예정이라고 밝혔다.

　군청 관계자는 최근 전체적인 한국경제 불경기로 괴산읍내 야간영업이 거의 이뤄지지 않아 죽은 도시를 연상케 할 정도로 심각한 경기침체에 시달리고 있는 상황에서, 지역경제 활성화 및 건전한 음주문화로 지역 상권을 살리려는 취지의 본상 설정 배경을 설명했다. 한편 지역주민들은 지역경제를 살리려는 기발한 아이디어는 이해되지만 부적절한 음주문화를 부추길 수 있다는 이유로, 음주문화상 설정이 당치않다는 부정적인 반응을 보였다.

　필자는 '충북 괴산군의 지역경제 활성화를 위한다'는 미명하에 만들어진 기발한 음주문화상에 별로 공감하지 않는다. 그것은 한국사상 최초로 출범한 이 특이한 음주문화상이 지역경제 발전에 어느 정도 기여하겠지만 이利보다 폐弊가 많고 득得보다 실失이 많으며, 역기능과 부작용이 보다 클 것으로 보기 때문이다.

아래에 괴산군의 지역 공무원을 대상해 이례적으로 발급한 음주문화상이 부당하며, 바람직하지 못한 이유 및 본인의 견해를 몇 가지로 나누어 나름대로 적어본다.

첫째, 현재 한국 지방의 일반 공무원 월급이 대략 150~250만원으로 본다면, 이들은 이 제한된 돈으로 처자를 먹여 살려야 한다. 만약 그들이 소위 '지역경제 활성화'를 위해 퇴근 후 돈 팔고 만취한 상태로 밤늦게 귀가한다면, 가족연대감이 상실되면서 이들은 점차 정신지주인 가족으로부터 왕따를 당하게 될 것이다.

둘째, 퇴근 후 지친 몸으로 음주를 하면 신체에 무리가 따를 수 있고, 따라서 이튿날 출근해도 전날의 미열로 사업효율이 떨어지는 일거양실(一擧兩失)의 결과를 초래할 수 있다.

셋째, 과도한 음주는 스트레스 해소에 도움이 안 될 뿐만 아니라 건강악화를 초래하며, 늦은 귀가는 부부간의 성생활에 영향을 미쳐 가족해체의 위기를 불러올 수도 있다.

최근 한국의 기이한 음주문화상을 보면서, 필자는 중국 공무원의 음주문화를 연상한다. 가끔 출장으로 북경·연길 등지에 들리지만 중국인들의 특유의 술 문화인 정심술상초대와 음식점마다 거의 빈 좌석이 없고 항상 만원인 진풍경이 경이롭고, 잘못된 중국 공무원의 음주문화에 개탄하게 된다. 특히 고위공무원의 음주문화는 부정부패와 직결된다는 점이다.

고급레스토랑의 룸單間은 예약하지 않으면 사용이 불가능하며, 적은 월급수입에 비해 차려지는 산해진미에 크게 놀라게 된다. 물론 중국사회의 뿌리 깊은 관행인 심한 낭비와 먹자주의 성행은 결코 어제오늘의 일이 아니다. 문제는 많은 술상초대가 사적인 술 장소임에도 '공적인 초대'로 둔갑해, 비싼 술값이 대부분 공금으로 계산된다는 점이다.

더욱 황당한 것은 이러한 공적·사적 초대들이 공무원의 권한을 넘어서 외자外資 유치라는 '정당한 명목'으로, 출세를 위한 상급부문 웃어른 초대와 개인적인 인맥 형성의 관시이關係를 맺는 관계단위거래처 손님 접대 등 사적인 목적으로 사용되어 나라의 공금이 대량 탕진된다는 점이다.

따라서 현재 중국 공무원에게 시급한 것은 한국의 음주문화상이 아닌 '음주처벌상'이며, 아울러 음주문화상이 중국에 설정되어서는 안 되는 이유 몇 가지를 피력한다.

첫째, 현재 중국의 일반 공무원의 월급(1500~2500위안)은 넉넉하지 못한 반면, 2~3차씩 자리를 옮기는 초대 술값은 결코 싸지 않다. 게다가 과도한 음주는 건강을 해칠 뿐 아니라, 많지 않은 봉급으로 가정을 영위해나가야 하고 각종 명목의 부조금(축의금·부의금)이 엄청난 중국 공무원들의 넉넉하지 못한 생활에 도움이 되지 않는다.

둘째, 음주로 인한 경제적인 부담은 자신의 권력과 관시이를 최대한 '활용'하면서, 인맥을 찾아 공금으로 술값을 충당하는 사회풍기를 형성하게 될 것이다. 또한 각종 편법을 동원하고 공금횡령 등 부정부패를 더욱 조장하게 될 것이다.

셋째, 음주 후 늦은 귀가는 가정화목에 불협화음이 되는 요소로 될 것이며, 자칫 부부간의 금실지락(琴瑟之樂)을 멀어지게 해 결과적으로 이혼의 빌미를 제공할 수 있을 것이다.

그 외에도 '음주문화상'이 가정과 사회에 주는 부작용 및 역기능은 부지 기수이지만, 여기서는 일일이 열거하지 않기로 한다. 현재 우리사회에서 잘못된 음주문화가 만연되고 있는 상황에서, 이른바 음주를 권장하는 음주문화상보다 법적 제재를 포함한 강력한 '음주처벌상'이 더욱 필요하다는 것이 필자의 하찮은 소견이다.

공무원 대상의 '음주처벌상'은 공무원들의 공금횡령 등으로 술상초대를 마련하는 부패현상을 근절시키고 진부한 음주문화 개선에 일조할 것이며, 먹자주의가 팽배한 작금의 중국사회에서 더욱 바람직하다고 생각한다. 따라서 '쓸모없는' 아이디어에 불과하지만, 공금을 남용해 사적인 초대로 충당하는 부패공직자의 음주처벌에 대한 내용을 부언한다.

첫째, 사적인 음주 초대로 공금을 남용하고 직장 일에 열중하지 않은 공무원을 대상해 익명 군중투표로 뽑아 그 죄상을 직장 게시판에 낱낱이 밝히고, 동시에 5.1절 · 국경절 황금연휴에 직장당직을 세우거나 지방 공익근무를 시키는 벌을 주는 것이다.

둘째, 추가 처벌로 좀 가혹하지만 '음주처벌상'에 뽑힌 공무원은 직장회식에서 금주(禁酒)를 시키고 음료만 제공하면서, 주위동료들이 술 취한 후의 추태를 똑똑히 보게 함으로써 본인으로 하여금 '금주의 보람'을 느끼게 하는 것이다.

셋째, '처벌상'에 당선되면 한 달 동안 직장의 사무실과 화장실 청소를 시키면서, 스스로 반성할 기회를 주는 것도 바람직하다고 본다. 따라서 회개 표현이 좋은 이들에게는 적시적으로 '명예회복'을 시켜주는 것도 필요하다.

한국 괴산군의 음주문화상은 지역경제를 활성화시킨다는 명목 하에 출범된 임시구급책으로 마련된 꼼수이며, 궁여일책으로 제정된 고육지책으로 제창할 바가 못 된다. 반면 현재 중국의 부패한 고위공직자에게 절실한 '음주처벌상'은 부정부패를 척결하는 필요한 수단으로 '적시적 대책'이 될 수 있을 것이다.

요컨대 곧 제정될지도 모르는 '음주처벌상'이 존재하지 않는 사회야말로 부정부패와 비리가 근절된, 깨끗하고 정신문명이 발달한 명실상부의 '조화和諧사회'가 아닌가 하고 진지하게 생각을 해본다. 아울러 공금을 탕진하는 퇴폐한 음주문화가 성행하고 있는 중국에서는 '음주문화상'이 제발 출범되지 말기를 바라는 진솔한 마음이다.

다행스러운 것은 얼마 전 괴산군의 '음주문화상'이 전격 취소되어 '필자의 기우'가 사라졌다는 점이다.

한국의 '불량주부'와 중국의 '가정주남'

몇 년 전 한국 SBS 방송사에서는 월화드라마로 가정주부인 아내가 직장으로 출근해 가장의 역할을 하고, 구조조정으로 실업당한 남편이 집에서 '가정주부'로 가정을 영위해나가는 '불량주부'라는 멜로드라마를 방영했다. 본 드라마는 기존의 한국사회의 가정구조 및 역할을 파괴하는 내용으로, 한국사회에 충격을 던지면서 시청자들의 주목과 언론의 각광을 받은 바 있다.

전통적인 '유교국가'인 한국사회에서 아직도 가부장제가 사회곳곳에서 영향력을 행사하고 있는 엄연한 현실 속에서, 가장으로서의 자격을 상실하고 실업당해 '가정주부'로 변신한다는 것은 현존하는 사회풍기와 생활규범을 역전시키는 '불량주부'일 수밖에 없는 것이다.

하지만 현재 경제사정이 어려운 서민층에서 맞벌이부부가 증가되고 '불량주부'가 속출하고 있는 것은 사회발전과 진화의 결과로, 좌시할 수 없는 엄연한 한국사회의 현실이다.

20세기 초까지 장장 500~600년간 지속된 이씨李氏 조선사회는 중국에서 전래한 유교가 추앙받는 유교국가로, 남존여비男尊女卑의 사상과 남성위주의 가부장제가 성행되었다는 역사사실을 우리는 잘 알고 있다.

남성중심의 조선시대에서는 여성의 지위가 '일락천장一落千丈, 고려시대 여성의 지위는 조선시대에 비해 훨씬 높았음'이었고, 여성은 남성의 '부속물'로서 현모양처賢母良妻는 여성의 전형적인 삶의 보기이었다. 즉 남성은 엄연한 가장으로 가정을 영위해왔고, 여성은 가정주부로서 남편의 뒷바라지를 하는 것은 당연지사로 여겨왔던 것이다.

21세기에 진입한 현대사회에서는 여성의 지위가 갈수록 높아지고 있고, 사회참여도 및 공헌도가 높아짐에 따라 여성들의 삶의 가치관과 세계관이 대폭 변화되고 있다. 이제 더는 '현모양처'가 여성들의 삶의 유일한 추구가 아니며, 여성들은 남성들과 같이 현실사회에서 당당한 사회인으로 활약하고 있다.

직장에서의 여성의 지위는 갈수록 향상되고 있고, 가정을 이끌어 가는데 여성들의 작용은 점차 커지고 있는 것이 사회현실이다. IMF 이후 기업들의 구조조정 수위가 높아졌고 서비스 등 제3산업이 발전됨에 따라 여성들의 삶의 무대는 갈수록 넓어지고 있으며, 작금의 한국사회에서는 맞벌이부부가 더는 신기로운 것이 아닌 '보편적 현상'이 되고 있다.

최근 한국사회에서 화제로 되고 있는 '불량주부'의 탄생은 사회발전과 삶의 가치관의 변화 및 여성들의 사회적 활약에 편승한, 자연적이고 필연적인 '신생사물'로 받아들여지고 있는 것이다. 현대사회에서는 가장으로서의 남편이 '가정주부'로 일할 수 있으며, 가정주부로 살아왔던 여성들도 당당한 직장인으로 가정을 영위할 수 있다는 것은 더 이상 기상천외奇想天外한 일이 아니다.

한편 사회발전 및 관념갱신에 따른 '불량주부'에 대한 인정과 남성지위의 '추락'은 우리사회가 바야흐로 '여성중심'의 사회로 반전되어가고 있는 방증으로, '여성시대'의 도래를 입증해주고 있는 것이다.

오늘날 중국사회가 경제중심시대로 급격히 변화되고 있는 시점에서, '금전제일'의 삶의 가치관과 사고방식이 중국인들 속에 팽배되어 있고, 현재 부富의 축적은 그들의 급선무이며 최상의 인생목표로 군림하고 있다.

이런 현상은 중국동포사회에서도 다르지 않다. 최근 기업의 구조조정에 따른 정리해고실업가 심화됨에 따라 가장의 자격을 상실당하고 불가피하게 '가정주부'로 전락된, 이른바 실직한 '가정주남家庭主男'들이 늘어나고 있다. 반면 생활비용과 교육비 및 의료비가 천정부지로 뛰고 있는 상황에서 여성들의 해외출국이 급격히 증가되고 있는 추세다. 이 또한 발전도상국에서 흔히 볼 수 있는 사회발전 양상의 '보편적 사례'이기도 하다. 최근 여성들의 해외출국 열조와 정리해고를 당한 '가정주남'의 양산은 현재 중국동포사회의 특이한 사회풍경으로, 중국의 사회발전 중에 나타난 특수한 사회현상이다.

오랜 기간 맞벌이부부로 함께 가정을 영위해가던 중국사회에서 이젠 아내가 출국해 거금을 벌고, 실업당한 남편은 '가정주부'로 변신하고 있는 기현상이 너무나 자연스러운 사회현상으로 받아들여지고 있다. 하물며 일찍 '남녀평등'을 주장해오며 '여성권위'를 인정해온 중국사회에서는 여성지위의 변천이 별로 이상한 것이 아니다.

오늘날 경제발전시대에 자연발생적인 '여성가장', '가정주남'의 사회발전상을 발전사회학의 각도에서 연구한다면, 퍽 흥미로운 일이 될 것이다.

현재 남성이 전통적인 가부장적 권위를 잃어가고 있고, 여성이 점차 가정을 주도해가는 삶의 변화의 양상이 현대사회의 가정구성 및 사회발전의 특징으로 고착화되어가는 현상은 결코 바람직하지 못하다.

음성양쇠陰盛陽衰의 극단적인 발전양상은 또 다른 우리사회의 부조리로, 이는 불균형적이고 기형적인 삶의 방식의 표출이다. 여성파워의 급격한 확장, 즉 음陰의 지나친 성행은 자연적으로 양陽의 쇠퇴를 초래할 것이며, 양과 음이 뒤바뀐 사회양상은 조물주의 '음양' 특징 및 역할의 자연법칙에도 위배되는 것이다.

요컨대 남성과 여성의 구실 및 작용이 제대로 이행되고 하모니를 이룰 때, 조화로운 사회발전의 정상궤도를 이룰 수 있는 것이다. 오늘날 우리 사회에 '여성화된 남성'이 늘어나고 있고, 가장이 된 여성이 증가되고 있는 현실은 여성의 지위와 파워를 입증하는 '여성시대'의 진입을 의미한다.

'불량주부'와 '가정주남'의 출현양상이 추후 사회발전과 사회진화에 끼치는 영향력에 대한 연구는 현대사회학자들의 과제로 떠오르고 있다. 사회발전에 따른 남녀역할의 변화 역시 포스트모던시대의 또 하나의 사회특징이 되고 있는 것이다.

바야흐로 음성양쇠의 역전추세가 사회와 가정에서 절대적인 영향력을 행사해왔던 우리시대의 남성들에게 또 하나의 인생도전으로 다가올 것이며, 이 또한 시대적 '비애'가 아닌가 하고 생각한다. 이 시대의 남성들이여, 부디 분발합시다!

추락하는 한국교회와 급증하는 중국동포 신자

한국의 지하철을 타면 가끔 눈살이 찌푸려질 때가 한두 번이 아니다. 그것은 교회도 아닌 정숙이 보장되어야 할 엄연한 대중교통·공중장소에서 종교 '삼매경'에 빠진 어르신들이 나타나 승객들을 향해 무조건 예수를 믿으라고 하면서 광적인 전도를 진행하기 때문이다.

이미 대중에게 잘 알려진 '지하철 설교'는 공해를 넘어서, '종교의 나라' 대한민국의 이미지를 추락시키는 데 일조할 뿐이다. 종교가 난무하면 건전한 법과 진리가 외면을 받는다.

필자는 시도 때도 없이 불쑥 나타나 무아경無我境의 설교를 하는 이 대중교통 불청객들을 '종교의 노예'라고 부른다. '정신적인 자아'를 상실한 이들은 서울의 지하철 곳곳에서 볼 수 있는 '육체적 노동'을 상실한 노숙자들보다 더 가련한 존재들이다.

'전지전능全知全能'하신 하나님에게 자신의 영혼을 팔아버린 이들을 보면서 필자는 기독교가 우리사회에 주는 것이 긍정적인 순기능만 갖고 있는 것이 아니라는 것을 실감하며, 최근 한국사회에서 날로 추락하는 교회의 이미지를 떠올린다.

20세기 초 기독교는 운명과 사명을 다한 '망국의 종교' 유교를 밀어내고 '문명의 종교'로 한국사회에 정착하면서, 오늘날의 한국의 '국교國敎'로 발전하기에 이르렀다.

그 후 한 세기 동안 한국교회는 제도화된 교회중심으로 주로 성장만을 지향하며 달려 왔고, 결과적으로 일사불란한 조직체계 및 잘 결속된 교회의 성공적인 성장의 모습을 보여주었다. 이는 자타가 공인하는 것으로 교회가 한국사회 발전에 미친 영향력과 순기능은 과소평가해서는 안 된다. 분명한 것은 그동안 '독립왕국'으로 잘나가던 한국교회가 최근 들어 여러 가지로 위기를 맞고 있다는 평가가 점차 설득력을 얻고 있다는 점이다.

현재 교회성장이 멈추어 버렸다는 사회적 평가와 더불어 한국교회는 사회적인 공신력을 잃어버렸고, 사회갈등을 조장하고 있다는 비판으로 인한 위기감 역시 팽배해 있다.

그동안 '교회인'으로서 그처럼 긍지감을 갖고 있던 한국인 신자들이 스스로 교회안팎에서 자성과 반성의 목소리를 높이고 있다. 날이 갈수록 사회의 기대에는 부응하지 못하고 온갖 '뉴스거리'만 양산하고 있고, 궁극적으로 한국교회의 '대외이미지 실추'는 최근 기독교 신자의 감소라는 결과를 자초했다.

최근 주5일근무제 실시와 경제성장에 따른 여가산업의 발달 등 객관적인 사회적 인소가 현재 성장이 위축되고 있는 교회발전에 걸림돌의 작용을 하고 있지만, 한국교회의 위기를 사회적 원인으로만 돌릴 수는 없다. 왜냐하면 사회적 감시의 사각지대에 놓인 교회의 운영과 관리가 1인 독주 체제로 빚어진 수많은 교회의 내적문제들이 교회에 대한 사회적 불신과 불만을 초래하였고, 교회에 대한 사회적 공신력을 크게 약화시켰다. 그러한 내부적 인소들이 한국교회의 위기와 불신을 자초했던 것이다.

현재 사회적 인식으로 볼 때, '한국교회는 정직하지 못하고 부패하며 금권화되었다'는 것이 보편적인 사회적 평가이다.

금권화한 교회의 부패는 사회적 지탄의 대상으로 되었고, 헌금과 교회 건축을 둘러싼 장로와 목사들의 공공연한 교회의 공금유용과 횡령사건 및 교회의 '부자세습' 사회문제화는 교회의 이미지 실추에 원인을 제공했다. 아울러 교회부패 고리의 구조가 권력 기관화된 상회각 교회 총회의 독재화와 교정敎政 권력의 밀월·유착 및 사회약자와 정의에 대한 무관심이 바로 오늘날 기성 한국교회의 자화상이다.

현재 적지 않은 기독교인이 타종교에 넘어가는 주요한 이유가 교회가 '정직하지 못하기 때문'이라는 것은 널리 알려진 사실이다. 최근 대학생을 상대로 한 여론조사에서 교회가 정직하지 못하다는 여론이 80%가 넘었고, 그래서 더 이상 교회에 나가지 않는다는 사실은 참담한 한국교회의 현실을 잘 반영하고 있는 것이다.

향후 보수적인 경향을 가진 한국교회는 집단이기주의와 사리사욕에서 벗어나 광적인 전도와 선양 등 외적인 모습에만 치우치지 말고, 사회적 봉사와 사랑을 실천하는 활동에 적극 참여하는 것으로 교회의 매력을 확산시켜야 할 것이다.

실제 필자가 바라본 교회목사와 책임자들은 강력한 리더십과 설교능력, 카리스마를 겸비한 성직자의 자격을 갖춘 반면, 독선과 아집으로 뭉친 '독재자'의 형상이 지배적이었다.

불가사의한 것은 성실한 성직자로 활동해야 할 그들이 재력과 사회상의 지명도를 이용해 정치적 활동에 참여하고 있으며, 교정 권력 유착의 '사회인'과 위선적인 교회인의 '두 얼굴'을 갖고 있다는 점이다. 더욱 한심한 것은 일부 교회목사들이 기독교를 신앙하는 중국동포들에게 설교와 동시에 이데올로기를 주입·확산시키고 있으며, 그것을 자본으로 삼아 자신의 정치적인 활동에 악용하고 있다는 점이다.

난해한 것은 현재 많은 문제점의 양산으로 한국교회의 대외미지는 갈수록 추락되고 있는 반면, 재한중국동포들을 대상으로 한 조선족교회는 중국동포 신자들의 급증으로 '성황'을 이루고 있다는 점이다.

현재 중국동포 신자들이 대부분 3D 업종에 종사하고 있다는 점을 감안하면, 그들이 고국에서 받는 불이익이 한두 가지가 아니다. 이들 중 적지 않은 이들이 물심양면으로 교회의 도움을 받고 있으며, 실제로 일부 호의적인 목사들이 중국동포들의 합법적인 권익 수호와 이익을 위해 동분서주하고 있는 것도 부인할 수 없는 사실이다. 그래서 많은 중국동포들이 교회를 정신지주로 삼고 '독실한 신자'로 탈바꿈하고 있는 것이다.

하지만 조선족교회의 '성황'과 신자들이 대거 몰리는 현상에 대해 불협화음이 없는 것은 아니며, 이들을 바라보는 한국인들의 시각은 매우 복잡하며 일구난설—口難說이다.

현재 중국에 진출한 한국교회에서도 각종 불미스러운 일들이 비일비재하며, 일련의 사회적 문제들이 잇달아 발생되고 있다는 것은 주지의 사실이다. 실제 중국동포 신자들 중 적지 않은 이들은 교회의 매력여부를 떠나서 교회를 단지 '만남의 장소'로, 삶의 고독을 달래고 해결하는 장소로 삼고 있을 뿐이다.

그럼에도도 불구하고 현재 많은 중국동포들이 기독교에 대한 추앙 및 기독교 신자의 급증 양상은 향후 중국동포의 사회발전과 삶의 변화에 절대적인 영향을 미칠 것이다. 그것이 약藥이 될지 독毒이 될지는 추후 좀 더 시간을 가지고 결과를 지켜봐야 할 것이다. 분명한 것은 세상만사가 모두 일장일단—長—短을 갖고 있다는 점이다.

한·중 고위공직자 신 '칠거지악'

한국 고위공직자 인사 '칠거지악'

참여정부 인사(人事) 칠거지악

1. 병역·이중국적
2. 부동산 투기
3. 음주 운전
4. 노조 활용
5. 뒷배경 과시
6. 과도한 인사청탁
7. 복잡한 사생활

이른바 칠거지악七去之惡이란 과거 남성중심의 가부장제시대에서 여성에 대한 편견 및 속박으로 남편이 아내를 내쫓는 일곱 가지 이유를 이르는 말로, 즉 불순구고不順舅姑·무자無子·음행淫行·질투·악질惡疾·구설口舌· 도절盜竊을 가리킨다.

최근 한국정치의 심장부인 청와대에서는 참여정부 고위공직자 도덕성 검증기준으로, 청렴한 공직자로서의 금계禁戒·계율戒律인 인사 '칠거지악' 을 발표했다.

청와대 민정수석실에서는 이런 잣대를 갖고 장·차관이나 고위공직자, 공기업 CEO와 임원들에 대해 인사검증을 진행한다. 만약 인사과정에서 상술한 '칠거지악'의 사례가 발견되면 참여정부의 인사시스템에 위배되므로 결코 용납되지 않는다.

자녀의 병역문제는 인사시스템에 자주 저촉되는 사회문제로 거론되고 있다. 만약 자녀가 이중국적으로 대한국민의 신성한 병역의무를 기피한다면 참여정부의 인사시스템은 절대로 허용하지 않는다. 특히 최근 해외에서 공부하다 군에 자원입대해 아프가니스탄에서 사망한 윤장호 병장의 사례는 한국사회의 고위공직자 및 그의 자녀들에게 엄격한 병역의무를 이행할 것을 요구하는 사회적 분위기를 조성하고 있다.

정부기관에서 모 공기업 임원으로 발탁하려던 B씨는 청와대 민정수석실의 인사검증과정에서 덜미를 잡혔는데, 부부가 같이 살면서 주민등록지를 전이하고 아파트를 분양 받았던 사실이 적발된 것이다. B씨는 이런 위장전입을 통해 아파트 외에도 토지상가 등을 매입했던 사실이 추가로 확인되면서 후보대상에서 탈락되었다.

청와대 민정수석실은 공직자들 가운데 의외로 재산 및 상가를 가진 이들이 많음에 자주 놀라는데, 재산의 많고 적음에는 문제 삼지 않지만 대신 그에 상응하는 세금을 잘 내고 있는지는 엄밀히 따져본다는 것이다.

얼마 전 모 명문대학 총장은 교육부총리 후보에 올랐지만 막판에서 아깝게 탈락되었는데, 알고 보니 몇 차례 음주운전 기록과 사고 때문이었다. 정부부처의 공무원 K씨는 고위공직자로 승진하는 순서를 밟는 중 자격을 박탈당했는데, 최근 음주운전으로 적발된 후 무직無職이라고 숨긴 것이 들통 나서 결국 화근이 되었던 것이다.

참여정부 초기 모 공기업 사장에 응모한 한 고위인사가 뒷배경을 과시하면서 인맥청탁을 넣다가 그 소문이 대통령의 귀에까지 전해졌는데, 대통령은 그 즉시로 그 청탁인사를 한 인사를 제외시키라고 했다는 후문이다. 그 사건 이후 대통령 친인척들은 물론이고 실세 정치인들을 통해 들어오던 청탁인사는 어느 정도 줄었다고 한다. 하지만 학연·혈연·지연 등 인맥관계가 여전히 인사검증에서 엄연히 존재하는 것이 대한민국의 현실이다.

청와대는 현재 공기업 노조가 지나치게 기업경영에 관여하고 있는 것은 바람직하지 않다고 보고 있다. 최근 모 은행장 인선과정에서 노조를 이용한 혐의를 받고 있는 한 후보에 대해 심각하게 고려한 결과 탈락시켰다고 한다. 그 외에도 고위공직자 후보가 내연 관계나 축첩 행위가 발견되면 가차 없이 제외시키는데, 다시 말하면 고위관료의 복잡한 사생활은 금물로 통한다.

청와대 인사 관계자는 "아무리 좋은 추천이 들어와도 도덕성 기준을 통과하지 못하면 아웃될 수밖에 없는 것이 참여정부의 인사시스템"이라고 밝히면서, 좋은 인재를 적재적소適材適所로 뽑기 위한 것이 최종목적이라고 설명했다.

이와 같은 참여정부 인사시스템에 대해 일각에서는 '코드인사'라고 비판하고 있지만, 한편으론 권력실세들이 쥐도 새도 모르게 특정인을 낙점하던 과거 정부의 인사스타일보다는 많이 개선되었다는 평가가 지배적이다. 한마디로 정부가 정한 인사 '칠거지악'의 관문을 통과하지 못하면, 고위공직자 발탁 자격은 상실된다는 것은 명약관화明若觀火다.

중국 고위공직자 신 '칠거지악'

중국 고위공직자 신 칠거지악

1. 공금횡령 · 부화타락
2. 독직(瀆職)죄와 실직행위
3. 뇌물수수 및 '관시이(關係)' 종용
4. 축첩(畜妾)행위 · 사생활 문란
5. 권력남용 · 사리도모
6. 백성질고는 무시, 자기안일만 추구
7. 상급에는 아첨하고 하급은 괴롭히는 고위공직자

최근 후진타오胡錦濤 중국 국가주석은 2006년~2007년 선후로 '팔영팔치八榮八恥'와 '3대우환 · 공복 · 절검 의식'이라는 신조어를 내놓았는데, 이는 향후 중국 공무원들이 유념해야 할 사상 · 행동지침이 될 것이다.

胡 주석이 제기한 '3대 의식'은 중국사회에 만연된 부정부패를 겨냥한 것으로 고위공직자에 대한 충고이며, '3대 의식'이 결여되어 있는 중국 공무원사회에 대한 따끔한 일침으로 볼 수 있다. 현재 조화사회를 목적으로 사회 안정과 더불어 '지속가능한 성장'을 추구하는 중국에게 있어서 걸림돌이 되는 것이 바로 중국사회에 만연되어 있는 고위공직자 부정부패 및 권력남용으로 속출하는 범죄행위다.

최근에 열린 전인대全人大에서 원자바오 중국총리는 중국사회를 갉아먹는 고위공직자 부정부패에 대해 지위여하를 막론하고 엄중처벌을 선언해 부정부패에 대한 척결의지를 분명히 했다.

한국에 고위공직자 인사 '칠거지악'이 있다면, 부정부패 척결을 의사일정에 올린 중국사회에도 권력을 남용하는 고위공직자들을 저승에 보내는 신 '칠거지악'이 있다. 그 자타가 공인하는 부패권력자의 자화상이자 사회악이 되는 증거를 열거해보면 다음과 같다.

최근 고위공직자에 대한 잇따른 강도 높은 처벌은 뿌리 깊은 공직자 부정부패를 없애기 위한 중국정부의 강력한 의지를 보여주고 있다. 얼마 전 2008년 올림픽 건설책임자이었던 북경시 전 부시장 유씨가 부패혐의로 전격 파면되는 등 고위공직자들에 대한 중국정부의 사정司正바람이 거세지고 있다. 비리혐의로 전격 파면된 柳 전 부시장의 횡령액수는 발표되지 않았지만 공금횡령과 퇴폐적인 사생활이 파면의 주요인이다. 중국정부가 매년 2만여 명의 부패공직자를 적발해 유죄판결을 내릴 정도로 부패척결 의지를 보이지만 공직자범죄는 갈수록 대형화·고급화되는 추세를 보이고 있다.

얼마 전에 공금횡령 등으로 사형선고를 받은 중국 고위급 군軍 장성인 왕씨 중장은 1억6천만 위안한화 약 2백억 원의 공금을 빼돌린 혐의를 받았고, 5명의 정부情婦, 애인를 두는 등 사생활 문란죄도 적용되었다. 왕 중장은 지금까지 비리혐의로 처벌된 가장 고위급인사로 횡령 액수 역시 사상 최고액이다.

현재 중국의 일부 정부 고위관료와 국유기업의 임원 및 부호들은 개혁개방의 영향으로 생활이 윤택해지면서 정부를 두는 현상이 비일비재하며, 그 경제적 내원이 대부분 정부와 기업의 공금 불법횡령으로 알려지고 있다.

최근 이들 고위공직자와 부자들 사이에 성행하고 있는 축첩蓄妾 현상은 도덕적·윤리적·법적으로도 문제가 있지만, 그 부정부패의 뒤에는 애인이 있다는 말이 회자될 정도로 부패와의 고리가 깊어 그 심각성이 더하다. 실제 유죄 판결을 받은 부패관리의 대부분이 애인이 있었고 적발된 고위공직자 95%가 내연 관계가 있었으며, 부패간부의 60% 이상이 첩을 두고 있었다는 조사보도가 있어 화제로 되었다.

이러한 퇴폐적이고 부패한 사생활이 권력을 남용한 공금횡령 등 독직죄 양산을 초래했고, 최근 중국정부가 부정부패와 비리에 칼을 빼든 것도 이같은 배경에서 이뤄진 것이다. 이 역시 정부의 고위관료층에 사정바람이 거세지고 있는 이유다.

권력의 남용은 부정부패와 비리를 낳고 그 뒤에는 불행과 비참한 말로가 뒤따른다. 모종 의미에서 권력은 '불행의 씨앗'으로 부정부패의 온상이며, 피할 수 없는 사회악·필요악이다. 권력이 집중되면 독재가 나타나고 따라서 절대 권력은 절대 부패를 낳는다. 그런 의미에서 국민인민이 준 신성한 권력을 절용하여 잘 쓰면 사회를 이끌어가는 리더십으로 되지만 남용하면 자신을 죄악의 구렁텅이로 빠지게 하는 양면도兩面刀가 된다.

중국의 고위공직자들은 청렴하고 검소한 관리의 모델이라고 할 수 있는 주은래 전 총리와 현임 원자바오 총리를 따라 배워야 한다. 현재 사회악으로 중국사회 전체에 만연되어 있는 고위공직자 부정부패와 비리의 대명사, 신 '칠거지악'이 사라지지 않는 한 청렴한 공직사회는 기대하기 어려우며, 균형적인 발전과 사회 안정이 조화를 이룬 명실상부한 '조화사회' 도래는 요원할 것이다.

중국어 열풍과 소외당하는 한자漢字

중국에서 태어나서 조선어와 중국어로 이중교육을 받았고 중국문화권에서 오랫동안 생활한 필자는 최근 한국에서 유학 생활하면서 놀랍고 의아한 것이 하나 있는데, 그것은 중년 이상의 많은 한국인들이 중국에서 대학을 다닌 필자보다 더 많은 한자를 알고 있다는 점이다. 중국어 열풍이 불고 있는 한국사회이지만, 한자의 생명력은 여전히 끈질기다.

사실 중국 본토에서 약식한자簡體字로 교육을 받고 있는 중국인들에게는 한국인들이 알고 있는 한자繁體字가 여간만 어려운 것이 아니다.

중국에서 대학을 졸업한 고학력자라고 해도 고문古文 전업을 전공한 소수의 학자들을 제외하고는 많은 한자를 알고 있는 사람이 그리 많지 않다. 그것은 현재 중국 본토에서는 약식한자를 주로 사용하고 있고, 고문은 별로 사용하지 않고 있기 때문이다.

현재 한국인들이 쓰고 있는 한자는 한국 국내에서는 사용량이 적고, 대중국 비즈니스나 중국인과의 교류에도 별로 도움이 안 되는 실용가치가 적은 문자라는 것은 부인할 수 없는 사실이다.

오늘날 한국에서 사용하고 있는 한자는 퍽 오래전에 중국에서 전래한 것으로, 현재 중국에서 쓰는 고문과 비슷하며, 일부 학술부문과 전문연구부서를 제외하고는 중국대륙에서는 별로 사용하지 않는다.

최근 한국 국내에서도 한자의 입지가 점점 좁아지고 있는 실정이지만, 그 어려운 한자를 알고 있다는 것으로 인한 자부심과 중국 본토인들보다 더 많은 한자를 알고 있다는 자부심으로 인해 꽤 많은 한국인이 긍지를 느끼고 있는 것 같다.

그러나 현재의 한국사회에서는 양반사회 '잔류'로서의 한자가 점차 그 현실적 의의를 잃어가고 있다. 한자를 많이 알고 있다 해도 정작 중국어로 된 문헌을 읽거나 중국어 공부와 중국인과의 교류에는 현재 한국식 한자교육이 별로 도움이 되지 못하기 때문이다. 특히 중국에 여행을 갔을 때 현지의 간판과 사적史蹟 설명문 등을 보아도 현대문을 사용하였기 때문에, 그것을 읽지 못하고 무슨 뜻인지 몰라 곤혹스러워하는 한국인이 많다.

최근 한국 국내에 중국어 열풍이 불면서 많은 한국인들이 중국어를 배우고 있다. 따라서 그전에 배웠던 한자와 별도로 중국식 한자를 배워야 하는 이중고를 겪고 있다.

중국어는 현재 중국대륙에서 사용하는 현대한어를 지칭하는 것으로, 한국인들이 쓰고 있는 한자가 발전하여 대중화된 언어문자이며 중화권의 대부분 중국인들이 사용하고 있다. 중국에서의 한자의 발전은 과거의 훈민정음이 오늘날 한글로 발전해온 과정과 비슷하다.

　물론 외국인들과 비교할 때 한국인들이 중국어를 배우는 데 절대적으로 유리한 면이 있다. 그것은 모두 동양의 '한자 문화권'에서 성장했고 현재 한국에서 쓰는 많은 한자어들이 중국에서도 비슷하게 사용되고 있으며, 그 뜻과 용도가 같은 경우도 적지 않기 때문이다.

　그리고 냉전시대 한국은 같은 한자를 사용하고 있는 대만과 홍콩과는 비즈니스와 문화교류 및 여행을 가는 사람들이 많았지만, 글자의 소통으로 크게 불편한 감이 없었던 것이다.

　그러나 21세기에 진입한 현재에는 중국과 한국이 전략적 동반자 관계로 부상하였고, 많은 경제거래와 문화교류가 이루어지고 있는 시점이다.

　현재 많은 한국의 젊은이들이 현대한어를 사용하는 중국으로 유학을 가고 있고, 1년에 400만 명 이상의 한국인들이 중국을 방문하고 있는 실정이다. 2008년 베이징北京올림픽을 계기로, 100만 명 이상의 한국인들이 중국 대륙에 진입한다고 한다.

　주지하다시피 중국어를 배우는 대부분의 사람에게는 중국의 현대문이 필요한 것이지 고문古文이 필요한 것이 아니다. 현대문을 먼저 배운 뒤 고문이 필요한 사람들만 그때 가서 다시 한자를 배워도 늦지 않을 것이다. 지금처럼 모든 사람이 한자를 먼저 배운 다음 현대문을 배우도록 설정하는 것은 득불상실得不償失로, 순서가 크게 잘못된 것이다.

　이를테면 초등학생이 먼저 대학교 과정을 배우고 나서 다시 초등학교 과목을 배우는 것과 같이 순서가 전도되어 있다는 이야기다. 특히 현재의 한자교육 시스템은 국어와 영어를 함께 배우는 요즘 세대들에게는 여간 큰 부담이 아닐 수 없다. 따라서 한국정부의 한자교육 시스템에 대한 개혁이 시급한 상황이라고 볼 수 있다.

작금의 한국사회에서는 영어를 모르면 여러 가지로 불이익을 받지만, 한글만 능통하다면 한자를 몰라도 사회생활과 진로에 별로 불편한 점과 영향이 없다. 그리고 수백 년 전의 진부한 한자가 여러 가지 원인으로 용도가 현저히 줄어들었고, 아울러 한자가 복잡하고 어려워 배우기 힘들기에 그에 따르는 사배공반事倍功半의 효과도 결코 간과할 수 없을 것이다.

현재 중국어 열풍이 불고 있는 한국사회에서 한자는 사회적 수요에 부응하지 못하는 걸림돌로, 역기능의 작용을 하고 있다. 따라서 한자의 사용을 제한하는 사회적 풍조와 한자가 가지고 있는 내적요인 등이 복합적으로 작용하여 급변하는 사회발전에 부응하지 못하고 외면당하고 있는 것이다. 한자의 소외는 향후 한국사회에서 영어에 대한 고도의 중시와 중국어 열풍에 따라 더욱 심화될 것이다.

최근 중국의 급속한 부상과 더불어 한국의 젊은이들 사이에는 중국어를 배우는 열풍이 불고 있고, 중국어는 영어와 함께 중요한 외국어로 각광받고 있다. 어려운 한자를 품을 들여서 배운다고 해 용도가 갈수록 적어지는 반면, 중국어는 하나의 중요한 외국어로서 한·중 관계의 발전에 따라 그 용도가 갈수록 커지고 있다.

현재 한국에서 중국어를 배우고 있는 학생들이 점점 늘어남에 따라 한자와 중국어와의 '불협화음'은 더욱 격화될 것이다. 필자는 중국어를 배우고 있는 한국의 젊은 학생들이 '난해한 한자'와 현대적인 중국어를 함께 배워야 하는, 진부하고 낙후한 시스템의 이중고에서 하루빨리 벗어나기를 손꼽아 기대한다.

중국의 한국 드라마 수용 원인과 시대적 배경

1997년 한국 드라마의 진출로 형성된 한류 현상은 1992년 수교 후 중국의 '한국열조' 속에서 바라본다면, 이는 한국 정보가 대중문화의 차원으로 확장된 것이다.

중국인들은 흔히 대중매체를 통해 한류를 접하면서 한국인의 일상과 인정세태 문화정보를 입수한다. 그들은 드라마를 통해 한국인 가족관과 애정관, 의식주와 소비문화 및 생활패턴과 대인관계 등 일상적 삶을 구체적이고 감성적으로 감수하고, 한국인의 정체성과 가치관을 이해한다.

한류가 형성되기 전 중국에는 이미 각종 대중문화들이 수용·소비되는 문화공간이 창출되었고, 개혁개방은 경제적·문화적 개방으로 이어져 새로운 대중문화 현상이 출현했다.

1980년대 중국에서 유행된 외래 대중문화는 홍콩 무협드라마, 대만·일본 홈드라마 및 미국 드라마와 영화 등으로 정치적 색채가 배제된 소프트 오락문화의 특성을 지녔다. 1990년대에는 새로운 소비계층 성장과 문화취향의 변화에 따라 다양한 차원의 대중문화들이 소비될 수 있는 문화

시장이 형성되었고, 따라서 문화적 욕구를 충족할 수 있는 문화콘텐츠 유입 필요성과 품질 및 저렴한 가격 틈새시장이 형성되어 한류 진출기회가 마련되었다. 이러한 측면에서 한류는 중국의 문화시장 수용 논리에 따른 대중문화 일종으로 볼 수 있다.

한류 현상을 분석할 때, 중국이 56개 민족문화가 공존하는 다민족국가라는 점을 고려할 필요가 있다. 중국인구 중 92%의 한족漢族과 기타 8%의 소수민족들은 역사·생활습관·종교 심지어 인종까지 달라 문화적 뿌리에는 큰 차이가 있지만 장기간 한 국가에서 공존하면서 교류해왔기 때문에, 서로 다른 문화를 수용하는데 비교적 개방적 태도와 관습을 갖고 있다는 사실을 간과해서는 안 된다.

중화문명 자체가 소수민족 문화와 외래문화 수용과정에서 점차 형성된 것으로, 상대적으로 수용력이 강한 문화전통을 갖고 있다는 점이다.

현재 중국에 살고 있는 200만 조선족과 100만에 달하는 한국 교민들, 그들과 감정적 유대감을 지닌 기타 중국인친척·친구, 한국기업의 근로자 등들의 한국 우호적 감정과 친문화적 정서로 인해 한국 대중문화 상품이 중국에서 고정적 소비층을 이루고 있다는 점을 명기할 필요가 있다.

특히 연변지역이나 최근 조선족들이 많이 진출한 연해도시에 만연된 한국 대중문화 정서적 친근감은 인적 교류를 통해 중국사회에 상당한 홍보 효과를 가져오고 있다. 또한 한·중 두 나라는 같은 유교문화권 나라로서 유교를 바탕으로 한 문화적 근접성을 공유하고 있고, 그 때문에 중국인들이 한국의 대중문화를 더욱 선호하고 있는 것이다.

개혁개방 이후 중국은 경제성장과 더불어 대중문화 분야에서도 커다란 변화를 가져왔고, 외래문화를 수용하는 정책적 환경과 사회적 환경 및 국민들의 심리자질이 시대의 변화에 따라 근본적 변화과정을 겪었다. 이러한 변화는 중국에서 새로운 대중문화 시장을 형성 및 발전시켰고, 외국의 대중문화 상품을 폭넓게 수용할 수 있는 새로운 환경을 조성하였다.

2001년 WTO 가입은 향후 대중문화 시장개방을 지속적 추진의 제도적 약속으로, 그 후 외국 대중문화 상품에 대한 중국정부의 수입규제와 허가 기준이 크게 완화되었다. 더욱 중요한 것은 외국의 대중문화를 수용할 수 있는 경제·문화적 여건과 사회적 환경의 변화이다.

개혁개방 당시 공식적으로 수입된 외국의 대중문화 상품은 비록 정치적으로 엄격히 선별된 것들이었지만, 장기간 서구 대중문화와 거의 단절단계에 있었던 중국인들에게 커다란 충격이자 신선한 문화적 향수가 되었다.

개방초기 1980년대 일본·홍콩·대만에서 수입한 대중문화가 중국대륙에서 크게 유행하였는데, 그들이 가져온 문화적 충격은 결코 2000년대 초의 한류의 영향력에 못지않았다. 10년 문화대혁명은 대중문화 상품의 '공백' 시기로 공급과 수요의 불균형은 외래문화 수용의 사회문화적 기초가 되었고, 1990년대 후반 청소년 중심의 중국인들은 외래 대중문화를 수용할 심리적 준비가 마련되어 있었다.

최근 중국의 외래 대중문화 상품 소비방식은 1980~90년대에 비해서 근본적 변화를 가져왔다. 일반적으로 드라마 수입시 지방 TV 방송국에서는 '정치적 문제'만 없다면, 주로 시청률이나 판권 구입가격 등 경제적 지표를 고려해 심사기준을 정한다.

중국의 TV 방송국들이 광고수입을 고려하여 외국 대중문화 상품을 수입한다는 사실은 매우 큰 변화이며 중요한 의미를 가진다. 이는 한편으로 수입한 외국 드라마가 중국소비자들의 기호에 맞아야 지속적으로 생명력을 유지할 수 있고, 그렇지 않을 경우 언제든지 퇴출된다는 말이 된다.

최근에는 지적재산권 의식의 결여와 복제기술의 발전으로 저렴한 가격에 외국의 영상물들을 소비할 수 있고, 따라서 외국 대중문화가 더욱 쉽게 유행할 수 있게 되었다.

한국이 지금까지 중국인들에게 '우호적인 나라'로 비춰지고 있다는 점은 대중문화 상품 경쟁력의 여부를 떠나서 일본·대만에 비해 매우 유리한 조건이다. 이는 양국 간 무역이 급증되고 한국기업들의 대중국 투자가 늘어나면서 한국의 경제적 중요성이 부각되었기 때문만은 아니다.

우선 중국인들이 '한강의 기적'을 일궈낸 한국인들을 존경하고 IMF 위기 극복과정에서 '금 모으기 운동'처럼 보여준 한국인들의 희생정신, 월드컵 당시 한국대표팀의 강인한 정신력 등에 큰 호감을 갖고 있기 때문이다. 이러한 국민정서는 사실상 한국 대중문화가 중국에서 수용되고 인기를 얻을 수 있는 중요한 요인 및 밑바탕이 된 것이다.

만약 이러한 시대적 배경과 요인들을 간과한다면 한국의 대중문화가 경

쟁력이 높다고 해도 단기간에 중국인들에게 수용되고, 한류 열풍으로 확
산되지 못했을 수도 있다.

한류 드라마 자체 경쟁력 외, 이러한 중국시장 '수용'요인 및 시대적 배
경의 뒷받침으로 비로소 한류 열풍으로 이어진 것이다. 어떤 의미에서
한국의 대중문화 상품이 가장 적절한 시기에 '수용'시장이 있는 중국에
진출했기 때문에, 성공 및 기대이상의 평가를 받았다고 볼 수 있다.

인색한 서울사람과 보수적인 북경인

1992년 한중 수교 이후 한국과 중국은 경제관계를 중심으로 양국 간에
는 활발한 교류가 이뤄졌고, 최근에 전략적 동반자 관계로 발전했다. 과거
에는 같은 유교문화권에서 생활했고 현재는 동아시아의 경제문화권에서
생활하고 있지만, 부동한 사회제도와 역사·문화적인 배경으로 인해 한중
양국의 국민 정체성과 성격특징에는 많은 차이점이 있다. 일국의 국민성
은 사회제도와 역사 문화적 환경 및 경제발전의 영향을 받아 장기간에 걸
처 형성된다.

시민의식이 강하고 예의가 밝지만 인색한 서울시민

서울首爾은 한국의 정치·경제·문화·교통·금융의 중심지이며, 대한
민국 수도로서의 그 자체의 중요성과 의미를 훨씬 초과한다. 사람과 돈,
권력의 지향점이 모두 서울에 집중되어 있어 '서울공화국'으로 불리기도
한다. 그리고 서울은 '한강의 기적'을 통해 건설된 인구 천만이 넘는 현대
적 대도시로, 1988년 올림픽과 2002년 월드컵을 치른 경험이 있는 국제

적 대도시이면서 유서 깊은 600년 조선조의 수도한양이기도 하다.

현재 서울에는 63빌딩 같은 현대적 건물들이 한강을 끼고 숲을 이루고 있지만, 경복궁과 창경궁과 같은 문화유적들도 적지 않다. 또 다른 서울시의 특점은 교회가 많고 유명대학과 연구기관들이 즐비하며, 한국의 상징인 한강이 도심을 유유히 흐르고 있다.

대다수의 서울시민들은 부동산 가격변화와 주식투자에 신경을 쓰며 종교적 신앙을 갖고 있다. 국민소득 2만 달러 시대의 국제도시 시민답게 서울사람들의 시민의식은 매우 강하다. 서울사람들은 공중도덕과 전철 등 공공장소에서의 질서의식이 강하고 대인관계에서 지켜야 할 에티켓이 밝으며, 상대에게 피해를 주지 않고 공公과 사私가 분명하며 서비스의식이 강하다.

서울시민들은 정치에 대한 관심도가 높고 국가대사에 대한 TV토론 시민 참여가 활발하며, 저마다의 소신과 일가견을 갖고 있다. 특히 교육열이 드높고 부모는 자식을 위해 그 어떤 고생도 마다하지 않는다. 그들은 신토불이身土不二 정신이 강하며 국산차車와 국산 농산품을 애용한다. 등산 운동이 범국민화 되고 있고 아침저녁으로 조깅하는 사람이 많으며, 식생활에서 소식小食과 유기농 식품을 선호하는 웰빙족들이 많다. 서울서민들이 선호하는 대표적인 주식酒食은 소주에 삼겹살이다.

한편 항간에서 유행되는 '서울깍쟁이'라는 말에는 서울사람들은 '서울인 자존심과 국제도시민의 자긍심이 강한 반면 대인관계와 인심이 각박하고 비정하며, 경제관계에서 세심하고 인색하며 남을 쉽사리 믿지 않고 의심이 많다'는 비하적인 뜻이 내포되어 있다.

오랜 기간 경제중심지에서 생활하면서 '한강의 기적'과 IMF 외환위기를 모두 경험한 서울사람들의 생활신조로, '부모자식지간에도 보증을 서지 않는다'는 말이 있다. 그들은 보증은 물론 타인에게 쉽게 돈을 빌려주지 않는다. 그것은 '돈과 친구를 모두 잃는다'는 것이 공통된 이유이자 그들만의 소신이다. 그러한 서울사람들을 경상도 사람들은 '서울사람들은 의리가 없고 약다'고 폄하한다.

서울여성들은 연예인의 생활패턴을 모방하는 것을 즐기고 성형수술 등 외모 가꾸기에 열중하며, 진한 화장을 선호하고 옷차림과 머리스타일에 무던히 신경을 쓴다. 서울사람들은 '양반상놈' 의식이 여전히 강하고 부자와 서민계층에 대한 차별화 및 문화차원의 구별짓기distinction를 잘하며, 외국인에 대한 인종차별과 기시가 심하다. 또한 교육과열로 인한 조기유학으로 기러기·펭귄 아빠가 늘어나 21세기 신 '이산가족'이 양산되고 있다.

요컨대 국제대도시에서 생활하고 있는 서울시민들은 선진국 국민들이 가져야할 시민의식과 에티켓 및 서비스의식을 구비했지만, 단일민족의 약점인 오픈된 마인드가 결여되어 있고 외국인과 해외동포 한민족에 대한 포용·포섭력이 결핍되어 있으며, 인색하고 박정하다.

관시이를 중시하며 정치자질이 높지만 보수적인 북경인

　수도 북경은 중국의 정치·문화·교통 중심지로, 인구 1500만이 되고 유동인구가 300만이 넘는 국제적인 대도시이다. '천년의 고도古都'로 유서 깊은 북경은 연경·대도·북평 등으로 명칭을 바꾸면서 금金·원元·명明·청淸과 중화민국의 수도로 군림해왔으며, 현재 세계문화유산인 팔달령八達嶺 만리장성, 세계최대의 황궁 자금성紫禁城, 황가원림 의화원頤和園 등 명승고적들로 유명하다. 5.4 운동과 천안문사태 등 역사적인 장소로, 유명한 천안문天安門 광장은 100만 명을 용납할 수 있는 세계최대의 광장이다.

　최근 2008 올림픽 개최지 북경의 면모는 일신되었고, 북경인의 핫이슈는 올림픽이다. 온대대륙성기후에 속하는 북경은 황사의 영향권 내에 놓여있고 기후가 매우 건조하다. 북경시 조양구朝陽區에는 10~20만의 한국인과 조선족이 어울려 살고 있는 왕징신청望京新城이라는 '코리안 타운'이 자리잡고 있다. 현재 수도 북경은 56개 민족으로 구성된 다민족·다문화사회중국의 중심도시로 각광받고 있다.

　13억 인구의 수도에서 생활하고 있는 북경인들은 강한 자부심과 심리상 우월감을 갖고 있다. 정치문화의 중심지에서 살아가는 수도인首都人답게 견식이 넓고 정치자질이 높은 그들은 정치동향에 민감하며, 국가적 대사에 많은 관심을 기울인다. 일례로 요즘 북경인들의 자긍심인 베이징올림픽이 일상의 화제 및 관심사로 되고 있다. 평소 북경시민들은 정치적 이슈를 논하기 즐기며 국가정책에 일가견을 갖고 있고 저마다 달변이다. 북경의 택시기사들은 요즘 조화사회와 민생정치를 국가적 이념으로 설정한 후진타오胡錦濤 총서기를 '쇼후小胡'라고 친절하게 부르며, 언감생심 국가정책에 대해 왈가왈부한다.

'북방인종'에 속하는 그들은 성격이 호방하고 우정을 중시하며 의리를 지킨다. 대부분의 북경인들을 인맥관계에 신경을 많이 쓰며, 돈 많은 기업인보다 무소불위의 권력을 가진 파워맨실세들을 더 숭배한다. 연세가 지긋한 북경인들은 경극京劇을 애청하며 태극권을 선호한다. 최근 젊은이들은 주식투자에 열중하며, 부자들은 외제차를 선호하고 부동산 투기에 전념하고 있다.

유서 깊은 고도 북경은 자고로 중국의 정치·문화중심지로 군림해왔다. 몇 백년간 '황제의 발밑'에서 생활해온 북경사람들은 외국문화 유입에 대해 보수적인 반면, 역사가 유구한 자국문화에 대해서는 강한 자긍심을 갖고 있다. 최근 북경지역을 중심으로 형성되고 있는 반한류反韓流 현상도 문화대국으로 자부하고 있는 중국인들의 보수적인 일면과 협소한 민족주의 및 배타주의 발현으로 볼 수 있다.

북경인들의 보수적인 생활스타일과 '경제콤플렉스'는 평소 합리주의를 추구하고 실리적이며 개방적인 상해인들에 대한 비하적인 언행과 선입견 및 편견에서도 잘 나타난다. 북경인들의 상해인에 대한 최대의 칭찬은 '당신은 별로 상해사람같지 않다'이다. 이러한 북경인의 오만무도함에는 경제중심지 상해에 대한 시기와 부러움이 혼재되어 있는 것이다.

북경인들은 국가대사와 정치적 현안에 대해 담론하기를 즐기며 여가시간의 문화적인 생활을 즐기지만, 상대적으로 경제관념과 개방의식이 박약하며 문화적으로 보수적이다. 그들은 자기중심적이고 외지인에 대해 차별화하며 경시한다. 북경인들은 친구를 사귀는데 오랜 시간을 할애하며, 평소 자신의 속내를 잘 드러내지 않고 대인관계를 매우 중시한다. 일상에서 그들은 중국의 표준어를 별로 사용하지 않고 북경고유의 지방방언 '북경어'를 즐겨 사용하는데, 이는 외지인과의 차별화를 통한 북경인의 자부심 반영이기도 하다.

북경사람들은 식당이나 공중장소에서 남을 크게 의식하지 않으며 큰소리로 웃고 떠든다. 북경서민들의 평소 즐겨먹는 주식으로, 북경특산 얼궈토우二鍋頭와 쏸양러우涮羊肉, 샤브샤브를 꼽을 수 있다. 무더운 여름에도 음식점 바깥의 길거리에 앉아 땀을 벌벌 흘리면서 샤브샤브에 독한 배갈을 마시면서 큰소리로 떠드는 모습을 도처에서 볼 수 있다. 또한 북경인들의 입심과 유머감각도 유명하기로 소문났으며, 이는 북경에 변설 재담가가 많고 시민들이 때와 장소를 가리지 않고 '칸다산侃大山, 잡담'을 즐기는 이유다.

약국에나 백화점에 가면 볼 수 있는 진풍경이 바로 직원들이 영업 중에도 손님을 개의치 않고, 저들끼리 수다를 떨면서 잡담을 늘어놓는 것이다. 고객에 대해서는 무심하지만 동료들 사이에는 무척 살갑게 구는데, 이 또한 팀워크와 대인관계를 원만히 하는 그들만의 일상 대화방식이다.

최근 올림픽을 맞이하면서 자의반타의반으로 북경시민들의 서비스의식도 부단히 향상되고 있다. 은행이나 공항에서 공무원들의 무뚝뚝한 얼굴들은 갈수록 사라져가고 있으며, 대신 올림픽개최지 북경이미지를 높이려는 시민들의 노력들을 생활의 곳곳에서 엿볼 수 있다.

이상에서 서울과 북경 두 도시의 특징과 개황, 부동한 제도와 환경에서 생활하고 있는 서울인과 북경인의 장·단점 및 국민성이 차이를 제3자의 입장에서 대략적으로 살펴보았다. 물론 본문의 제목으로 한편의 장편대작을 쓸 수 있지만, 필자의 짧은 지식과 관견管見으로 천박한 견해를 피력한 것이니, 읽는 이의 아량과 고견 및 아정雅正을 바란다.

일부일처제와 축첩

사회주의국가인 중국은 법적으로 엄연히 일부일처제—夫—妻制이다. 현재 지구상에는 이슬람권 일부 아랍국가와 아프리카 일부 지구의 전통습관을 고수하고 있는 소수의 씨족부락을 제외한 거의 모든 나라에서 일부일처제는 법적으로 명문화되어 있으며, 인간행위의 도덕적 규범으로 간주되고 있다.

중국의 봉건사회에서는 한때 일부일처제가 성행되었고, 당시 상류사회에서 권력과 부富의 상징으로 정실부인과 여러 명의 첩妾을 두는 것이 관행이었다. 일부다처제—夫多妻制는 봉건사회의 폐단으로 진부하고 무지몽매한 역사적 치부이었고, 봉건사회의 해체와 더불어 중국의 역사무대에서 사라진지 오래되었다.

21세기 인류사회는 부단히 새로운 문명을 창조하고 있으며, 윤리적 도덕성이 더욱 각광받고 있는 시대다. 불가사의한 것은 물질문명과 정신문명을 동시에 추구하고 있는 중국에서 최근 개혁개방과 더불어 경제의 고속발전에 따른 '신생사물'로, 봉건시대의 폐습인 축첩이 일부 상류계층과 신흥부자들 사이에서 부활되고 있다는 놀라운 사실이다.

그것도 돈 있는 갑부들의 한때의 관행을 넘어서 청렴의 귀감이 되어야 할 정부 관료들의 부정부패의 상징으로 부각되고 있고, 전사회적인 민감한 화제로 세인의 주목을 끌고 있다는 점이다.

얼마 전 <베이징 연합뉴스>에서 보도한 관련 문장을 한국의 한 매체가 옮겨 실은 것을 읽고, 졸문의 취지를 천명하기 위해 아래에 관련 문장의 골자를 요약하여 전재한다.

현재 중국의 일부 정부 고위관료와 국유기업의 간부 및 부호들은 개혁개방의 영향으로 생활이 윤택해지면서 정부(情婦, 애인)를 두는 것을 당연시 하고 있으며, 주변의 친지들도 이를 크게 문제 삼지 않는 분위기다. 바야흐로 사회주의 체제에 자본주의 시장경제를 접목하면서 과거의 폐습이 되살아나고 있는 상황이다. 축첩은 도덕적·윤리적·법적으로도 문제가 있지만 부정부패의 뒤에는 애인이 있다는 말이 회자될 정도로, 부패와의 고리가 깊어 그 심각성이 더하다.

사실상 중국 부패관리들은 거의 다 애인이 있었고 최근 중국에서 유죄 판결을 받은 부패관리의 95%가 내연 관계가 있었으며, 부패간부의 60%는 첩을 두고 있었다는 조사 보도가 있어 화제로 되었다. 최근 중국정부가 부정부패와 비리에 칼을 빼든 것도 이 같은 배경에서고, 이 또한 정부 고위관료층에 사정(司正) 바람이 거세지고 있는 이유이기도 하다.

축첩이 만연하게 된 데는 이를 크게 나무라지 않는 사회적인 분위기가 한 몫하고 있다. 당혹스러운 것은 대다수 중국인들 속에서 정부를 두는 것은 개인적인 생활과 도덕문제로, 주위에서 참견할 필요가 없다는 '관용적인' 사고가 팽배하고 있다는 것이다. 이 때문에 친지나 친구들과의 모임에 공공연히 정부를 데려와서 함께 즐기는 모습을 중국대륙의 곳곳에서 자주 볼 수 있다.

이 같이 간 큰 남자의 대표적인 케이스가 지난 5월 검찰에 구속된 중국 하이난성(海南省) 모 농촌 촌장인 덩싼훙(鄧善紅)이다. 뇌물 수뢰 혐의로 구속된 鄧 촌장은 정부가 무려 여섯 명이나 되었는데, 7명의 여자에게서 모두 아이를 낳았고 어떤 정부와는 내연의 관계를 가진 지 10년이 넘었다고 한다. 피고석에서 鄧은 의식주를 모두 해결해주고 부부생활까지 만족시켜줬는데 무슨 문제가 있느냐며 죄책감을 느끼기는커녕 오히려 잘난 체를 했다. 문제는 鄧 촌장의 공공연한 축첩 행위에 주위 사람들이 그의 소신과 자랑에 관용을 베풀고 수긍한다는 점이다.

일찍 1990년대 중국대륙에서 풍운인물이었던 전 북경시장 천시퉁陳希同은 부패관리의 전형으로, 거액의 공금을 횡령해 정부에게 고급 빌라를 제공하고 부화 타락한 생활을 한 부정부패 산물인 축첩의 전형적 보기이다.

필자는 대학 재학기간 1990년 북경아시아경기대회 중화무술팀의 일원으로, 본 대회 개막식에 참가한 바 있다. 개회 직전에 진행한 리허설에서 당시 대회조직위원장인 陳 전 시장이 귀빈석에서 몸소 내려와 곧 개막식에 참가하는 우리들에게 동원연설을 하던 모습을 불과 몇 메타밖에 안 되는 가까운 거리에서 바라볼 수 있었는데, 당시 공인으로서 그의 위풍당당한 모습이 지금도 기억에 생생하다.

자업자득으로 역사의 심판을 받아 이미 역사무대에서 사라진 陳 전 시장의 비참한 말로를 보면서, 필자는 역사의 공정성을 다시 한 번 절감하게 되었다.

몇 년 전 중국 지방정부의 대표단 멤버로 한국·일본 등 국가를 공식

방문한 적이 있다. 당시 필자를 곤혹스럽게 한 것은 방문 중에 당정_{党政} 고위급 간부들로 구성된 대표단 일부 멤버들의 추태를 보면서 경악을 금치 못했으며, 인민의 공복이라는 명성에 도저히 어울리지 않고 정부 대표단의 이미지를 실추시키는 그들의 추행에 씁쓸함을 감출 수 없었다.

귀국 후 당지 호텔 관계자로부터 들은 이야기지만, 그 중 어떤 간부는 직무상의 편리와 사업상의 명목으로 고급호텔에 전문 룸room을 오픈하여 장기간 사용하였다고 한다. 문제는 그 호텔룸에는 낮과 밤이 따로 없이 미모의 여인들이 뻔질나게 드나들었다는 점이고, 용도가 공적이 아닌 주로 본인의 사생활에 이용된 것이 화제의 원인이다.

다행히 물의를 일으킨 그 간부는 군중의 제보로 얼마 후 삭탈관직을 당하고 서민으로 돌아왔다고 한다. 당대의 어느 위인이 말씀하신 것처럼 역시 '군중의 눈은 밝은가' 보다.

오십보백보인 이웃나라 한국도 부정부패가 근절되지 않았고, 비리척결이 의사일정에 오르고 있는 상황이다. 최근에는 고위공직자 도덕성 검증기준으로, 청렴한 공직자로서의 계율_{戒律}인 인사 '칠거지악'이 발표되어 화제에 오른 적이 있다.

자본주의사회에서는 일부 부호와 정부의 고위급 관리들이 애인을 두는 데 대해, 언론이 '프라이버시'로 별로 문제 삼지 않는 듯하다. 다만 내연관계가 폭로되면 도덕적 행위 문란으로, 공인으로서의 부정적 이미지와 명성에 악영향을 미치는 것은 자명하다.

난해한 것은 이들 공인들로부터 축첩과 같은 스캔들이 불거져 나오는 사례가 퍽 드물다는 점이다. 그것이 부정부패와 비리에 대해 가차 없이 폭로하는 자본주의사회의 특징인 언론의 자유와 파워를 꺼리어 공인들이 극력 자숙자계로 근신한 결과인지, 아니면 언론이 이를 개인 사생활 범주에 속하는 문제로 아예 근본적으로 문제 삼지 않은 이유인지, 축첩 관련 보도가 언론이 상대적으로 통제되어 있는 사회주의국가 중국에 비해 퍽 적다는 것이다.

요컨대 구시대의 폐습인 축첩은 부활돼서는 안 되는 문명사회의 부조리 현상이며, 전사회적으로 타매를 받아야 하고 근절되어야 할 사회악이다. 엄연히 일부일처제와 축첩은 공존할 수 없는 사회제도이자 윤리적 도덕이지만, 이들이 '공존'하는 작금의 현실에 슬픈 비애를 느낀다.

책 읽는 민족에게는 희망이 있다

흔히 가을을 천고마비天高馬肥의 계절이라고들 한다. 가을은 오곡을 수확하는 계절로 수확의 계절이자 인생에서의 성숙의 계절이기도 하다. 사람들은 흔히 인생의 성숙기인 중년시절을 가을에 비유한다. 필자가 사계절 중 가장 선호하고 반가워하는 계절이 바로 성숙의 계절인 가을이다. 그것은 가을은 사색의 계절이며 독서의 계절이기도 하기 때문이다.

어느 때부터인지 사람들은 가을은 '독서의 계절', '책을 읽는 계절'이라고 말하고 있다. 그래서인지 서울 지하철을 타보면 승객들의 손에 쥐어 있는 것이 대부분 책이다. 책을 읽는 그들의 모습은 아름답다. 문뜩 어느 명인의 명언이 떠오른다. '사람은 책은 만들지만 책은 사람을 만든다'고 했다. 이 또한 한국에서 가장 유명한 서울 광화문 교보문고의 슬로건이기도 하다. 인간이 책을 읽지 않아서 머리가 텅 비어있다면 마치 가을에 수확되는 곡식 중 여물지 못한 쭉정이나 진배없다.

현재 경제중심시대에 살고 있는 중국동포들은 돈 버는 데는 열중하지만, 책을 읽지 않은 사회풍조가 동포사회에 만연되고 있는 듯하다. 얼마 전 필자는 미국에서 생활 중인 동포학자가 고향 연변을 방문하고 책을 읽지 않는 우리민족의 잘못된 사회풍기를 비판하는 글을 읽을 적이 있다. '책을 읽지 않은 민족은 비전이 없다'는 그의 말에 전적으로 공감한다.

물론 경제중심시대에 돈을 버는데 전력하고 집착하는 것은 나무랄 것이 못된다. 하지만 예로부터 교육과 지식을 중시해오던 우리민족의 전통은 사라지고 책이 소외되는 시대가 온 것 같아 자못 씁쓸하기만 하다. 책을 외면하면 무지와 낙후가 뒤따르기 마련이다.

지난겨울 고향에 갔다가 연길 신화서점에 들려 고향 지성인들의 저서 10여 권을 구입한 적이 있다. 필자를 놀라게 한 것은 2층의 우리말 도서 판매장에는 고객이 적어 한산하기 그지없었으며, 책의 종류가 적고 최신 출판도서들이 거의 없었다는 것이다. 다만 한정된 책장에 출판된 지 오래된 책들과 조선말 잡지 몇 권만이 달랑 놓여있었을 뿐이다.

고급술집과 노래방은 예약하지 않으면 이용할 수 없을 정도로 호황인 현실과는 너무나 대조적인 상황이었다. 한편 책에 쌓인 먼지를 닦으면서 책이 팔리지 않는 출판계 불황과 책을 외면하는 동포사회의 실태를 보는 것만 같아 심정이 여간만 씁쓸하지 않았다.

얼마 전 새로 나온 책을 구입하고자 서울 교보문고에 들린 적이 있다. 책을 읽는 계절이어서 그런지 책을 구입하려온 사람들과 책을 읽으러 온 사람들로 만원이었다. 매번 교보문고에 들릴 때마다 느끼는 점이지만 한국인들은 책을 읽기를 즐기는 것 같다. 카펫을 깐 바닥에 쭈크리고 앉아 독서 삼매경에 빠져 있는 한국인들을 보면서 왜서 대한민국이 'IT강국'으로 발전할 수 있었는지 알 수 있을 것 같았다.

가끔 북경의 왕부정王府井 서점에도 들리지만 항상 고객들로 인산인해를 이루고 있는 것이 인상적이다. 독서의 계절인 가을에 서울의 곳곳에서 책을 읽는 사람들을 만나볼 수 있다. 미상불 책을 읽는 민족은 희망이 있으며, 책을 읽는 인간에게는 밝은 미래가 있다.

자고로 우리민족은 교육열이 드높고 자식을 출세시키려는 의욕이 넘쳐난다. 물론 현재는 그것이 너무 과열되어서 걱정이다.

개혁개방 이후 경제건설 중심시대의 도래는 동포사회의 생활시스템과 관념을 바꿔놓았다. 즉 '금전만능'의 발상에 따른 해외출국 및 돈벌이가 어느덧 일상의 화제로 생활의 중심축으로 되어 돌아가고 있다. 사람들은 모여 앉으면 하는 이야기가 출국과 돈달러벌이다. 돈을 벌어 부富를 축적하는 것은 경제문명의 보장이 되는 것은 말할 것도 없다. 하지만 우리가 추구하고 제창하는 정신문명은 돈으로만 해결되는 것이 아니다. 지식과 지식인이 각광받고 존중받는 시대가 오고 책을 읽는 사람이 많아질 때, 비로소 그것이 이루어진다.

꽃에 물을 주면 꽃이 싱싱하듯이 인간에게 책과 지식은 정신식량으로 삶의 넉넉함을 보충해주는 활력소·자양제가 되는 것이다. 책을 읽으면 마음이 바뀌고 마음이 바뀌면 인생이 바뀐다고 했다. 반면 책과 담쌓고 살면 무지가 난무하고 시대의 낙오자가 된다. 한마디로 책읽기가 세상을 바꾼다는 말이 된다.

21세기는 지식문화시대로 '사지가 발달하고 두뇌가 단순한' 사람이 성공하는 시대는 분명히 지났다. 모든 것이 두뇌싸움이고 궁극적으로 승패를 좌우하는 것은 지식의 힘이다. 그리고 그 지식은 책에서 온다. 외람되지만 마작판이나 게임도박, 오락에 허비하는 삶의 여가를 지식 '충전'이 되고 폼 나는 독서에 돌려보는 것이 바람직하다고 진언해본다.

책을 읽으면서 생활이 주는 스트레스를 해소하고 책이 주는 마음의 여유로움과 사색의 정취를 느껴보기 바란다. 어쩌면 그것이 이 가을의 진정한 웰빙참살이 생활이 될 것이다. 성숙의 계절·수확의 계절·사색의 계절인 이 가을에 책을 읽으면서 독서의 재미에 푸욱 빠져 보자.

인생의 황금계절인 가을중년에 한결 철이 들고 성숙해지는 자신을 새삼스레 느끼게 된다. 이 역시 인생의 중년시절을 황금가을에 비유하는 이유일 것이다. 그리고 우리가 황금가을을 사랑해야 하는 중요한 이유는 그것이 '성숙의 계절'이기 때문이다. 책읽기가 인생의 성숙은 앞당기는 중요한 이유이다.

한사람의 책읽기는 그 사람의 삶과 일세의 운명을 바꿀 수 있으며, 나아가 사회구성원 전체의 독서열은 한 세대의 삶의 질 제고와 더불어 기나긴 한 시대를 풍미해갈 수 있다.

굿바이, 영어 Complex

무릇 정상적인 인간이라면 누구나 자기 나름대로의 콤플렉스를 가지고 이 세상을 살아간다. 그것은 이 세상에 완전무결하고 십전십미十全十美의 인간이란 존재하지 않기 때문이다. 예컨대 빈자는 부자에 대한 콤플렉스를 갖고 있고 못 배운 사람은 배운 사람에 대한 콤플렉스가 있으며, 그 외에도 직업 특유의 콤플렉스 등이 존재한다.

콤플렉스가 생기는 원인은 사람에 의해 다르지만 대개 자신이 향유하지 못한 것을 타인이 가지고 있는 것에 대한 부러움에서 기인되며, 또 자기 것이 남의 것보다 못하다는 자격지심에서 비롯되는 것이다.

최근 고국에서 늦깎이 학위공부를 하고 있는 필자에게도 심각한 콤플렉스가 있는데, 그것이 바로 20여 년간 줄곧 본인을 괴롭혀온 영어 콤플렉스이다. 특히 필자와 같이 고등학교나 대학에서 일본어를 주요 외국어로 전공했고, 영어를 제2 외국어로 대충 배운 1980년대 대학생들에게는 요즘에는 '필수가 된' 영어가 여간만 어려운 것이 아니다.

골치 아픈 영어수업시간이 되면 영어권 나라의 유학생들과 대부분 한국학생들은 거침없이 영어로 견해를 발표하고 교수님께 질문을 드리는데, 영어 콤플렉스를 갖고 있는 본인으로서는 영어를 잘하는 그들이 대견하고 부럽기만 할 뿐이다.

한편 강의내용을 겨우 대충 알아듣는 필자는 질문하기는커녕, 두 시간 남짓한 수업이 '일각이 여삼추'처럼 지루하게 느껴진다. 솔직히 가끔 영어 때문에 주눅들 때마다 이처럼 힘든 학위공부를 왜서 꼭 해야만 하나는 역정풀이와 격세지감으로, 공부고 영어고 다 때려치우려고 생각할 때가 한두 번이 아니었다.

다행히 최근 한국에서 유학생활을 하면서 10여 년간 꾸준하게 영어공부를 견지해온 덕분에 그나마 따라갈 수 있는 상황이다. 요즘은 매일 4~5시간 자의반타의반으로 영어공부에 전념하고 있다. 젊어서 제대로 못 배운 탓으로 중년에 와서 '늦은 공부'를 하면서 그 대가를 톡톡히 치르고 있는 셈이다.

필자가 평소 가장 존경하고 부러워하는 사람이 바로 영어를 구미歐美 외국인처럼 마음대로 구사하는 영어통英語通이다. 그것은 현재 학위공부를 하고 있는 나에게 가장 큰 콤플렉스가 영어이기 때문이다. 그래서인지 대학시절부터 영어로 인해 발생하였던 희비가 엇갈린 에피소드 혹은 쇼크적인 일들에 대해 시간이 퍽 지났음에도 불구하고, 지금도 어제 발생한 일처럼 생생하게 기억에 남아 있다.

북경에서의 대학시절 일본어를 제1 외국어로 전공하고 있었던 필자는 여름방학을 이용해 여행사에서 아르바이트로 일본어 가이드를 한 적이 있다. 당시 일본 관광단체를 인솔하여 북경 고궁古宮에 갔을 때 발생한 일이다.

일본어로 고궁에 대한 설명을 막 마치고 입구에 들어가려고 할 때, 유럽에서 온 두 여성관광객이 필자를 붙잡고 영어로 무엇인가 하소연하는 것이었다. 본국의 단체 팀에서 뒤떨어진 그녀들이 팀을 찾을 방도가 없어 가이드 행색을 하고 있는 필자를 보고 도움을 청한 것인데, 하필이면 영어가 부실한 나에게 말이다.

만일 한국 관광객이나 일본 여행팀이라면 금방 그녀들의 곤란을 해결해 주었을 텐데, 워낙 영어가 짧은 나인지라 잠간 망설이다가 입구에서 나를 기다리고 있는 일본 관광팀을 가리키며, 서투른 영어로 "I am Sorry, they wait me"라고 대충 얼버무리고 나서 곤혹스러운 표정을 짓고 있는 그녀들을 뒤로 한 채 무정하게 발길을 돌려버렸다.

20년이 지난 오늘에도 그 일을 생각하면 외국에 와서 곤경에 처한 그들을 도와주지 못한 자신이 무척이나 얄밉고 미안하기만 하다. 미상불 이는 부실 영어가 준 스트레스로, 장기간 필자를 괴롭혀왔던 전형적인 케이스이었다.

작년 여름 서울 지하철에서 처음으로 필자는 평소 '그토록 싫던' 영어로 인해 인생의 노력과 지식이 준 희열을 맛보았다.

지하철 4호선 서울역 플랫폼에 막 하차한 필자에게 첫 서울 여행으로 보이는 외국인 노부부가 차를 잘못 탔는지 약간 당황한 기색을 띄우면서 도움을 청하는 것이었다. 다행히 다년간 서울에서 생활하면서 주로 지하철을 타고 출퇴근을 하는 필자인지라 서울지하철 노선에 대해서는 손금보듯 환히 알고 있었고, 다년간의 노력으로 지하철 안내 정도의 영어실력은 되어있어 그분들에게 갈아타야 할 노선과 출구번호를 상세하게 알려드렸다. 자못 감격해하던 외국인 노부부의 당시 모습을 필자는 지금도 또렷이 기억하고 있다.

여느 서울시민에게는 그냥 지나칠 정도의 평범한 일이었겠지만, 유독 필자에게는 그동안 영어로 받은 스트레스와 수모가 일시에 해소되는 느낌과 감동을 진하게 만끽하는 순간이었다. 마치 초등학교 시절에 선생님께서 숙제를 잘 완성했다고 칭찬을 해주셨을 때 느끼는 으쓱한 기분을 중년의 나이에 새삼스레 절감했다. 그것도 항상 나를 괴롭히고 자괴지심을 느끼게 하던 영어가 처음으로 사랑스럽게까지 느껴질 정도로 말이다.

장기간의 콤플렉스가 처음으로 자긍심으로 느껴지는 한순간이었고, 노력의 결과가 주는 기쁨의 순간이었다. 어쩌면 20년 전의 북경의 고궁에서 유럽 여성 여행객들에게 '빚진 심정'에 대한 보상이었을 것이다.

최근 20년간 내가 북경의 왕부정王府井 서점과 서울의 교보문고에서 사들인 영어어휘집·문법·회화 등 소책자들만 해도 수십 권이나 된다. 영어 콤플렉스에서 벗어나기 위한 처절한 몸부림이었고, 어쩌면 엽공호룡葉公好龍, 형식적으로 선호한다고 하지만 실제는 무서워서 피한다는 뜻의 형식치레에 불과

했을 것이다.

다행히 몇 년 전부터 배수진을 치고 진정 영어와의 승부를 건 인생의 고비에서 피타는 노력의 대가로 전화위복으로, 점차 영어 콤플렉스에서 해탈되고 있는 중이다.

여담으로 내가 서울에 출장 온 친구들에게나 환고향하여 친지들에게 가장 많이 선물하는 것이 바로 학생용 책가방과 영어소책자다. 솔직히 우리의 후대들이 더는 필자와 같은 불행한 전철을 밟지 말기 바라는 간절한 소원과 중국 조선족의 '386세대 비극'인 영어 콤플렉스가 더는 사랑스러운 우리후대들에게 재현되지 말기바라는 나의 한 가닥의 진솔한 염원이 숨겨져 있기도 하다.

요컨대 소위 '영어 콤플렉스'는 우리세대에서 갈무리되어야 한다는 것이 필자의 간절한 소망이기도 하다. 굿바이, 영어 Complex!

중국 남자축구대표팀이 한국대표팀을 이기지 못하는 이유

허정무 감독이 이끄는 한국 축구대표팀이 2월 17일 중국 충칭重慶시에서 열린 2008동아시아축구선수권대회 개막전에서 박주영의 두 골과 곽태휘의 결승골에 힘입어 개최국 중국을 3대2로 역전승했다. 30년 동안 이어온 대중국 불패 전적은 이어졌고 공한증恐韓症 신화는 지속되었다. 국내 정예멤버로 구성된 중국은 많은 이점이 있는 홈장에서 해외파와 주축들이 대거 불참한 '한국 2진'을 대상해 승리를 거둘 수 있는 절호의 기회를 놓치고 말았다.

공한증은 백과사전에도 올라있는 스포츠용어로, "중국 남자축구대표팀이 한국 국가대표팀을 오랜 세월 동안 한 번도 이기지 못하는 현상, 또는 언론에서 그러한 까닭을 설명할 때 쓰는 말이다"라고 적혀있다. 한편 "공한증이라는 말에는 한국과 실력으로는 크게 차이가 없지만, 시합하는 당사자들이 심리상의 위축으로 인해 제 실력을 발휘하지 못해서 진다"는 뜻도 담겨 있다. 작금의 공한증은 대다수 한국인에게는 자긍심의 상징으로, 중국인들에게는 수치심 및 반발심을 유발하는 '정치·스포츠용어'로 이질화되었다.

매번 한·중 축구경기가 있을 때마다 중국 언론들은 "공한증은 심리적인 문제로 더 이상 실력상의 차이 문제가 아니므로 중국팀은 수시로 한국팀을 이길 수 있다"고 보도를 한다. 그러나 실력상의 차이와 심리적인 인소를 극복하지 못해 다년간의 공한증을 깨지 못하게 되면, 감독은 언론의 공격대상이 되고 결국 '희생양'으로 전락당해 경질된다. 현재의 공한증 현상은 단순히 감독만의 문제만은 결코 아니며 거기에는 여러 가지 '이유'가 있다.

필자는 공한증 현상의 실질과 더불어 다년간 중국 성인남자축구팀이 한국대표팀을 이기지 못하는 원인·이유를 아래의 몇 가지로 분석해본다.

실력의 차이

전력과 전적戰績면에서 모두 한국이 앞선다. 한국은 국제축구연맹FIFA 랭킹 41위, 중국은 75위다. 성인대표팀 역대 상대전적에서 한국이 30년 동안 16승11무로 무패이며, 올림픽 대표팀 전적도 8전 7승1무를 기록하고 있다. 국제대회 경험도 한국은 월드컵 본선에 일곱 번 출전했지만, 중국은 2002년 한·일 월드컵이 유일하다.

현재 한중 축구 해외파의 대표로 영국 프리미어리그 맨유에서 뛰는 박지성의 활약과 팀 동료 둥방줘董方卓의 벤치신세가 실력 차이를 보여주는 단적인 사례다. 실력은 경기승패를 결정하는 가장 결정적 요소다.

정신력의 차이

한국선수들이 중국선수들에 비해 개인기술과 전술소양도 높지만 가장 큰 차이는 90분간 내내 밀어붙일 수 있는 체력과 투지 및 정신력이다. 게다가 감독이나 선수들 모두가 30년 동안 지속된 공한증이 자기들 세대에 와서 끝나기를 바라지 않는다. 그것이 강한 정신력으로 발현되어 경기지배와 승리를 이끄는 원동력이 되며, 한국팀이 홈이나 어웨이경기를 막론하고 모두 '초수평超水平' 발휘를 하는 이유다.

최근 베이징궈안 이장수 감독은 "중국선수들은 한국선수들의 정신력과 투지를 배워야 한다. 중국 축구의 가장 큰 문제점 중 하나는 약한 체력에 있다"고 지적했다.

심리소질과 자신감의 문제

한중 경기에서 승패를 좌우하는 중요한 요소로, 심리소질 및 자신감의 차이를 지적하지 않을 수 없다. 한국은 상대전적과 국제경험, 전술소양 등 실력적 인소로 심리상 우세를 지니고 있고 그것이 경기 중 자신감으로 나타난다. 단적인 예로 과거 슬럼프에 빠져있던 '중국팀 킬러' 이동국이나 박주영이 중국팀만 만나면 펄펄 나는 이유가 자신감의 표현이다.

반면 중국은 지나친 승부욕으로 시합 자체가 과열되어 레드카드를 받아 퇴장당하거나 심리상의 위축으로 100% 수준을 발휘하지 못한다. 심리소질과 자신심의 결여로 나타난 강박관념이 중국팀으로 하여금 수준이상의 경기를 치르지 못하게 하는 주요인이다.

민족성의 특징 차이

한국팀이 중국팀에 강한 이유로 실력과 정신력을 주요인으로 꼽는다면 또 다른 요소가 있다. 그것은 두 나라의 민족성의 특징과 기질의 차이이며, 그것이 축구경기에도 반영된다는 점이다. '한강의 기적'에서 볼 수 있다시피 한국인들의 정신력과 끈기, 체화된 강인한 투지와 생활력은 세인의 인정을 받았다. 평소 팀워크를 중시하는 집체주의 정신이 11명을 팀으로 구성하는 축구장에서 '하면 된다'는 의지력과 투혼을 불사르는 이유이다.

반면 지구력이 강하고 '만만디'의 근성이 몸에 배인 중국인들은 90분간 내내 뛰어난 체력과 정신력을 바탕으로 하는 단기전 축구경기에는 '약한 모습'을 보이고 있다. 평소 중국스포츠가 중간에 네트를 친 탁구나 배구 및 배드민턴 등에는 강한 모습을 보이지만, 강렬한 신체접촉과 강한 의지 와 정신력이 소요되는 권투나 축구 등 경기에는 약한 것은 중국인의 민족 성에서도 기인된다는 전문가들의 지적을 간과할 수 없다.

공한증은 1990년대 중국 언론이 제기한 스포츠용어로, 당초 부진한 중국축구 동산재기를 바라는 뜻으로 사용되었지만 최근 한중 언론에 의해 그 뜻이 왜곡되어 이데올로기가 가미된 민감한 스포츠용어로 이용移用되었다. 그동안 중국은 공한증에서 벗어나기 위해 절치부심했고, 한국은 중국에게 지면 '치욕'이라는 생각으로 경기에 임했다. 30년간의 징크스는 이젠 저주로, 선수들의 정신적 질곡으로 변질되었다. 중국이 공한증 타파의 심리적 압박감에서 벗어나지 못하는 한, 한국이란 높은 벽을 넘기가 쉽지 않을 것이다.

징크스는 숙명이 아닌 이상 깨지기 마련이다. 따라서 한국 언론이 성인 남자축구팀에만 국한되는 '공한증 현상'을 확대해석하는 것은 결코 바람직하지 못하다. 마치 모든 중국인들이 모든 면에서 한국을 두려워 전전긍긍하는 것처럼, 스포츠 현상에 이데올로기적 요소를 가미한다면 어불성설이다. 축구는 어디까지나 단순히 스포츠경기로, 스포츠에 이색적인 요소가 가미된다면 위대한 스포츠정신에 위배된다. 축구는 '22명의 두 팀 선수가 90분 동안 공을 상대방 문전에 차 넣는' 일종의 스포츠게임으로, 이 이상도 그 이하도 아니다.

사족으로 첨가하면, 그동안 상대전적 1승18패로 '공중증恐中症'에서 완전히 해탈되지 못한 한국 여자대표팀이 동대회에서 같은 스코어로 비슷한 장면을 연출하면서 중국 여자대표팀에게 2 : 3 역전패를 당했다는 점이다. 이는 축구를 포함한 모든 운동경기의 승패는 주관욕망보다 객관적 실력에 의해 좌우된다는 진리를 다시 한번 확인시켜준 것이다.

베이징런北京人과 서울인의 음주문화 차이

　베이징런北京人과 서울인은 같은 동양문화권에서 속하고 유교문화의 영향을 받은 동아시아의 이웃국가에서 생활하고 있지만, 부동한 사회문화와 생활습관 및 음식문화를 소유하고 있고 술 마시기를 즐기는 아시아인임에도 불구하고 엄연한 차이의 음주문화를 갖고 있다. 아래에 베이징과 서울에서 다년간 생활하면서 필자가 체감한 이 두 지방 시민들의 음주문화 차이점에 대한 소견을 몇 가지로 나누어 진솔하게 적는다.

　베이징과 서울사람들은 대부분 술 마시기를 즐기며 음주량과 술상소비 역시 대단하다. 그들의 일상에서 음주는 매우 중요한 비중을 차지하며, 친구사귀기와 비즈니스 및 팀워크 결성에 술상이 결코 빠질 수 없다. 북경인들은 떠들썩한 술상 분위기를 즐기고 주위를 크게 의식하지 않으며 도수가 높은 배갈에 여러 가지 요리를 청해놓고 한 장소에서 긴 시간을 할애한다. 반면 서울인들은 한 가지 위주의 담백한 요리에 도수가 낮은 소주를 선호하며, 조용한 분위기속에서 낮은 소리로 말하고 한 장소에서 오랜 시간을 소모하지 않는다.

일반적으로 베이징사람들은 술상에서 상대와 정情을 논하며 관시인맥를 구축하는데 음주목적이 있는 반면, 서울인들은 팀워크를 돈독히 하고 일상에서 지친 스트레스를 해소하는데 큰 비중을 둔다. 이 또한 한국에서 회식이 많은 이유이기도 하다. 흔히 베이징인들은 요리를 많이 먹고 술을 마신 후 식사는 나중에 한다. 그들은 술상 예절에 크게 구애받지 않으며, 술상에서의 흡연을 실례로 간주하지 않는다. 반면 서울사람들은 먼저 밥을 먹고 술을 마시며, 분위기에 따라 장소를 이동하면서 소주와 맥주를 번갈아 마시기를 즐긴다.

한편 북경과 서울사람들은 모두 지방특산술을 선호하는 '신토불이' 경향이 강한 편이다. 대부분의 북경인들은 지방특산으로 도수가 높은 얼궈토우二過頭와 연경燕京맥주를 즐겨 마시며, 서울인들은 참이슬소주과 하이트·카스맥주를 선호한다. 요즘 서울사람들은 일명 '50세주백세주와 소주를 섞은 술'와 '소맥소주와 맥주를 섞은 것'을 즐겨 마신다.

평소 북경인들은 연장자와 술을 마셔도 곧 잘 어울리며, 선후배 관념과 위계질서가 상대적으로 박약하고 그것에 대해 크게 신경을 쓰지 않는다. 비즈니스 술상에서도 직장상사를 크게 의식하지 않으며 분위기에 맞춰 돌아가면서 술을 권하고 술상의 만남친분에 상당한 의미를 부여한다. 그들은 술 권하기를 즐기고 권주하는 사람은 대개 단숨에 굽을 비우며, 가끔 요리를 손님에게 직접 집어주면서 친분을 과시하기도 한다. 북경인들은 술상에서 비즈니스와 관련한 부담되는 이야기를 하지 않으며, 친절을 베풀면서 손님을 취하게 하고 자신도 취토록 마신다. 그들은 귀한 손님을 초대할 때 고급술과 많은 요리를 청하는데, 술 브랜드와 요리의 수량에서 주인이 손님에 대한 접대레벨과 친분관계를 알 수 있다.

반면 서울인들은 비즈니스 술상에서 상하·수직관계와 위계질서가 명확하며, 상사의 면전에서는 가급적 말을 아끼고 과음을 삼가는 것이 술상 매너로 지켜진다. 서울사람들은 보통 낯선 상대에게는 술을 권하지 않으며, 간단한 식사 후 그다음 본격적으로 술을 마신다. 그들은 장소를 옮기면서 술을 마시며, 분위기에 따라 양주와 소주·맥주 등 술 종류를 바꾸어 마신다. 대개 한국인들은 술보다 고기위주의 요리와 식사에 신경을 쓰며, 소고기와 회 요리를 고급음식으로 손님접대를 한다. 다만 평소 음식을 끓여먹고 생음식은 기피하는 중국인들에게 생선회 같은 요리가 크게 환영받지 못한다는 것을 기억해둘 필요가 있다.

한편 장소를 이동해 술 마시는 음주문화는 '빨리빨리'의 한국인의 성격과 성급한 기질에 적합하며 금방 술상의 분위기를 돋우는 데는 별로 문제가 없지만, '만만디천천히'의 기질과 늦게 끓어오르는 중국인들의 성격에는 어울리지 않는다. '장소이동'의 음주문화는 술상의 분위기를 돋우는데 일정한 시간을 소요하며, 한번 달아오른 술상의 분위기를 끝까지 지키면서 술을 마시는 중국인들의 술 습관과 음주문화에는 저촉된다. 그것이 대다수의 중국인들이 한 장소에서 장시간 술을 마시면서 쉽사리 장소를 이동하지 않는 원인이기도 하다.

베이징인들은 절친한 사이가 아니거나 초면일 경우에는 식당에 초대하지만, 상대를 친구 혹은 친분이 가까운 사이라고 생각하면 집으로 초대해서 술자리를 벌인다. 이때에는 부부가 함께 부엌에서 요리를 만들고 고급 술과 찻물을 곁들여 풍성한 만찬을 준비한다. 그들은 온가족이 배갈과 와인 및 음료를 마시면서 손님과 함께 식사를 하며, 손님에게 번갈아 술을 권하고 요리를 집어주면서 친절을 베푼다. 술상은 오랜 시간 지속되며 가족 같은 분위기속에서 손님은 정에 못 이겨 저도 모르게 만취하게 된다. 따라서 식당 혹은 집에서 초대되었는가는 북경인들의 손님에 대한 친밀감과 친분관계를 확인할 수 있는 잣대가 된다.

만약 외국인으로서 북경인의 집에 친구 혹은 귀빈으로 초대되었다면, 상대방이 당신에 대한 신임이 굉장히 두텁고 돈독한 친분이 이미 이뤄졌다는 것을 말해준다. 하지만 주인의 친절에 못 이겨 과음하여 취중실수를 한다면 초대된 손님으로서 큰 실례가 된다. 상다리 부러지게 차려진 음식은 집주인의 성의를 보더라도 골고루 많이 먹고 '잘 먹었다'는 인사치레를 잊지 말아야 한다. 그리고 처음으로 친구집에 초대된다면 친구부인과 아이들에게 약간한 선물을 준비해가는 것도 외국인으로서 좋은 이미지를 남기는 효과를 얻을 것이다.

반면 집이라는 사적인 공간에 친구를 초대하는 북경인들에 비해 서울인들은 절친한 친구 사이라고 해도 쉽사리 집에 초대하지 않으며, 흔히 고급 식당이나 번화한 거리에 위치한 특식요리점에 손님을 초대하는 경우가 다반사다. 서울인들에게 집이라는 사적 공간은 타인에게 쉽게 공개할 수 없는 사생활범주에 속하며, 웬만해선 집으로 손님을 청하지 않는다. 혹시 집에서 손님을 초대하더라도 식사와 술상을 구분하여 고기요리 등 풍성한 음식상을 마련하지만, 초대한 손님에게는 식사를 위주로 하고 권주는 삼가는 것을 예의로 간주한다.

한·중 양국의 사회문화와 생활습관의 차이로 인해 북경인과 서울인 사이에는 엄연한 음주문화 차이가 존재한다. 예컨대 평소 서울인들이 가까운 친구 사이에 술잔을 주면서 술을 권하는 술습관은 북경인들에게는 실례가 된다. 이는 손님의 주량과는 상관없이 연신 술을 권하며 본인 젓가락으로 손님에게 요리를 집어주는 중국의 술문화에 한국인들이 바로 적응하지 못하는 것과 마찬가지이다. 아울러 도수가 높은 술을 마시는 북경인들은 음주 후 많은 찻물을 마시지만, 담백한 소주를 선호하는 서울인들은 음주 후 커피를 즐겨 마신다.

한 장소에서 도수 높은 배갈에 느끼한 볶음요리와 찻물이 동반되는 것이 북경인의 음주문화라면, 장소를 자주 바꾸며 도수 낮은 소주에 담백한 요리를 먹는 것이 서울인의 술문화이다. 한·중 양국 간에 현존하는 문화차이 인정과 수용이 서로에 대한 깊은 신뢰와 돈후한 우의 증진에 가장 중요한 필수적 조건이라고 한다면, 소주와 삼겹살 조합의 술문화와 얼궈토우와 양고기 샤브샤브를 애용하는 음주문화 모두가 존중을 받아야 하는 이유가 된다.

　요컨대 한·중 두 나라의 엄연한 문화차이를 인정하는 동시에 음주문화를 비롯한 식생활의 문화차이를 상호 긍정하고 적응하려는 노력이 우리에게 무엇보다 중요하다. 그것이 서로에 대한 오해와 불신을 줄이고 신임과 우의를 돈독히 하는 첩경이 되기 때문이다.

항공기 안에서 본 한·중 문화의 '융합'

　몇 년 전까지 해도 필자는 가격은 타항공사에 비해 좀 비싸지만, 최선의 서비스와 쾌적한 기분을 만들어주는 아시아나 비행기를 타고 서울과 북경을 부지런히 드나들었다.

　필자가 타본 여러 나라의 항공기 가운데에서 아시아나 항공사의 서비스는 단연 으뜸이었다. 하지만 최근에는 가격이 상대적으로 저렴하고 서비스도 괜찮은 중국국제항공CA을 자주 이용한다. 한중韓中 문화가 '융합'된 서비스를 받을 수 있다는 것이 그 주요인이다.

　한 비행기 안에서 대범하고 예쁜 중국인 쿵제空姐, 비행기 여승무원와 예의 바르고 스마일 봉사로 고객을 즐겁게 해주는 한국인 스튜어디스의 우질 서비스를 동시에 받을 수 있어 기분이 즐겁고, 아울러 중한中韓 두 나라의 문화를 비교할 수 있는 좋은 기회가 얻을 수 있어서 일거양득이다. 승객들에게 있어서 가장 큰 관심사는 티켓가격과 안전보장이며, 기내 음식과 서비스 역시 관심사의 하나이다. 간과할 수 없는 중국국제항공CA 항공기의 특징은 한·중 이중 서비스를 동시에 받을 수 있고, 기내음식도 한식과 중식이 '짬뽕'되어 있는 것이 특색이다. 이 또한 필자가 CA 항공기에 매력을 느끼는 이유 중의 하나이다.

특이한 것은 이 한·중 음식문화가 '짬뽕'된 기내식이 현재 한·중 문화를 공유하고 있는 필자를 비롯한 대다수 승객들의 구미에 맞고, 중국인이나 한국인 승객들이 모두 맛있게 먹을 수 있게 만들어졌다는 것에 놀랍기도 하고 흥미롭기도 하다.

비행기 안에서 나눠주는 기내식 세트를 열어보면, 참새는 작아도 오장육부가 구전하듯이 모든 메뉴가 거의 빠짐없이 마련되어 있다. 하얀 입쌀로 된 밥과 소고기와 시래기를 볶은 중국식 요리, 그리고 포장된 한국산 농협김치, 종로 떡방에서 만든 떡 세트와 빵이 마련되어 있으며, 그 외에도 주스와 광천수가 비치되어 있다.

아시아나의 기내식의 특점은 한국산 고추장을 서비스로 주는 볶음요리 특색의 중식中食과 스테이크 위주의 서양식으로 구분된다면, CA의 기내식은 완전히 중식·한식韓食이 '짬뽕'된 것이 그 특징이라고 볼 수 있다.

맛있는 중식요리가 조금 느끼한 것이 미중부족美中不足이라면, 개운하고 매콤한 한국산 김치는 중식의 느끼함을 반감半減시켜준다. 그래서 서로의 부족함을 보충해주는 중·한 음식문화의 '짬뽕'으로 만들어진 CA 기내식을 탑승한 한·중 두 나라 승객들이 너나없이 맛있게 먹는 이유가 아닌가고 생각해본다.

아울러 중·한 스튜어디스들의 조화로운 서비스와 한·중 승객들의 어우러진 하나의 모습에서 필자는 한·중 문화의 융합과 '짬뽕'의 매력을 다시 한 번 절감한다.

최근 중국의 대부분의 항공사들에서 많은 한국인들이 중국에 다녀오고, 한국의 스튜어디스들의 스마일봉사와 최상의 서비스에 호감을 느끼면서 각 항공기마다 1~2명의 한국인 쿵제空姐를 기용하고 있다. 대개 한국인 스튜어디스들은 2~3국의 언어를 알고 있고, 한국인과 중국인의 구미에 잘 맞게 최고의 서비스를 제공하고 있다. 이 또한 한국의 스튜어디스들이 인기를 얻어 중국의 항공사들에게 중용되고 있는 주요원이며, 최근 한국인 여객들도 중국국제항공을 자주 이용하고 있는 원인이다.

자본주의사회에서 고도로 발달된 서비스정신과 '고객을 황제'로 모시는 체화된 봉사정신이 그녀들의 일거수일투족에서 여실히 나타나고 있는 것이다. 좀 딱딱한 모습의 중국인 쿵제空姐들의 서비스를 '세미semi 프로'라고 한다면, 항상 얼굴에 미소를 머금고 최선을 다하는 한국인 스튜어디스들의 우질 봉사는 일류·프로급이라고 할 수 있을 것이다. 이 또한 최근 들어 중국의 항공사들이 한국인 스튜어디스들을 적극적으로 스카우트해가는 직접적인 원인이며, 최근 항공업계에서 강하게 불고 있는 또 다른 한류이다.

한·중 음식문화가 '융합'된 기내식이 맛있는 또 다른 이유는 기내의 질 높은 고급서비스와 갈라놓을 수 없을 것이다. 깔끔한 유니폼을 착용한 아름다운 쿵제들의 세심하고 살뜰한 서비스는 여객들의 기분을 즐겁게 해주며, 쾌적한 식사분위기를 마련해준다. 식사전후에는 각종 음료와 커피 서비스가 제공된다.

　가끔 고급호텔에서나 환경이 우아한 레스토랑에서 우질 서비스를 받으면서 하는 식사가 그 맛이 일품일 뿐 아니라, 오랫동안 기억 속에 남는 것도 이 같은 이유에서다. 그것이 모든 이들이 우질 서비스를 선호하는 원인이며, 이 또한 고급서비스가 갖는 매력이다.

　한·중 음식문화를 비교해볼 수 있는 기내식이 맛있는 다른 중요한 이유는 그 적당한 양에 있다. 대부분의 승객들은 탑승 전의 끼니는 적게 먹거나 거르기 일쑤다. 배고플 때 먹는 음식이 가장 맛이 있다는 것은 주지의 사실이다. 우리가 일상에서 탐욕을 삼가고, '적가이지適可而止'로 적당히 끝내는 것이 아름다운 것도 이와 같은 맥락이다.

　기내식이 또 다른 특색은 너도나도 함께 먹는 식사분위기를 간과할 수 없다. 아무리 맛있는 음식도 혼자서 독식獨食을 한다면, 좀처럼 '적당량'의 기내식의 맛을 느낄 수 없을 것이다. 인간은 누구나 독자적인 존재로 외로운 곳에서 생존하기 힘든 것처럼 공동체의식 속에서 유대와 안정을 얻게 되며, 생활의 예의와 사회 속에 정해진 룰을 지키면서 살아가게 되는 것이다.

　일례로 실면증이 있는 사람이 사우나 휴면실에 들어가 다른 사람의 코고는 소리를 듣게 되면, 금방 잠이 들게 되는 것도 이 같은 공동체의식의 잠재적 요소가 작용하기 때문이다. 그래서 함께하는 세상이 아름다운 것이며, 더불어 사는 재미가 삶의 동기부여가 되는 것이다. 이 또한 한·중

문화가 '융합'된 최고의 서비스와 한·중 음식의 '짬뽕'에 대다수의 여객들
이 매력을 느끼는 이유이기도 하다.

　흥미로운 것은 적지 않은 탑승객들은 기내음식을 또 하나의 서비스로
간주하며, '공짜로 먹는다'는 느낌을 갖고 있다는 것이다. 예로부터 '공짜
라면 양잿물도 마신다'는 우리말 속담이 있다. 공것을 좋아하는 것은 또
하나의 인간의 본성이라고 생각한다. 사실 기내식은 항공기의 비싼 요금
에 포함되어 있는 것으로 결코 공짜가 아니며, 따라서 진정한 의미에서의
'공짜'란 존재하지 않는다.

　최근 들어 국제항공의 단골이 된 필자는 항공기 안에서 중·한 양국의
문화가 '융합'된 서비스와 음식문화를 즐기고 여행의 즐거움을 만끽하고
있는 한·중 양국의 여객들의 편안한 모습을 보면서, 부동한 문화에 대한
상호 이해와 문화의 '융합'의 의미가 가지는 진정한 함의를 곰곰이 되새겨
보고 있다.

중국동포가 바라본 고국사회

김치사랑 한국사랑

'광우병'과 촛불시위 정치·사회학

한국정부의 미국산 쇠고기 전면적 개방으로 '광우병' 위협에 노출된 한국시민들의 촛불집회가 '6월 항쟁'을 맞아 전국적으로 확산되었고, 그 참가인수가 100만을 넘으면서 세계적 이슈가 되었다. 이명박 대통령은 '성난 민심' 무마를 위해 특별기자회견을 열어 대국민 사과와 '뼈저린 반성'을 했다.

신정부 출범 후 100일 만에 심각한 딜레마에 빠지게 한 '광우병' 파동 및 촛불시위에는 한국사회의 새로운 정치문화를 엿볼 수 있는 유무형의 정치·사회학이 내포되어 있다.

'광우병' 파동은 소비자로서의 한국인들이 건강 '위협'에 대한 항의만은 아니다. 지난 노무현 정부가 체결한 미국산 쇠고기 수입을 포함한 한미 자유무역협정FTA 정치경제학의 연장 시각에서 바라봐야 한다.

빈자일등貧者─燈의 촛불시위는 국민의 안전을 '위협'하는 '미친 소' 거부감의 표출만이 아니며, 점점의 촛불 속에는 한국 국민들이 정부에 대한 불신과 불만이 담겨져 있다. 즉 소수의 부유층 이익 대변과 대다수 '국민 이익'을 멀리한 신정부의 정책기조 불신 및 사회양극화에 따른 서민층의 대정부 불만이 곧 촛불시위의 본질이다.

이명박 정부는 출범 후 국민의 의지와 이익과는 거리가 먼 영어교육 몰입정책과 공기업 민영화, 대운하 건설 등 국가적 프로젝트를 국민과의 소통이 '결여'된 상황에서 성급한 추진을 시도했다. 결국 이러한 정부의 일방적인 정책추진이 야당과 대다수 국민들의 강력한 반대를 불러왔던 것이다.

게다가 국민건강을 '위협'하는 쇠고기 수입에서 국민의지에 대한 무시, 전통적인 동맹국 미국과 자국민 '이익' 사이에서 보여준 우유부단한 정부 행위는 10대 위주의 촛불집회에서 국민 대다수 계층이 참여한 '반정부' 촛불시위 확산에 빌미를 제공했다.

미국발 '광우병' 위협에 대한 국민들의 불만과 항의는 '자발적 참여'로 이뤄진 한국사회의 새로운 정치문화의 발현이다. 이는 신정부의 '친미親美 사대주의' 추종정책에 대한 민족주의적 국민의식의 발로이며, 21세기 '광장 천민민주주의'와 대의제민주주의 대결이다.

또한 기성세대의 보수적 친미 성향과 인터넷 세대의 민족과 국익을 우선시하는 세계관·가치관의 대결이기도 하다. 아울러 10년 간 '진보左派' 정권의 집정으로 변화된 국민의 자주의식을 간과한 MB정부의 자업자득이며, 이 또한 '촛불'이 시사해주는 사회학이다.

일부에서는 美 쇠고기 식용으로 '광우병'에 걸릴 확률은 '벼락 맞을 확률보다 적다'고 한다. 그렇다면 왜 한국인들은 ‘벼락사’보다 적은 ‘상상의 위협광우병’에 그토록 집착하는가? 미국산 쇠고기 전면 개방은 국산 한우韓牛를 ‘죽이는’ 결과를 가져올 것이며, 이는 신토불이身土不二에 연연하는 한국인의 ‘애국심’과 국민정서에 저촉된다. 이것이 바로 그들이 ‘미친 소狂牛’를 거부하는 주요인이다.

게다가 민심을 거스르는 정부의 ‘대역무도’와 굴욕적 친미 행각이 ‘촛불’에 정당성을 부여했다. 이것이 ‘광우병’ 이면에 숨겨진 정치학이다.

‘국민 건강’을 걱정한 10대들의 소박한 애국심이 축제형식·촛불집회였다면, 사회 각 계층이 참가한 ‘반정부’ 촛불시위는 국민의 신임과 기대를 저버린 신정부의 자승자박이다. 광화문 거리를 메운 무수한 ‘촛불’은 다수 민심을 반영한 민족주의·애국주의 국민의식의 발로이다. 또한 이는 한국 사회가 ‘수직’사회에서 ‘수평’사회로 가는 전환점이며, 정부와 국민간의 ‘쌍방향 소통시대’ 도래를 시사해준다.

21세기는 IT혁명 및 디지털산업의 발달로 바야흐로 유비쿼터스 시대에 진입하고 있다. 따라서 직접민주주의가 발전한 한국사회에서 기존의 대의제민주주의와 국가적 리더십이 재조명되어야 할 시점이다. 최근 이명박 대통령이 한 달 사이 두 번이나 이례적으로 국민 앞에 ‘머리 숙인’ 사례가 무조건 밀고나가는 불도저식 ‘CEO 리더십’은 더 이상 통하지 않는다는 반증이다.

이른바 ‘미친 소’가 유발하는 ‘광우병’은 국민 건강을 위협하는 ‘병病’보다는 정치적 인소가 가미된 한국인의 '사상병思想病'이다. 이 '사상병'은 친미親美 정책을 추진하는 정부와 반미反美적인 국민정서, 세계화에 따른 국내시장 개방과 '국산 보호'의 신토불이 국민의식 대립이 낳은 결과이다.

반면 과도한 '신토불이' 의식은 외국산 농산품 수입과 국가 간 FTA 체결 등으로 나타나는 세계화 추세에 걸림돌이 된다. 이명박 대통령이 '담화문'에서 설명한 것처럼, 2000년 중국산 '마늘파동' 같은 인위적 '사건'이 재발되어서는 안 된다.

평화적인 시위문화를 보여준 촛불시위가 21세기 새로운 정치문화로 자리매김하려면, 도를 넘어선 반정부 시위 및 폭력시위로 변질되어서는 안 된다. '촛불'은 평화의 상징이지 결코 폭력을 상징하는 것이 아니기 때문이다.

정부는 '성난' 민심을 외면하지 말고 신뢰와 정책 비전을 보여줘야 한다. 그리고 민심은 천심天心으로, '배를 띄울 수도 엎을 수도 있는' 물과 같은 존재라는 것을 명심해야 한다.

막가는 미군 범죄, 언제까지 갈 것인가?

최근 대한민국을 시끌벅적하게 한 한미 FTA가 최대의 이슈라면, 또 하나의 '불협화음'으로 한국 국민을 자극하는 불쾌한 뉴스가 있다. 그것이 바로 한국에서 잇달아 발생하고 있는 주한駐韓미군의 성폭행 범죄다.

'주한미군의 강간 미수는 한국 경찰이 구속하지 못한다!' 강간미수범 미군 2명이 SOFA한미주둔군지위협정, Status Of Forces Agreement 불평등 조항을 빌미로, 법적 제재를 받지 않고 경찰에서 풀려나 사회적 화제로 되고 있다.

며칠 전 남녀공용 화장실에서 여성 경찰관을 강간하려던 주한미군 병사 2명이 SOFA 규정에 따라 석방되어 미군 측에 넘겨졌고 불구속 상태에서 수사를 받은 사실이 공개되면서, 다시 한 번 SOFA의 불공정성이 도마 위에 오르고 있다.

SOFA 협정에 따르면 한국경찰은 주한미군이 살인과 죄질罪質이 나쁜 강간죄를 범했을 때에만 현행범으로 체포해 구속할 수 있으며, 이번 같은 강간미수 사건의 경우에는 미군에 피의자의 신병을 넘긴 후 필요시만 신병인도身柄引渡를 요청해 수사를 진행할 수밖에 없도록 되어 있다. 즉 강간

범만 구속하고 강간미수범은 구속할 수 없다는 불가사의한 '특수규정'이 문제의 발단이 되고 있는 것이다.

며칠 전 한국 방송사 SBS의 저녁 8시 뉴스에서는 "막가는 미군범죄"라는 타이틀로 본 사건을 톱뉴스로 보도했다. 뉴스내용을 요약하면 대개 이러하다.

미군 병사 2명이 여성 경찰관을 성폭행하려다 붙잡혔다. 이는 길 가던 30대 주부를 성추행한 혐의로 경찰에 붙잡혔다 풀려난 지 불과 30분 만에 저지른 범행이다. 어젯밤 9시쯤 서울 청담동의 한 술집에서 미 8군 소속 B병장과 F일병이 화장실에서 나오던 29살 여경(女警) 김씨를 넘어뜨리고 성폭행을 시도했다. 경찰관인 김씨는 당시 사복 차림이었다.

[근처 주민 : 피해자가 소리를 지르니까 사람들이 소리를 듣고 밖에서 문을 따고 들어가니까 미군들이 도망갔어요.] 두 미군은 주민 신고로 경찰이 출동하자 100m 가량 달아나다 붙잡혔다. 이들은 불과 3시간 전 쯤에도 근처 골목길에서 딸과 함께 길을 가던 주부를 성추행하다 경찰에 붙잡혔는데, 피해자가 처벌을 원하지 않아 저녁 8시 반쯤 경찰에서 풀려난 직후 또다시 범행을 저지른 것이다. [서울 강남경찰서 청담지구대장 : 미군이 피해자에게 무릎 꿇고 빌었어요. 그리고 반성문도 썼고요.]

경찰 조사에서 미군들은 김씨를 성폭행하려 한 적이 없다고 고집했다. 경찰은 미군 측 입회(立會) 아래 조사만 한 뒤 미군 측에 곧 신병을 인계할 예정이다. 살인과 죄질이 나쁜 강간죄를 제외하고는 한국 측이 미군을 계속 구금할 수 없다는 한미주둔군지위협정(SOFA)의 규정 때문이다. 미군들의 성범죄가 끊이지 않고 있지만 온전한 수사권을 행사하지 못하는 악순환이 계속되고 있다.

얼마 전에도 주한미군의 한 미국 군인이 취중에 60대 한국여성을 성폭행해 4년 중형을 받은 악성적인 패륜사건이 있었다. 지난 1월 동교동에서 동두천 소속 주한미군이 67세 청소부 할머니를 세 차례에 걸쳐 강간 폭행한 사건이 발생하였는데, 다행히 당시 근처를 지나던 순찰 경찰에 의해 연행되었다. 영장 심사과정에서 미군 범죄자는 "60대 노인에 대해 강간·폭행한 것에 대해 기억나지 않는다. 피해자에게 미안하며 보상하겠다"며 구속을 회피하려는 발언을 일삼으면서, 진심으로 반성하고 사죄하는 모습을 보여주지 않았다.

실제로 주한미군 폭력과 성범죄의 심각성은 수면 위로 떠오른 지 오래다. 1992년 윤금이26세 씨가 미군병사에게 살해되었을 때, "기지촌 여성 한 사람의 죽음 때문에 한미동맹에 금이 가서야 되겠느냐"는 정부 당국자의 말은 당시의 현실을 반영한 것이다.

2005년 6월 경기도 동두천시의 횡단보도에서 김명자 씨가 미군이 운전하던 화물트럭에 치여 숨졌고, 2002년 6월에는 미군의 장갑차에 두 여중생이 깔려 숨지는 최악의 사건마저 발생했다.

2006년 2월 주한미군 일병이 광주지하철에서 여성 승객들이 보는 앞에서 바지를 내려 자신의 성기를 노출시키고 성행위를 연상시키는 행동을 해 벌금처벌을 받았으며, 그해 10월에는 주한미군 일병이 서울 용산구의 한 이발소에 들어가 여성 종업원을 장난감 권총으로 위협해 금품을 빼앗은 뒤 성폭행까지 하려다 붙잡혔다.

성폭행과 성추행 및 각종 폭행 사건에 이르기까지 주한미군에 의한 각종 범죄가 현재까지 거듭되고 있는 것이다. 이처럼 미군이 대한민국에서 저지른 횡포와 만행은 최근 한두 번만이 아니지만, 난해한 것은 '정의심에 넘치는' 한국 언론과 국민들이 미군의 횡포에 대해 관용적인 시각으로 비교적 너그럽게 본다는 점이다.

한국 사법당국도 더 이상 미군의 범죄사건을 은폐·무마하지 말고 의사일정에 올려야 한다. 우선적으로 현재 주한미군을 현행범으로 체포해 구금·수사할 수 있는 범죄행위 기준을 살인과 '죄질이 나쁜 강간'에만 국한하지 말고, 구속과 불구속 여부를 한국 사법부가 판단할 수 있도록 한미주둔군지위협정SOFA을 개정하는 것이 시급하다.

현재 주권국가인 대한민국에서 주한미군의 반복되는 범죄는 도를 넘어서 '범죄불감증'에 이르렀을 정도다. 이는 '힘없는' 한국의 사법주권으로부터 기인된 것이다. 한국 사법부의 강경대응과 주권강화는 더 이상 미룰 수 없는 당면과제다.

한국 국민을 우롱하는 치욕적인 미군의 성폭력이 지속된다면 '법치국가'의 국제적 망신이며, 자칫하면 주권을 상실한 진부한 '식민근성植民根性'으로 비춰질 수도 있다. 한마디로 진정한 법치 국가에서는 그 어떤 범죄행위도 용납할 수 없다는 점이다.

"야인시대"로부터 본 한국의 부패정치

필자는 SBS에서 새벽 5~7시 사이에 재방송하는 대하드라마 "야인시대野人時代"를 매일 빠짐없이 시청했다. 특히 필자가 관심을 가지는 것은 드라마의 후반부분으로, 당시 한국의 주먹들이 정치깡패로 변신하여 일대 풍파를 일으킨 1950년대 부패하고 파란만장한 한국정치사를 엿볼 수 있는 장면들이다.

10년 전 필자는 한국유학시절 비슷한 내용으로 만들어진 비디오드라마 "무풍지대無風地帶"를 비디오가게에서 임대해 한 부도 빠짐없이 상세하게 보았는데, 그 충격적인 내용들이 지금도 눈앞에 삼삼하다.

드라마 "야인시대"는 한국의 민족영웅 김좌진 장군의 아들인 김두환의 일대성장기를 그렸는데, 그는 당시 조선 주먹계를 통일한 자타가 승인하는 '주먹황제'이었다. 젊은 시절의 김두환은 조선민중이 숭배하고 아끼는 깡패두목으로, 국내 주먹계는 물론 일본 야쿠자 조직을 수차례 평정한 주먹계의 명실상부한 대부大父였다.

본 드라마는 몇 년 전 SBS 방송사에서 시리즈로 장기간 방영되었는데,

당시 한국 시청자들의 인기를 폭발시킨 적이 있다. 어쩌면 그 원인이 여전히 냉전시대의 이데올로기 속에서 살고 있고, 현실 정치에 대해 불만으로 가득 찬 한국인들의 '구미에 맞는' 드라마였기 때문일지도 모른다.

1950년대 당시 한국의 주먹계에는 김두환·이정재·이화룡 세 명의 대부가 있었는데, 그들의 정치적 운명은 본 드라마에서 보여준 것처럼 각자의 정치적 참여에 따라 각이한 결과를 가져온다.

그중 동대문사단의 두목이었던 이정재는 부패정치에 휘말린 비극적 인물이다. 그는 '주먹황제'에서 국회의원 정치가로 변신한 김두환과 대조적인 인물이기도 하다. 일찍 젊어서 조선 씨름계를 평정한 그는 리더십과 카리스마를 겸비한 의리의 사나이였지만, 부패정치와 주먹이 어우러진 50년대 부패한 한국정치가 낳은 '비극적 인물'이었다. 한편 일생을 정치와 담 쌓고 사는 명동사단의 두목인 이화룡은 비교적 명지한 깡패 인물로 후세에 전해진다.

본 드라마 후반부에서 부정인물로 등장하는 이기붕은 자유당 총수로, 이승만과 자신의 장기집권을 위해 한국 역사상 보기 드문 깡패정치를 연출한 장본인이다.

1960년 3월 15일 부정과 폭력에 의한 선거로 이승만 대통령 밑에서 부통령으로 당선되었지만, 3.15 부정선거가 발단이 되어 청년학도들에 의한 4.19 학생혁명이 일어나자 가족과 함께 자결함으로써 비참한 일생을 마쳤다. 이 또한 부패정치의 비참한 말로를 여실하게 보여준 실례이기도 하다.

한편 드라마의 내용을 따라 50여 년 전을 소급遡及하면, 대한민국 초대 대통령이며 '국부國父'로 불렸던 이승만李承晩 박사가 있다. 장기집권을 목적하고 '영원한 일인자'를 희망한 그는 1948년 7월에 초대 대통령에 당선되어 1960년까지 12년 동안 집권한 독재 인물이다. 1951년 집권여당인 자유당을 창설해 자신의 장기집권에 이용하였으며, 여러 번의 불법적인 개헌과 정치깡패를 동원한 부정선거를 통해 대통령에 3선되었지만 결국 1960년 4.19 학생운동에 의해 실각한 후 미국의 하와이에 망명하여 병사하였다.

이승만 정부는 경제정책의 실패와 극심한 부정부패, 불법개헌과 장기집권에 대항하여 일어난 학생을 위주로 한 민중의 4.19 혁명에 의해 붕괴되었다.

누군가 권력은 필요악이라고 했으며, 절재권력은 절대부패를 낳는다고 말했다. 결국 장기집권과 권력에 연연한 그는 대한민국을 건립한 초대 대통령임에도 불구하고, 후세사람들에 의해 한국화폐 500원 동전 뒷면현재는 학으로 대체되었음에 한동안 올랐다가 사라지고 말았다. 어쩌면 이 또한 역사가 그에 대한 '객관적 평가'일 것이다.

필자가 살고 있는 집 부근에는 이승만 박사의 부부가 살고 있었던 '이화장 마을'이라고 불리는 옛날 저택이 있다. 그 옛터와 인접한 낙산공원의 입구에 있는 길옆의 돌비석에는 이승만 대통령의 친필인 '경천애인敬天愛人'이라는 문구가 새겨져 있다.

거의 매일 낙산공원 정상을 운동으로 오르내렸던 필자는 그 돌비석에 새겨진 고인의 생전에 남긴 문구를 바라보면서 경건한 생각에 잠겼다. 만약 그가 만년에 권력에 대한 집요한 추구를 버리고 지속적으로 청렴한 정치를 했더라면 후세들의 추앙을 받았을 것이며, 오늘날 한국지폐 만원세종대왕에 오른 주인공으로 선정되었을지도 모른다는 부질없는 잡념을 굴려보았다. 하지만 권력에 집착한 나머지 그는 '야인시대'를 연출한 장본인이 되었으며, 결국은 부패정치의 피해자가 되고 말았다.

장기간 집정한 이승만 독재체제가 4.19 학생혁명으로 붕괴된 후, 군부 쿠데타로 독재적인 군사정권이 집권했다. 장장 18년간 집권한 박정희 군사정권은 유신체제 등으로 집권 연장을 꾀하다가 결국은 권력층 내부의 갈등에 의해 몰락되었으며, 그 후 군사독재자 전두환에 의해 독재정치가 지속되었다.

주목할 것은 군부 쿠데타의 반복에 이어서 군사정권이 연속하여 20~30년간 통치한 한국정치는 세계정치사에서도 보기 드문 것으로, 현대 한국정치의 또 하나의 특징이라고 볼 수 있다. 그 후 1980년대 말 군사정권은 민주화운동의 거세찬 도전 아래 점진적으로 무너졌고 획기적인 문민정부가 수립되었다.

한국의 정치체제와 정치문화는 국적과 이념을 초과한 세계화 시대에 어울리지 않는 불협화음이 여전히 존재하고 있으며, 정국의 불안정과 난리판은 국민들을 크게 실망시키고 있다. 여야與野당은 말로만 '상생의 정치'

를 외치고 있고 민생문제에는 관심이 적기 때문에, 국민들의 빈축을 사고 있는 것이다.

요컨대 성숙하고 제도화된 정치문화가 뒷받침되지 않는다면, 선진적인 민주정치와 선진국 진입은 공염불에 지나지 않겠는가 하는 것이 필자의 기우다. 한마디로 한국정치가 해결해야 할 일은 많고 갈 길이 먼, 임중도원任重道遠이다.

한미 FTA의 득과 실

참여정부 시기부터 한국 언론과 국민들이 관심을 가져 온 사항으로, 정치·경제적 이슈로 각광받았던 한미 자유무역협정FTA 협상이 우여곡절 끝에 타결이 되었다. 물론 아직 국회의 인준을 남겨놓고 있지만, 이는 '대한민국 건국 60년 만에 새로 개방역사를 썼다'는 평가와 함께 '한국경제가 진일보 국경 없는 글로벌경쟁시대의 진입'을 의미한다.

한미 FTA에 대한 한국 언론과 정계 및 국민들 사이에 찬반양론이 여전히 엇갈리고 있으며, 새로운 사회갈등과 국론 분열조짐을 보이고 있다는 것에 주목할 필요가 있다.

분명한 점은 한미 FTA 타결이 침체상태에 놓인 작금의 한국경제를 선진경제로 한 단계 도약시킬 수 있는 기회가 될 수 있다는 것이다.

노무현 전 대통령은 대국민 담화에서 "과거 개방 때마다 많은 반대와 우려가 있었지만 한번도 실패하지 않았고 모두 승리했다. 한국은 어떤 개방의 충격도 이겨낼 수 있는 국민적 역량을 가지고 있다"며 한미 FTA 체결의 당위성을 역설했고, "도전하지 않고 그냥 열심히 한다고 해서 선진국이 될 수 없다"고 강조했다. 노 전 대통령의 관점은 참여정부와 지지자들의 견해를 대변한 것으로 풀이된다.

한미 FTA의 협상결과는 득得과 실失이 병존하며, 이폐利弊의 존재가 뚜렷하다. 한국으로서는 자동차 등 공산품 관세 철폐에서 비교적 만족할만한 성과를 얻어냈고, 개성공단 제품과 같은 역외가공제품을 한국산으로 인정받을 수 있는 토대를 마련하였다. 한편 미국도 그동안 말썽이 많았던 쇠고기 등 농산물 분야에서 한국시장 진출의 걸림돌을 제거하는 실익을 챙겼다는 것이 보편적 평가이다. 한미 양측이 모두 득과 실이 존재하지만, 서로가 윈－윈이 된다는 것이다.

한국 언론의 톱기사 제목을 살펴보면 한미 FTA에 대한 한국 언론의 평가가 일목요연—目瞭然하다. "개성공단 상징 챙기고 실익 더 내줬다", "자동차·섬유 웃고 농산물·의약품 울상", "LA갈비·오렌지 싸게 먹고 美드라마 보며 휴식", "한국농업이 죽는 날" 등등이다.

아래에 '제3자'의 객관적 시각에서 본 본인의 견해를 피력한다. 우선 한미 FTA는 '정치도 이념도 아닌 국민이 먹고사는 문제'라고 지적한 노 전 대통령의 견해에 대체로 공감한다.

한국은 한미 FTA 체결을 통해 세계 최대시장인 미국시장에서 추락했던 한국제품 시장점유율을 회복시키고, 서비스 분야 경쟁력을 선진국 수준으로 높일 수 있는 기회를 마련하게 되었다. 따라서 수출호조의 기회의 도래와 더불어 국내농업의 위기의 우려를 잠식시키는 정부의 대책과 노력이 시급하다.

한마디로 시장개방은 21세기 세계화 시대의 대세이며 국제적 경쟁을 의미하는 FTA는 현실로 받아들여야 한다. 지금은 국론이 양분화되어 서로 반목과 불신으로 싸울 때가 아니라 힘을 합칠 때다.

일부 한국 언론들이 '경제협정'인 한미 FTA를 확대해석하면서 정치적으로 이용하려고 하는 것은 바람직하지 않다. 한미 FTA의 체결이 한미 동맹관계의 차원에 부여되는 의미를 부풀리고 있고, '샌드위치'에 처한 한국경제가 금시 출로를 찾은 것처럼 국민들을 호도하고 있다.

한미 FTA는 수출에는 호재가 될 수 있지만 '국내농업을 죽이는 악재'로 될 수 있는 '양면의 칼'이다. FTA 체결은 한국경제를 부활시키는 만능열쇠로 착각한다면 넌센스다. 반면 과장된 피해의식과 함께 FTA에 반대해 온 시민단체와 농민들도 더 이상 소모적인 저항을 지속해서는 안 된다. 그것은 대세를 되돌릴 수 없거니와 국론분열을 심화시키고 사회갈등만 조장시키는 악과만 초래하기 때문이다.

따라서 농민들의 피해와 우려를 불식시키는 정부의 유효정책 실시가 불가피하다. 한미 FTA 타결로 실망한 농민이 비관 자살한 일탈행위가 출현했고, 국회인준 전까지 농민들의 거센 반발이 예상된다. 국론의 양분화로 가뜩이나 사분오열된 민심이 최악으로 치닫는 극한 상황에 대비책을 마련해야 한다. 국론의 양분화와 '농업 쇠퇴'는 득소실다得小失多의 부정적인 결과를 초래할 수 있기 때문이다.

현재 한국에는 국제경쟁과 대외개방을 의미하는 FTA를 거부하는 이들이 적지 않다. 여기에는 개방자체를 반대하며 국내농업을 보호한다는 여러 가지 이유가 있지만, 장기간 미국의 통제와 영향력을 받아온 한국인들이 '대미 콤플렉스'에서 벗어나는 것이 무엇보다 중요하다.

한국 언론들이 밀려오는 중국산에 대해 '꽃게'와 '암 물질'을 부각시키면서 '신토불이'를 선양하고 있는 것과 마찬가지로, 미국산 쇠고기 수입에 대해서도 '광우병'과 '뼈'에만 초점을 맞추고 있다. 우리는 나무만 보고 숲을 보지 못하고, 점만 강조하고 면을 홀시하는 극우極右를 범해서는 안 된다. 즉, FTA 체결과 개방으로 인한 '부정적 측면'을 일방적으로 극대화해서는 안된다는 이야기다.

현재 부익부·빈익빈 양극화가 심화되고 있는 대한민국에서 '광우병'의 위협에도 불구하고, LA갈비는 줄곧 한국인들이 선호하고 있는 '수입품'이다. 값싼 중국산은 여전히 서민들이 편애하며, 중산층 및 부유층만이 '신토불이' 국산에 대해 연연해하고 있는 실정이다.

신토불이 한우韓牛는 궁극적으로 품질과 가격으로 미국산 쇠고기와 승부를 걸어야 한다. 21세기 국제화시대에서는 '신토불이' 국산과 외국산의 경쟁은 불가피하므로, '신토불이'의 보수적 의식에서 국제화 시대의 열린 의식개방에 따른 경쟁의식 전환이 필요한 시점이다.

긴 협상을 거쳐 타결된 한미 FTA는 양국 간의 국익을 위해 시종 치열하게 신경전을 벌였던 '경제전쟁'으로, 한미 FTA는 막판까지 진통을 겪으면서 출산된 '경제신생아'로 볼 수 있다. '신생아'의 건전한 성장은 한국정부와 국민들의 정성 및 실천에 달려있다.

　요컨대 정부는 '희망'에 차있지만, 농민들은 '절망'에 빠져있는 비정상적인 국면을 하루빨리 타개되어야 한다. 국제화시대에 체결된 한미 FTA에 과도한 '이념적 요소'를 부여한다면 어불성설일 것이다. 정상적인 '경제협정'에 지나치게 진보와 보수의 정치적 이념을 가미시킨다면, 세계화시대의 대한민국 미래는 밝지만은 않을 것이다.

김치사랑 한국사랑

중국의 동북변방인 두만강변에서 태어나서 자란 필자에게는 연변이 '제 1 고향'이며, 그 후 북경에서 대학을 다녔고 다년간 북경에서 생활한 본인에게는 수도 북경이 '제2의 고향'이 된다. 1990년대 후반과 최근 몇 년 간 서울에서 유학 생활하고 있는 나는 한국의 수도 서울을 '제3의 고향'이라고 생각한다.

일본어에는 '住めば 都'라는 성어가 있다. 타향도 정들면 고향이 된다는 뜻이다. 여러 '고향'을 가지고 있는 필자에게 변함없고 잊을 수 없는 '애틋한 사랑'이 있는데, 그것이 바로 김치사랑이다. 조선족인 내가 한민족의 대표음식인 김치를 좋아한다는 것은 별로 대서특필할 바 못되지만 고국인 한국에 와서 더욱 김치사랑에 빠지고 말았으니, 한마디로 나의 한국사랑은 김치사랑이라고 해도 과언이 아니다.

김치는 우리민족의 고유한 전통음식으로 한민족이 즐겨먹는 평범한 음식반찬이자 특색요리이기도 하다. 사실 몇 점 집지 않으면서도 식탁에 김치가 빠지면 그처럼 허전하고 그리워지는 음식이 바로 김치이다. 특히 단

백질이 풍부한 고기붙이나 느끼한 볶음요리는 물론이고 한민족이면 누구나 즐겨먹는 구수한 된장국을 먹을 때에도 빠질 수 없는 것이 김치이다.

그러나 뭐니뭐니해도 김치에 가장 어울리는 요리는 최근 한국인들에게 인기 많은 라면이다. 다시 말하면 담백하고 청담한 라면의 애인은 시큼하고 얼큰한 맛을 돋우는 김치라고 해도 무방할 것이다. 김치와 라면의 결합은 한민족의 특유한 음식습관으로 김치 없는 라면은 고독한 싱글독신처럼 쓸쓸하고 외로우며, 따라서 김치와 라면의 배합은 천상배필의 음식조화라는 것이 필자의 고담준론이다.

10대 중반에 집을 떠나 중학교 시절부터 타향에서 기숙사 생활을 한 필자는 김치와의 '인연'이 누구보다 각별하다. 특히 타향에서 장기간 독신생활을 해본 사람이라면 대개 누구나 인스턴트식품을 애용한 경험이 있듯이, 북경과 서울에서의 라면사랑은 필자로 하여금 더욱더 김치사랑에 빠지게 하였다.

거의 20년에 가까운 생활을 독신으로 보낸 필자에게는 한 가지 자랑할 만한 기록이 있다면 그것이 바로 라면기록인데, 그간 내가 구복지계口腹之計로 소모한 라면은 자그마치 한 컨테이너는 될 것이다.

필자의 라면사랑은 90년대 후반 서울유학시절에 더욱 절정에 이르렀다. 면발이 쫄깃쫄깃하고 맛이 담백한 한국산 라면은 나와 같은 독신들에게는 그처럼 인기 있고 매력적인 음식이었다. 그러나 만약 얼큰한 김치 맛의 동반이 없었다면 필자는 결코 라면마니아가 되지는 못했을 것이며, 적어도 나에게는 라면보다 더 좋은 것이 김치이었다. 담백한 라면에 얼큰한 김치 맛이 더해지면 세상에 둘도 없는 별미로 되었고, 김치라면의 진한 맛은 나의 기나긴 독신생활에 삶의 활력소로 되었다.

중·고등학교 시절 식용이 왕성한 10대 후반이었지만 구미를 돋우는 고기반찬은 제외하더라도 입맛에 맞는 음식조차 제대로 먹을 수 없었던 세월, 가난에서 완전히 벗어나지 못한 80년대 초반 학교식당의 주요반찬은 단조로운 국밥에 절인 배추김치이었다. 한 주일에 한번씩 하는 생활개선도 김치에 돼지고기 몇 점을 넣어 볶은 김치요리가 고작이었다.

하지만 볶은 김치요리에 먹는 옥수수쌀밥이 천하별미로 느껴졌고 20년이 지난 지금도 기억에 생생하다. 그리고 그 유명한 김치요리 및 김치 덕분에 나는 밤새면서 공부를 하게 되었고 결국 꿈에도 그리던 수도 북경에 가서 대학공부를 할 수 있는 행운을 지니게 되었다.

그러나 모든 환경이 바뀌진 북경에서의 기숙사 생활은 나에게는 '고난의 행군'이었다. 그것은 맛은 있지만 느끼한 중국요리는 포식하는 반면, 그처럼 좋아하는 김치를 거의 먹을 수 없다는 것이 그 주요인이었다. 특히 기름진 중국요리의 느끼함을 반감시켜주는 매콤하고 시큼한 맛의 김치가 더욱 그리워졌고 대학기간 내내 '김치빈곤증'에 시달리면서 변화된 음식습관에 적응하는 고통스러운 과정을 겪게 되었다.

그후 다년간 북경에서 생활하면서 느끼한 중국요리와 음식습관에 적응되었지만 식욕을 돋우는 김치를 잊은 적은 한번도 없었다.

그러다가 1990년대 후반 서울 한양대학에서 유학생활을 하면서 나는 김치의 진가를 알게 되었고 라면과 더욱 친해지게 되면서 김치사랑에 푹 빠졌으며, 결국에는 '김치 없이 못사는' 김치마니아가 되고 말았다.

김치사랑으로 말미암아 생긴 사연들과 에피소드는 본인의 외로운 유학생활 및 고독한 독신생활에 단조로운 음식에 빠질 수 없는 김치처럼 양념이 되었고 이채와 풍요로움을 더해주었다. 결국 이와 같은 김치사랑이 한국사랑으로 승화되었으며, 아울러 각별한 김치사랑으로 인해 고국인 한국을 더 사랑하게 되었던 것이다.

유학시절 당시 필자는 북경에서 인연을 맺은 한국인 의형님 가족이 경영하는 서울의 국제호텔에서 1년간 신세를 진 적이 있다. 힘든 유학공부로 늘 밤을 지새다보니 가끔 야찬주로 라면을 먹게 되었는데, 특히 양어머니께서 몸소 끓여준 라면에 먹는 김치 맛은 지금도 잊을 수가 없다. 워낙 당신 자신이 젊었을 적에 도쿄와 상하이에서 고학생활의 어려움을 겪어본 경험자로 이국생활의 어려움을 잘 알고 계셨기에, 혈혈단신인 나에게 각별한 관심과 배려를 주셨던 것이다. 고국 어머니의 라면과 김치사랑은 나에게 곤란을 이겨낼 수 있는 삶의 동기부여로 되었고, 고국의 참사랑을 더욱 만끽할 수 있는 계기로 되었다.

유학기간 수많은 한국인 선배와 지인들이 필자에게 맛있는 음식을 초대해주었지만 대부분은 기억하지 못하고 있다. 하지만 독신인 나에게 김치를 담가준 고마운 분들은 지금도 또렷이 기억하고 있으며, 아울러 한 폭의 배추김치에서 나는 한국인들의 따뜻하고 돈후한 정애情愛와 친근하고 정겨운 고국 사랑을 절감했다.

현대인의 식탁에서 빠지지 않는 한민족의 대표음식인 김치는 우리민족의 고유문화이며, 특유의 생활지혜로 만들어진 작품이다. 특히 여러 가지 조미료가 들어가고 주부들의 정성이 스며있는 김치에는 한민족의 정서와 정조情調가 녹아있다.

맵고 짜고 시큼한 맛을 보유하고 있는 김치는 한민족의 정과 한恨이 얽히고설킨 복합체로 한국인의 음식문화 및 성격특징이 함축되어 있다. 그래서 김치를 더욱 선호하고 각별한 김치사랑으로 한국사랑을 대체하며, 더욱이 중국요리의 느끼함을 잘 알고 필자이기에 김치 맛의 소중함을 진일보 감지하고 있다.

필자는 느끼한 중국요리와 매콤한 김치를 동시에 애용하고 사랑하며, 김치사랑은 한평생 잊지 못할 변함없는 나의 한국사랑이다.

* 이 글을 얼마 전 82세를 일기로 타계하신 양어머니이며, 전 한국 미용협회 중앙회 초대 회장이신 김옥진 여사님의 영전에 삼가 올린다. 고인의 생전에 주신 사랑을 되새기며 돌아가신 이의 명복을 빌어드린다.

'서울의 얼굴' 청계천

얼마 전 필자는 중국에서 온 손님을 동반해 최근 서울의 관광명소로 부상한 청계천에 다녀왔다. 청계천이 복원 된지도 몇 년 되었지만 등잔 밑이 어둡다고 걸어서 20~30분이면 도착되는 지척에 있음에도 불구하고 첫 행차이었다.

백문이 불여일견이라고 왜 매스컴을 포함한 많은 이들이 청계천을 '서울의 얼굴'·'환경의 거울'이라고 칭송하는지에 대해 알 수 있을 것 같았다. 필자와 동행한 일행은 청계천에서만이 볼 수 있는 아름다운 환경에 감탄을 연발했고, 재탄생된 청계천의 멋진 모습에 많은 관광객들이 매혹되어 휴식의 한때를 즐기고 있었다. 그야말로 아름다운 터널분수, 맑은 물속의 물고기들의 향연이었다.

2003년 7월 자연친화적인 환경을 만들고 역사문화를 복원시켜 삶의 질을 향상시킨다는 목적 하에 청계천 복원공사가 본격적으로 시작되었고, 청계천 복원의 키워드는 '안전'과 '환경'이었다.

1958년에 건설된 청계 고가도로 및 복개覆蓋도로는 그 노후화로 인해 붕괴위험이 있었고, 서민생활의 안전이 위협받고 있었다. 따라서 고가 및 복개도로를 철거하여 이를 원천적으로 차단하며, 청계천을 햇빛과 맑은 공기 및 깨끗한 물이 흐르는 자연하천으로 복원하고 수변을 생태공원으로 조성함으로써, 시민들에게 맑은 하천과 휴식 공간을 제공하여 자연과 인간중심의 친환경적 도심을 만들겠다는 계획에서 출발했다.

청계천 복원사업에 따라 도시미관과 안전에 문제가 있는 청계 고가로는 철거되어 이미 역사 속으로 사라졌으며, 청계천 복원공사는 2005년 10월 1일 드디어 완성되었다.

청계천은 서울시 도심을 흐르는 맑은 하천으로 '개천開川'으로도 불린다. 자연 상태의 하천이었던 청계천은 비가 많이 와서 물이 넘치면 많은 피해를 주었기에, 서울을 도읍으로 정한 조선시대부터 관련 정비와 치수治水가 진행되었다고 한다.

1950년대 중반 한국전쟁이 끝난 후 청계천은 여전히 대표적인 낙후지역이었고, 복개된 청계천은 1960~70년대에는 근대화의 상징이었지만 그 후 산업집중으로 시설낙후 및 공해 등 많은 문제점이 나타나 도시발전의 걸림돌이 되었다. 복원사업은 2년 3개월에 걸쳐 약 3,900억 원의 거금을 투입했고 현재의 맑은 물은 한강변 자양취수장에서 물을 퍼 올려 여과시켰으며, 하천 아래에 묻힌 관로를 통해 올라오게 한다.

현재 하천 양쪽에는 양안도로가 건설되었으며, 12km에 달하는 산책로가 신설되어 주야를 가리지 않고 국내외의 관광객들로 인산인해를 이루고 있다.

모든 개척 사업에는 선각자와 리더가 있기 마련이다. 일각에서는 청계천 복원 성공의 가장 큰 공헌자로 이명박 대통령전 서울시장을 꼽는다. 게다가 소수이익집단과의 갈등조정의 슬기로운 해결도 이명박의 리더십과 추진력의 하나로 거론된다.

복원당시 가장 큰 난관은 주변상인들의 반대이었으며, 그 이유로 공사로 인한 혼잡과 교통량 감소로 상권이 큰 피해를 입을 것이라는 주장이다. 이 전 시장측은 끈질긴 노력과 협상으로 결국 상인들을 설득하는 데 성공했으며, 상인들에게는 그들의 의지와 정성이 긍정적으로 작용했다.

역사를 돌이켜보면 새로운 개척과정에는 수많은 곤란과 '단견短見'들의 집요한 반대와 소수이익을 대표한 자들의 반항이 뒤따른다. '한강의 기적'이나 '대통령직선제' 등이 모두 그러했다. 개혁은 갖은 곤란과 방해를 전승하고 이뤄낸 성과이기에 더욱 값지며, 후세들에게 미담으로 회자되는 것이 아닌가 하고 생각한다.

물이 맑고 공기가 청신한 환경의 명소 청계천을 다녀온 후, 가끔 내가 살고 있는 북경에도 청계천 같은 환경 개천이 있었으면 하는 생각이 늘 뇌리를 떠나지 않는다.

현재 지리적으로 온대대륙성기후에 속해있고 몽골고원과 인접해 있으며, 황사 영향권에 놓여 있는 북경은 날씨가 건조하며 하천이 적고 환경오염으로 공기가 여간만 혼탁하지 않다. 물론 최근 2008년 올림픽을 유치하면서 북경시정부와 시민들의 노력 하에 북경의 거리는 면모가 일신되고 있으며, 환경조건도 많이 개선되고 있지만 북경의 하천들은 거개가 유동되지 않는 고인 물로 투명하지 못하고 환경오염이 심한 편이다.

만약 도심에 맑은 하천이 흐른다면 도시 환경과 면모개선에 크게 도움이 될 것이다. 현재 지리적으로 유리한 위치에 놓여 있지 않고, 환경조건이 결여된 않은 북경시 경우는 오염 없는 '인공강물'이 더욱 필요하다.

자고로 만리장성을 쌓았고 대운하를 판 중국인들에게는 열개의 '청계천'도 만들 수 있는 저력이 있다는 것은 의심할 바 없다. 하지만 작금의 중국사회는 모든 것이 경제건설에 초점이 맞춰져 있고 환경문제는 홀시되어 있는 느낌이 들어 아쉽기만 하다.

현재 중국 내 각종 하천들의 오염이 심하여 환경건설이 의사일정으로 대두되고 있다. 경제건설과 환경문제의 해결이 병행되어야만 건전하고 문명한 사회로 발전될 것은 자명하다.

요즘 '청계천'하면 서울시민들은 이명박 전 서울시장을 떠올리며, 청계천의 환경 '업적'은 분명히 그의 치적으로 통한다.

현재 청계천의 맑은 물에는 물고기 떼들이 자유롭게 노닐고 있으며, 환경오염이란 찾아볼 수 없다. 시민들은 도심에 환경 명소를 마련해준 전 시장을 잊지 않고 있으며, 아울러 국민들이 경제상황과 여건이 여의치 않은 시점에서 강한 리더십과 추진력을 소유한 '경제대통령'의 부활을 기대하고 있다.

서울의 '새 얼굴' 청계천이 있음으로 서울시의 지명도는 높아지고 있고, 천만의 대도시 서울의 매력은 여전하다. 도심의 맑은 물에 물고기가 뛰노는 모습을 보는 시민들의 모습은 행복하다.

요컨대 경제발전에 이은 환경문제 해결은 인류가 문명사회로 가는 첩경이자 선진국의 상징이기도 하다. 인간과 물고기가 모두 '오염이 없는' 자연환경에서 함께 생활한다는 것은 21세기 복음이자 미래다. 아름다운 청계천에서 필자는 서울의 밝은 미래와 대한민국의 밝은 비전을 느껴본다.

‘고객이 황제인 나라’ 대한민국

　다년간 한국에서 생활하면서 필자가 가장 만족을 느끼고 편리함을 감지하고 있는 것은 한국인의 높은 서비스의식과 소비자를 위한 철저한 봉사정신이다. 현재 국민은행 고객인 필자는 매번 현금 입출금, 지로 납부 등으로 은행에 다녀올 때마다 항상 웃음으로 맞아주는 은행원들의 밝은 미소와 친절한 봉사태도에 금시 황제라도 된 기분으로 공연히 들떠있는 자신을 발견하곤 한다.

　현재 한국에서 가정을 영위하고 있는 필자는 가끔 TV나 냉장고, 컴퓨터가 고장 나면 고객서비스센터로 전화를 걸어 애프터서비스AS, 售後服務를 부탁한다.

　전화를 받는 여직원의 목소리는 항상 친절하다. “고객을 ‘황제’로 모시고 있는 ○○고객서비스센터입니다. 항상 고객을 위해 최선을 다하는 ○○○입니다. 무엇을 도와 드릴까요. 고객님”라는 상냥한 서울표준 말소리가 흘러나와 감미롭다. 꽤나 장황한 소개에 처음에는 조금 당황했지만 이젠 습관이 되다보니 조금만 태도가 불손해도 시비를 걸고드는 쪽은 소비자로서 도움을 청하는 나 자신이다. 대한민국은 고객이 큰소리를 칠 수 있는 나라다.

더욱 고맙고 감동을 받게 되는 것은 AS 엔지니어 아저씨들의 철저한 시간준수와 밝은 매너, 최선을 다하는 모습이다. 그들은 오기 전에 방문시간을 재확인하고 정확히 그 시간대에 맞춰 당도한다. 일이 끝나면 명함을 주면서 또 고장이 나면 연락해달라고 하는 그들의 공손한 언행에서 필자는 소비자를 황제로 모시려는 철저한 서비스의식과 이미 체화되어 있는 직업봉사정신을 절감한다.

AS가 끝나서 얼마 후면 고객센터의 여직원의 서비스만족도를 확인하는 전화가 어김없이 걸려온다. 고마운 것은 그들이 종래로 고객의 신분이나 외국인 및 내국인인가를 따지지 않고 같은 규준으로 서비스를 해준다는 점이다.

현대인들 사이에는 한번 이사를 하면 '사흘을 준비하고 그 미열로 사흘을 앓는다'는 말이 있다. 그만큼 이사가 힘들고 어렵다는 말이 된다.

필자는 북경과 서울에서 적어도 10여 차례의 이사를 한 적이 있다. 이 삿짐을 싸고 챙기는 번다함도 귀찮지만, 현대인의 생활에 불가결의 필수품들인 TV·인터넷·전화 등 이전 설치도 여간만 골치 아픈 것이 아니다. 특히 현대인들에게는 텔레비전이나 컴퓨터가 하루만 끊어져도 큰일이다. 한국에서도 선후하여 몇 번의 이사경험을 가지고 있는 필자는 꽤 신경을 써야 하는 이전 설치지만, 항상 친절하고 최선을 다하는 고객서비스센터의 도움으로 애를 먹어본 적이 별로 없다.

현재 필자는 하나로통신인터넷·전화 및 스카이라이프TV의 고객이다. 이 삿날이 정해진 후 하루 이틀 전에 미리 전화를 걸어 이전 설치를 부탁하면, 관련 서비스센터들에서는 약정된 시간에 설치기사를 보내어 차질 없이 설치를 마무리해주니 부담이 크게 줄어든다.

물론 서비스산업이 한국경제의 하나의 중요한 산업으로 발전했고, 최근에는 업체들 지간의 치열한 경쟁이 고객 빼앗기로 치달아 오히려 소비자들이 부담이 될 정도다. 하지만 소비자들에게는 항상 친절하고 최선을 다해주는 서비스업체들의 봉사정신이 고맙기만 하다.

최근에도 필자는 서울에서 수도권에 위치한 성남으로 이사를 했는데, 마침 이삿날이 일요일이었고 큰 비가 내리는지라 부탁한 인터넷 설치가 제시간에 되겠는가 하고 걱정하였다. 월요일에 필히 교부해야 할 논문원고가 있어 '급한 사정'을 서비스센터에 재삼 부탁은 했지만, 크게 기대는 하지 않았다.

그런데 비옷을 입은 기사분이 비를 무릅쓰고 제시간에 찾아왔고, 비가 소강상태에 이르자 곧바로 설치를 해주었다. 필자가 고맙다고 거듭 연사를 드리자 "아니요, 응당 해야 할 일을 했을 뿐입니다"라고 하면서 도구를 챙겨들고 빗속을 사라지는 그의 뒷모습을 바라보면서 또 한 번 소비자로서 만족감과 함께 말 못할 훈훈한 정을 느꼈다.

언제나 고객의 입장에서 이해해주며 휴무일도 반납하고 서슴없이 고객의 곤란을 해결해주는 서비스업체, 기사 분들의 착실한 봉사태도와 깔끔한 일처리에 필자는 매번 잔잔한 감동을 받는다. 그러면서 '고객을 황제로 모시는' 철저한 서비스정신에 심심히 감복하게 된다.

물론 그것이 일류서비스에 습관되어 있는 한국소비자들에게는 당연한 것으로 받아들여지고 있지만 말이다. 이 또한 해외동포인 필자가 고국에서 생활하면서 고마움과 더불어 느끼는 행복감이기도 하다.

얼마 전 필자는 중국의 국영은행원들의 안일한 봉사태도와 불친절한 서비스에 대해 많은 지면을 할애하여 비판한 적이 있다. 주객이 전도된 서비스시스템 하에서 공무원들의 불친절한 봉사태도는 암세포처럼 만연되어 있고, 세금을 내는 소비자는 황제는 커녕 하인취급을 받는 경우가 비일비재하다.

현재 공무원의 공복의식 부재와 불친절한 봉사태도는 중국 서비스산업의 아킬레스건으로 거론된다. 한국인의 직업적이고 체화된 서비스의식을 불친절한 중국 공무원들이 본받아야 하는 이유이다.

바야흐로 중국사회에도 서비스산업시대가 도래하고 있다. 소비자를 황제로 모시려는 서비스정신과 친절하고 상냥한 봉사태도로 고객을 맞아줄 때만이 소비자의 사랑과 신임을 얻을 것이며, 따라서 경제발전과 더불어 정신문명이 발달한 조화사회로 갈 것이 아니겠는가고 기우적인 생각을 해 본다.

소주 '일곱 잔'의 미학

　현재 한국인들이 가장 즐겨 마시는 술은 단연 소주이며, 샐러리맨들의 회식에 자주 등장하는 술·안주 역시 소주·삼겹살 조합이다. 평소 한국인들은 안면 있는 사람이나 친근한 사람을 만났을 때 자주 건네는 '언제 소주 한잔 합시다'라는 말에서도 알 수 있듯이 한국인들의 생활에서 소주가 차지하는 비중은 매우 크다.

　최근 참이슬의 도수가 낮아짐에 따라 소주는 남녀노소 모두가 애용하는 술상 '주역'으로 군림했고, '소주 한잔'은 서민들의 대표적인 한국 술 문화로 자리 잡고 있다.

　만약 당신이 '소주의 맛'을 모른다면 한국의 문화를 완전히 이해했다고 말할 수 없을 것이다. 그것은 소주를 곁들인 밥상술상에서만이 평소 볼 수 없는 꾸밈없고 진솔한 한국인의 인정미와 생활상을 엿볼 수 있으며, 한 잔의 소주에서 한국인의 우애와 끈끈한 정 및 희로애락을 감지할 수 있기 때문이다.

　소주 '일곱 잔' 속에는 한국인의 인정세태와 세상 '요지경'이 숨겨져 있기에, 필자가 미학美學이라는 이름을 붙이는 이유이다.

최근 한국의 30~40대 남녀가 가장 즐겨먹는 음식으로 남성은 소주와 삼겹살, 여성은 라면과 커피라는 흥미로운 조사보고가 나왔다. 한국보건산업진흥원은 '계절별 영양조사' 보고서에서 30~49세 남성의 여름철 칼로리 섭취 순위는 1위로 쌀밥, 2위 소주, 3위는 라면, 4위가 돼지고기갈비·목살, 5위 돼지 삼겹살로 조사됐다고 밝혔다.

요즘 한국의 젊은이들이 휴대폰이 없으면 못사는 것처럼, 한국의 중년 세대들에게는 '소주 없이는 못산다'고 해도 과언이 아니다. 한국에서 소주는 단순히 술이 아닌, 곧 생활이자 사업이며 인생이기 때문이다.

소주는 크게 증류식 소주와 희석식 소주로 구분되는데, 현재 특정의 전통 민속주 외에는 희석식 소주만이 제조되고 있다.

과거에는 '고급술'에 속했던 소주가 '서민 술'로 이미지를 굳힌 것은 제3공화국시대1963~1972 수출역군 저임금 노동자들이 소주로 회포를 풀도록 소주 값을 크게 못 올리게 규정했고, 1965년 식량난으로 쌀을 원료로 한 술 개발을 금지했기 때문이다. 그 후 25도 좌우의 소주가 30여 년간 같은 맛을 유지하여 애주가들도 그 균일한 맛에 길들여졌으며, 오늘날 전 국민이 애용하는 '국민 술'로 자리매김했던 것이다.

한민족의 유명한 소주로는 개성소주와 안동소주가 있다. 고려시대 원나라 몽고군이 한국을 발판으로 일본을 정복하려는 전초 기지를 개성과 안동에 두었는데, 당시 몽고병사들은 추위를 막고 전투력을 상승시키는 자극제로 아락주를 수시로 마셨다. 이 외인부대에 아락주를 공급하기 위해 만든 것이 한국 소주의 뿌리로 전해지며, 개성지방에서는 근대까지도 소주를 '아락주'라고 불렀다고 한다.

고려시대부터 시작된 소주는 조선시대에는 사치스런 고급주이었고, 일제식민지시대에 와서 대중화되어 '소주 한잔'은 망국의 설움을 푸는 수단으로 전락했다. 이렇듯 소주에는 한민족의 한(恨)과 애환의 역사가 담겨져 있다.

소주하면 소주잔에 얽힌 이야기와 소주잔의 '변천 미학'이 있다. 과거의 소주잔은 지금보다 폭이 좁고 약간 긴 것으로 2홉들이 소주 1병이면 8잔이 나왔지만 현재의 소주잔은 소주 한 병에 7잔이 나오는데, 여기에 '혁신의 아이디어'가 숨겨져 있는 것이다.

일곱이란 숫자는 절묘한 숫자로, 세 명이 마셔도 한 잔이 남고 네 명이 마시면 한 잔이 모자란다. 기존의 소주잔처럼 여덟 잔이 나오면 두 명이 소주를 네 잔씩 마시고 술자리를 떠날 확률이 많지만, 일곱 잔이 나오는 경우에는 두 명이 세 잔씩 마셔도 세 명이 두 잔씩 마셔도 소주 한 병을 추가로 주문할 공산이 크다. 이는 홀수와 짝수의 기묘한 조합으로, 여기에 '한강의 기적'을 창조한 한국인의 지혜가 스며있는 것이다.

소주잔의 크기를 바꾸자는 아이디어는 한 주류회사에 근무하던 신입사원이 제안했는데, 소주잔의 크기가 바뀌면서 소주 판매량은 두 배 이상으로 증가되었고 아이디어를 낸 이는 단번에 과장으로 승진하였다고 한다.

평범한 신입사원인 그가 호기심을 가지고 자신의 주변 문제에 접근하면서 새로운 아이디어를 도출하여 큰 성공을 이루게 된 것이다. 오늘날 한국이 IT강국으로, 세계인의 부러움 속에 우뚝 서있는 것은 결코 새삼스러운 것이 아니다.

최근 소주팬들의 사랑을 받고 있는 '참이슬 후레쉬'는 소주 한계도수로 여겨지던 20도를 깬 브랜드이다. 알콜 도수 19.8도를 선보여 깔끔한 술맛으로 20~30대 젊은층과 여성고객의 입맛을 사로잡았고, 한국소주 사상 최단기간 최다판매량 신기록을 달성했다. 기존 소주 특유의 깨끗한 맛을 유지하면서도 소비자의 저도低度화 요구를 잘 반영시켰다는 평가와 함께 간판 소주 '참이슬'의 주가를 한층 더 높였으며, 최근에는 가수 태진아와 아들 이루를 모델로 선정해 남녀노소 전 연령층에 소주만의 맛과 멋을 어필하고 있다.

초록색병에 담겨진 맑은 소주는 소주마니아들의 시각과 후각을 자극하기에 충분하고, 담백한 그 맛에 한번 빠지면 헤어 나오기 어려운 것이 또한 소주만의 매력이다.

다년간 한국에서 생활하고 있는 필자 역시 '참이슬'의 극성팬이며, 고국의 술 문화에 대한 이해와 함께 소주를 매개로 한국인의 또 다른 생활세계에 빠져 민족의 동질성과 겨레의 뿌리를 찾아 헤맨다. 소주 '일곱 잔' 속에 한국인의 정과 한이 녹아있기 때문이다.

하지만 소주 역시 그로서의 단점을 갖고 있다. 현재의 20도 좌우의 소주가 도수가 낮은 저도주이기에 담백한 음식을 즐기는 한국인들의 입맛에 맞지만 원샷하기 쉬운 술로 대량음주가 가능하며, 따라서 빨리 취하게 되고 이튿날 깨어나면 머리가 아프다. 그래서 한국에는 술을 깨는 해장국이 유명하며 소비자가 많은 것이다.

최근에는 백세주와 섞어먹는 '오십세주'와 맥주와 조합한 '폭탄주'가 젊은이들 사이에 유행되고 있다. 이는 소주의 참맛에 대한 '왜곡'이며, 소주의 미학에 대한 일종의 파괴이다.

한국인들의 일상에서 빠질 수 없는 소주는 공동체의 팀워크를 다지는 윤활제이자 일상의 스트레스를 해소하는 명약이며, 소주 '일곱 잔한 병'에는 세월의 허무함과 삶의 고독 및 인생의 지리멸렬함이 녹아 있다.

이처럼 '소주 한잔' 속에는 한국인들의 인생 희로애락을 포함한 많은 의미의 생활철학이 내포되어 있다. 그래서 '소주 한잔'의 맛을 알아야만, 진정한 한국문화와 일상생활 속에서의 한국인의 희로애락을 이해할 수 있다고 필자가 감히 주장하는 것이다.

그리고 소주를 '약주藥酒'라고 함은 적당히 먹으면 '몸에 이롭다'는 뉘앙스가 있는 반면, 그 도를 지나치게 되면 과유불급으로 '독주毒酒가 된다'는 인생철리가 숨겨져 있다. 소주의 또 다른 미학은 적당한 양의 '적가이지適可而止'에 있는 것이다.

유교 패턴 속에서 생활하고 있는 한국인과 한국사회

현재 한국의 인구 중 4분의 1이 되는 숫자가 기독교인이라는 사실에 비하면, 자기가 유교를 믿는다고 말하는 한국인은 매우 적다. 그러나 일상생황에서 효도의 신의와 장유유서의 서열, 교육과 근면 및 도덕적이고 예의바른 선비정신을 선호하는 등의 유교적인 문화의식과 가치관을 한국사회의 도처에서 느끼고 엿볼 수 있다.

작금의 현실생활에서 제사나 관혼상제와 같은 유교의 전통사상과 관계된 현대인의 관습과 전통의식은 비록 현대사회에 유행되고 팽배되어 있는 물질적인 개인주의적 사상과 서구적 사회풍조에 의해 밀리고 있지만, 여전히 오늘날 한국사회의 곳곳에 끈질기게 남아 있다.

이런 의미에서 볼 때 한국인은 너나 할 것 없이 '유교의 그늘' 밑에서 생활하고 있다고 해도 과언이 아니다. 특히 가족적 윤리관과 관혼상제, 예절과 선후배 사이의 상하질서 등 일상생활에 유교적인 문화의식과 생활관습이 깊게 침투되어 있다고 할 수 있다.

주로 주5일 근무제가 실시되고 있는 한국사회에서는 평일 5일간은 서열질서가 분명하고 예의바른 '유교인'의 생활패턴이 이어지고 있고, 종교 인구가 50%_{현재 한국에는 2천만이 넘는 종교 신자가 있음}에 가까운 사회현실에서 주말 2일간은 독실한 '종교인'으로 탈바꿈하여 교회와 사찰에서 종교 신자로 생활하고 있는 것도 한국사회의 특이한 생활풍경이다.

이처럼 유교와 종교의 어우러진 사회적 관행과 시스템, 종교적 생활관습의 유지는 한국만이 가지고 있는 한국사회의 특징이자 한국인 특유의 생활패턴으로 볼 수 있을 것이다.

조선시대 유교는 조선왕조가 개창되면서 지배적인 윤리사상과 정치·지도이념으로 되었다. 특히 조선시대 중후기에 중국을 능가하는 중화의 정통을 이은 '유교국가'라고 자부했던 조선의 선비들의 자기인식과 성리학의 대가 퇴계 이황이나 율곡 이이 등 대학자들의 배출 및 이기론과 같은 높은 수준의 학문을 이루는데, 유교는 큰 기여를 했다. 또한 수기치인의 선비정신과 지조, 공·사를 분명한 공동체 정신과 유교의 특징인 경敬을 통한 인격수양 등이 현대사회의 도덕적 인간기준의 형성에 끼친 영향은 결코 간과할 수 없다.

분명한 것은 '국가종교'로서의 유교가 조선왕조에 끼친 영향력은 절대적이고 지배적이었으며, 또한 전통문화로서의 뿌리 깊은 유교사상은 오늘날까지도 현대인의 생활습관과 윤리사상 및 가치관 속에 면면히 침투되어 있다는 점이다.

오늘날 남존여비와 반상班常의식, 당쟁·문약·사대주의 유산, 결혼·

제사·장례문화에서 나타나는 허례허식에서도 유교문화를 찾아볼 수 있다. 그리고 관존민비官尊民卑와 권위주의, 원시적인 지역적 유대감과 야합된 정치적 가부장제와 세습·족벌적인 재벌경제문화 등 유교와 연관되는 사회적 폐단은 여전히 한국인의 일상생활과 현대인의 정치·경제·문화적인 생활면면에 '어두운 그림자'로 드리워져 있고, 그 영향력을 행사하고 있다.

일찍 '망국의 종교'로 버림받았던 유교와 유교사상이 오늘날까지도 한국인들의 생활 속에 강고히 뿌리를 내리고 있다. 현재 한국의 지배적인 종교인 기독교가 조상에 대한 '숭배'라고 천시하는 추석명절이 한국인들의 생활 속에서 '최대의 명절'로 각광받고 있는 현실과 부모에 대한 지극한 효도, 조상에 대한 변함없는 '숭배의식'이 그 단적인 증거이다.

현재 한국사회의 곳곳에서 볼 수 있는 어른에 대한 공경과 권위주의 난발, 현대사회에서 유별나게 서열에 집착하는 한국인들의 생활상과 인간관계에서 평등관계보다 수직관계가 우위를 점하고 있는 현실에서도 유교적 '장유유서'를 쉽게 발견할 수 있다. 오늘날 많은 한국기업에서 여전히 가부장제가 성행하고 있고, 족벌경영체제가 한국사회의 폐단이 되고 있는 현실적인 사례에서도 '유교의 흔적'을 느낄 수 있다.

한편 늘어나고 있는 빈익빈부익부 생활격차와 외국인노동자에 대한 인종차별, 부유층 사이에서 '구별짓기'가 유행되고 있는 한국사회 현실에서도 양반·상놈의 잔재의식과 '유교의 그림자'를 체감할 수 있다. 한국사회에는 동성동본간의 금혼과 가부장적 사유체계에 의한 여성차별주의 및 지나친 조상숭배 등이 사회문제로 남아 있고, 사회가 발전·변화됨에 따라 유교적 가치관에 대한 비판의 소리가 높아지고 있다.

그리고 합의된 권력이 아닌 권위주의에 의한 관료정치의 진부한 관행과 혈연·지연·학연 등으로, 기회균등의 권리가 박탈되고 지역주의가 난무하는 사회현실에서도 유교는 '책임'은 회피할 수 없을 것이다. 또한 전근대적인 족벌경영체제가 한국의 경제구조를 지배해왔던 사회적 폐단에도 '유교적 가족주의'가 작용하고 있다는 것을 부인할 수는 없다.

오늘날 한국기업에서 여전히 '가부장제'가 성행하고 있는 일례에서도 유교문화의 끈질긴 생명력을 엿볼 수 있다. 유교는 오늘날 한국사회에서 널리 추앙받는 각종 종교와 대립과 갈등 및 타협을 지속하면서, '동전의 양면'처럼 한국사회에서 장기간 존재할 것이다.

작금의 한국사회에는 전통문화와 현대문화가 엄연한 공존해 있다. 따라서 전통문화의 주류를 이루고 있는 유교문화의 적극적인 순기능에 대해 진지하게 음미해볼 필요가 있다. 게다가 유교가 전통문화의 유산으로서 사회발전의 발판을 이루고 있다는 점을 간과해서는 안 된다. 오늘의 한국사회에서는 정치·경제·사회·윤리·법률·교육 등 모든 사회분야의 깊은 저류에 유교문화가 맥맥하게 흐르고 있다.

한국의 유교는 파도 밑의 깊은 해저처럼 우리사회의 문화저류가 되고 있고, 생활관습의 근저를 이루고 있다. 유교사상은 인간의 성품과 도덕성을 강조함으로써, 개인의 욕망을 추구하는데 급급한 현대인의 인격적 균형과 조화적 발전에 적극 기여할 것이다.

오늘의 한국사회는 유교적 전통문화를 크게 존중하지 않는 서양적 가치관과 현대적인 사회풍습들이 주도하고 있지만, 유교문화는 여전히 오늘의 한국사회의 구조전반에 밀접히 연관되어 있다. 모름지기 유교문화의 적극적인 인소와 가치는 발굴되어야 하며, 그것이 현실생활에서 순기능으로 작용될 때 한국사회의 미래는 더욱 밝아질 것이다.

'보신탕'과 한민족의 음식문화

초복과 중복·말복을 일컫는 삼복三伏은 한 해 중에서 더위가 가장 심한 때다. "딱딱한 쇠뿔조차 삼복더위에 녹아서 꼬부라진다"는 속담이 삼복의 더위를 잘 말해준다.

삼복 날이 되면 서울의 보신탕집과 삼계탕집에는 보양 음식을 먹고 무더위를 이기려는 손님들이 몰려 문전성시를 이룬다. 한쪽에서는 가마솥더위 속에서 빽빽하게 모여앉아 보신탕과 개고기 요리를 먹느라 땀을 동이로 흘리는 반면, 또 다른 한 곳에서는 개고기 식용을 막아보겠노라고 비지땀을 흘리는 사람들이 있어 대조적이면서도 퍽 흥미롭다.

현재 한국의 복날은 밸런타인데이와 더불어 새로운 절기의 하나로 자리잡아 가고 있다. 복날을 즐기는 사람들이 많아짐에 따라 관련품목 특수 또한 웬만한 명절 못지않다고 한다.

삼복기간의 더운 날씨에 줄을 서가면서 보신탕·삼계탕을 먹고 몸보신을 하는 것이 현대인들의 비공식적인 일상으로 자리 잡아 가고 있다. 청소년들 사이에 밸런타인데이가 축제의 날인 것처럼, 어른과 직장인들에게는 어느덧 여름철의 복날이 큰 명절로 받아들여지고 있는 것이다. 물론 그에 뒤따르는 것은 개들의 '수난시대'이다.

예로부터 개고기를 식용으로 사용하였던 우리의 선조들은 개고기국을 구장狗醬·개장이라고 불렀다. 고려시대에는 개고기 구워먹는 요리법이 유행했으며, 조선시대에는 개고기 요리가 한때 임금님의 수라상에도 오르는 음식이었다. 과거 외세의 침략과 식량난으로 고기를 즐겨 먹을 수 없었던 서민들에게 개고기는 특별한 사랑을 받았으며, 그 맛도 일품이고 영양가도 높아 음식애호가들의 입맛을 달래주었던 별미이기도 했다.

우리의 조상들은 삽살개나 진돗개 등 사람들의 사랑을 받아오던 애완견은 먹지 않았고, 식용으로 사용한 것은 오로지 황구黃狗였다. 현재의 보신탕은 이승만 정권 시절에 생긴 이름이며, 한때 개고기 식용이 금지된 후 음성적으로 판매되면서 영양탕·사철탕으로 불리게 된 것이다. 그만큼 개고기는 사계절 내내 먹어도 몸에 해롭지 않다는 뜻이다.

보신탕의 보補자는 부족한 기운을 보충한다는 의미이며, 신身은 주로 신체의 신腎을 뜻하며 신腎은 콩팥을 말한다. 보통 보신탕은 살은 붙이고 내장을 따뜻하게 만드는 역할을 한다. 따라서 찬 음식이 주를 이루는 여름에 개고기는 몸을 따뜻하게 만들어주는 '특효약'이지만, 몸을 보신하는 '약'은 아닌 셈이다.

한의학에서도 '개고기는 따뜻한 성질이 있는 음식이어서 몸에 양기를 돋우지만, 양기가 허한 사람은 먹지 말아야 한다'고 했다. 몸을 보補한다는 의미보다 영양분이 많다는 뜻이다. 단지 수술 후에 먹으면 상처가 빨리 아물고 살을 붙이는 역할이 뛰어나서 수술 후 개고기 식용을 권유하는 의사가 많다고 한다.

북한에서는 개고기를 단고기라고 부른다. 그 맛도 좋지만 오랫동안 끓여 탕을 만들기 때문에, '탕약처럼 진하게 달인다'는 뜻에서 유래됐다고 전해진다. 단고기는 김치·냉면과 더불어 예로부터 한민족의 특유한 전통적인 요리로, 특히 서민들이 즐겨먹는 대표적인 음식이라는 것을 알 수 있다. 한편 단고기가 제사에 올리는 음식이었다는 설도 유력하다.

중국동포·조선족의 집거지인 중국 길림성 연변조선족자치주에는 꺼우러우狗肉라는 개고기 요리가 유명하다. 특히 한민족의 후예인 중국동포들은 개고기에 대한 애정이 실로 대단하며, 그 요리의 종류도 매우 다양하다.

현재 개고기로 만들어진 계열식품으로, 개술·개고기라면·개고기통조림·개엿 등이 출시되었는데 인기상품으로 각광받고 있다. 또한 개고기로 만들어지는 요리 종류가 매우 다양하며, 귀한 손님을 초대할 때 올리는 민족특유의 전통적인 음식문화로 자리 잡고 있다.

따라서 북경에 가면 만리장성에 오르고 북경오리 요리를 먹어야 하는 것처럼, 연변에 가면 민족의 성산 백두산을 관광하고 일품의 개고기 요리를 맛보아야 한다는 속설도 있다.

현재 삶이 넉넉해지고 애완견을 기르는 가정이 늘어나면서 개고기를 먹는 사람들에게 딴죽을 거는 이들도 적지 않다. 현재 우리사회에는 삼복철이 되면 많은 사람들이 보양식으로 애용하는 개고기 식용에 대한 찬반논쟁이 치열하다. 보신탕 음식문화를 혐오하는 애완견 애호가들의 비난이 멈추지 않는 한 이 논쟁은 영원히 사그라지지 않을 것이며, 이 또한 개고기 식용에 대한 구성원들의 문화적 이해와 합의를 거치는 과정에 있다고 볼 수 있다.

그러나 개고기를 싫어하는 개인적인 취향과는 관계없이 개고기를 먹는 식습관을 야만적이라고 비난하면서, 윤리적으로 올가미를 씌우는 것은 아무리 봐도 옳지 않은 듯하다.

한편 개고기 식용 문화에 대해서는 그토록 혐오하지만, 서양의 기괴한 음식습관에 대해 용인하는 태도는 문화적 사대주의에서 기인된다는 일각의 견해도 무시할 수 없을 것이다.

여름 삼복철만 되면 불거지는 끝날 줄 모르는 한심한 개고기 식용 논쟁, 이런 문제로 문화적 기력을 소비하는 것보다 하루빨리 깨끗한 도살장을 양성화하고 관련법규를 정비하여 건전한 식용문화 정착을 위해 정부와 민간에서 함께 노력하는 것이 더욱 중요하다.

그리고 함부로 다른 나라의 문화적 소산을 혐오하거나 폄하하는 이기주의적인 가치관에 대해서도 재고할 필요가 있다. 우리 모두가 현실생활 속에서 개를 키우거나 식용으로 사용하면서 발생하는 문제들을 해결하기 위해 좀 더 인식과 행동을 같이할 필요가 있다고 생각한다. 그것이 한민족의 음식문화를 지키면서 불협화음을 줄이는 길이 될 것이다.

한민족의 전통음식문화인 개고기 식용 논쟁을 통해 알 수 있듯이 전통문화와 서구문화의 충돌 및 공존이 한국사회의 현실이다. 현재 일부 서방 국가들이 다른 국가나 지역의 민족문화를 이해하지 못하고, 걸핏하면 시시비비를 따지려는 발상은 자민족중심주의에 기초한 문화제국주의로서 우리에게 결코 용인이 안 되는 점이다.

인간이 살아가는 지구촌은 지역의 산물·풍토·기후에 따라 각기 다른 삶의 양식이 있다. 따라서 동물식용으로 소위 '야만여부'를 가리는 것은 어불성설이며, 다른 나라의 민족문화와 음식습관은 상호 존중되어야 한다. 지구촌의 다양한 민족들이 공존해가는 현 시점에서는 문화상대주의 관점으로 타민족의 음식문화를 이해하는 아량과 관용이 필요하다.

‘23명 인질’ 사태가 한국사회에 준 교훈

아프간에서 벌어진 한국인 23명의 ‘탈레반 피랍사태’는 세계적인 핫이슈로, 지구촌의 관심과 주목을 받아왔다. 결국 2명의 희생자를 냈고 21명의 생명은 구원되었지만, 국민들로부터 무책임한 ‘자원봉사선교활동’라는 지탄을 면치 못했다.

미상불 이는 그동안 국내에서 여러 가지로 위기를 맞으면서 독실한 신자들을 잃고 있었으며, 교회 내 부패와 스캔들로 물의를 일으키고 있던 한국기독교가 저지른 대형사고이다.

국제사회의 주목 속에 탈레반에 감금된 분당 샘물교회 교인들의 아프가니스탄 인질사태가 장장 40일 동안 지속되면서, 한국사회에 끼친 악영향의 대가는 엄청나다. 봉사활동이란 미명하에 광적인 선교활동에 집착하는 한국교회는 많은 자성과 회심이 절실한 시점이다.

인질사태발생 후 피랍인 가족들은 천국과 지옥을 번갈아 경험했고 정부는 국민들의 질책 속에서 전전긍긍하였으며, 결국 테러집단과의 피동적인 협상은 대한민국의 이미지를 실추시키는 악과를 불러했다.

온 국민을 가슴 졸이게 한 금번 '23명 인질' 사태는 한국교회의 무분별하고 공격적인 해외선교가 초래한 결과로, 이번 사건을 계기로 한국교회는 공격적 선교방식에 대한 변화를 요구하는 국민여론의 원성에 귀를 기울여야 한다. 동시에 국가의 이미지를 손상시켰고 국민들에게 큰 불안을 제공한 한국기독교는 회개하고 반성해야 할 것이다.

금번 인질사태의 주요인으로, '도'를 넘어선 무분별한 해외선교가 사건 발단의 빌미를 제공했다는 것은 이미 자타가 인정하고 있는 점이다. 주목할 것은 한국교회들이 공격적인 해외선교로 인해 인신위험을 자초한 사례가 이번이 처음이 아니라는 것이다.

2004년 4월 이라크에서 선교활동을 하다가 무장 세력에 납치된 한국인 목사 7명 중 2명이 이라크에 다시 들어갔다가 정부에 의해 강제 귀국된 적이 있는데, 이는 선교활동으로 탈레반조직에 감금되었다가 피살된 김선일 씨 사건이 발생된 지 불과 몇 달 후 일이다.

2005년 8월에는 아프간에서 대규모 '평화축제'를 개최하려던 한국인 기독교신자 1천200여 명이 이슬람 성직자들의 강력한 반발 및 신변안전 문제로, 강제로 출국당하는 사태가 벌어졌다. 이번 아프간 인질피랍사태는 결코 우발적인 것이 아닌 예고된 비극이었다.

한국세계선교협의회KWMA에 따르면 현재 560개 교회단체에서 파송된 1만 6천여 명의 기독교 선교사들이 세계 173개국에서 선교활동을 하고 있는데, 이는 영국보다 2배 많은 숫자로 미국에 이어 세계 2위 규모이다. 특히 파송지역 중 아프간은 종교 활동이 금지되거나 관련 분쟁이 빈번해 현지에서 활동하는 선교사들은 항상 위험에 노출되어 있으며, 현지 사정을 무시한 단기 선교활동의 경우 위험은 배가된다.

KWMA 관계자는 "다른 종교문화에 대한 배려나 이해심 없이 과거 제국주의적 선교관을 갖고 무모하게 나선 결과"라고 해외선교의 문제점과 위험성을 지적했다.

한국정부는 인질을 구원하기 위해 "테러리스트와 협상하지 않는다"는 '국제원칙'을 깨고 저자세로 탈레반과의 교섭에 임했고, 그 결과 당초 억류됐던 23명 가운데 21명의 목숨을 구해냈다. 비록 배형규 목사와 심성민 씨가 탈레반에 살해된 것은 씻을 수 없는 아픔 및 교훈으로 남았지만, 나머지 21명을 풀어낸 것은 불행 중 다행이었다.

하지만 공격적인 해외선교가 초래한 불미스러운 일로, 테러집단과의 이례적인 협상을 감행한 한국정부의 노력은 국제사회에서 높은 평가를 받을 수 없다. 국제사회의 '불문율'을 깬 결과는 현재 대테러전쟁에 동참하고 있는 한국이미지에 악영향을 끼칠 것은 자명하다.

탈레반과의 협상 결과 연내 다산부대 철군과 선교 금지를 약속한 것은 역설적으로 금번 한국인 인질사태를 통해 '권토중래捲土重來'를 꿈꾸는 테러조직 탈레반이 예기의 목적을 달성케 하는 결과로 이어졌고, 테러집단이 국가를 '굴복'시킨 전례를 낳게 했다는 것이 일각의 지적이다.

한편 평소 한국인보다 훨씬 많은 해외여행을 하는 일본인들이 국제적인 납치사건에 적게 휘말리는 것은 정부가 제시한 '권고사항'을 철저하게 준수하는 사회적 분위기와 관련된다는 평가는 교회단체를 포함한 한국인 전체가 심사숙고해야 할 것이다.

이번 사태를 계기로 이슬람권에 대한 한국인들의 인식을 바꿔야 한다. 유일신 알라를 모시는 이슬람사회는 15세기 후 유럽의 기독교 선교가 유일하게 실패한 지역이다. 반면 이슬람 신자들은 기독교사회에 알라의 믿음을 전파한다는 신념을 갖고 있을 만큼 기독교에 대해 우월감을 갖고 있다.

이슬람사회의 이런 독특한 문화를 이해하고 종교나 문화의 다양성을 인정해야 한다. 서구 세계의 압박 속에 힘들게 생존투쟁을 전개해온 이슬람사회에 대한 이해 및 현지관습을 존중하고, 나아가 그들의 삶을 형성하고 있는 종교문화와 공존하려는 자세가 바람직하다.

최근 한국정부가 반기문 유엔 사무총장 선출과정에서 중동외교에 주력해 일부 성과를 얻었지만, 그동안 한국정부가 중동지역과 이슬람권에 기울인 노력은 세계 10위권 경제력에 어울리지 않게 미미하였다. "소 잃고 외양간 고친다"는 말이 있다. 향후 한국정부는 한미동맹에만 집착하지 말고, 이슬람권에 대한 외교친화력을 강화하는 국가적 노력이 절박하다.

요컨대 다원화된 세계화시대에 걸맞는 문화상대주의적인 관점으로, 타종교와 타문화를 바라보는 바른 시각이 우리에게 절실한 시점이다.

한국 언론, 편파적인 대중 보도 자제해야

언론에게 가장 중요한 것은 '객관적 사실 그대로'를 보도하는 진실성과 보도자의 선입견이 가미되지 않은, 이른바 '가치중립'을 지키는 것이다. 가치중립이란 어떤 사물이나 대상이 지니는 중요성과 의의 및 역할에 대해 중립적 차원에서 평가를 내리는 것이다.

만약 사건의 어느 한 일면을 과장하거나 주관적 이념을 가미한다면 시청자독자의 혼란과 착각을 초래하게 되며, 언론의 생명인 공정성과 신빙성은 상실된다. 최근 한국 언론이 일관하고 있는 편파적 대중 보도가 '가치중립'을 상실한 대표적 사례로 볼 수 있다.

2008 베이징올림픽은 중국국력을 세계에 과시하고 중국문화와 애국심을 고양할 수 있는 '호재'인 반면, 호사다마로 자연혹은 인위적 '악재'들이 중국대륙에서 연이어 발생했다.

금년 초 세계적 이슈가 된 남방폭설재해, 최근 서방 언론의 쟁점으로 부상했던 '티베트사태', 5월 12일 사천성 문천汶川지진 발생은 마치 '재앙은 홀로 오지 않는다禍不單行'는 속설을 입증해주는 듯하다. 일부 서방 언론들이 이런 '악재'를 이용해 '반중反中' 기류를 조성하고 있는데, 한국 언론도 동참해 대중국 편파적 보도를 일관하고 있는 것이다.

얼마 전 서울에서 올림픽성화봉송활동 중 발생된 '불미스러운 사건'에 대해 '중국정부가 유학생을 배후 조정했다'는 한국 언론의 편향적인 보도는 한·중 네티즌 사이에 많은 논란을 야기했다. 최근 한국의 지상파방송사들은 '티베트사태' 과장보도와 함께 중국의 '인권'을 대거 거론하면서, 중국의 '올림픽개최국 자격'에 짙은 의문을 던지기도 했다. 더욱 한심한 것은 중국 사천성 대지진 발생 이후 일관되는 한국 언론의 편파적 보도는 자연재앙인 지진이 '인재人災'인 것처럼 왜곡하여 한국의 시청자들을 오도하고 있다는 점이다.

중국 대지진에 대한 한국 언론보도는 객관적 진실 여부를 넘어서 '악재'의 소극적 일면에만 초점이 맞춰져 있다. 한국 언론에서 보도된 사망자수는 중국 언론보도와 상당한 편차를 보였고, 자연발생적 지진현상을 중국의 '자연환경 파괴'로 유발된 '인위적 악재'라는 인상을 각인시켜주고 있다.

한국의 방송3사가 시청률 높은 저녁 8~9시 황금시간대의 중국지진 관련 뉴스에서는 지진발생 원인이 '중국정부의 장강삼협三峽댐 건설 때문'이라는 미국학자들의 '분석'을 그대로 옮겨와, '예고된 재앙'으로 여론몰이를 하고 있다.

지진참사에 대한 한국 언론의 편파적 보도는 아비규환의 '절망' 속에서 울부짖는 이재민들의 모습이 크게 부각시키면서, 모든 중국인들이 여진과

'전염병' 속에서 전전긍긍하고 실의 및 망연자실에 빠져있는 듯한 착각을 각인시켜준다.

시종 재해현장에서 지휘해온 원자바오溫家寶 총리를 비롯한 중국정부 노력과 무너진 건물 속에 깔려 있는 이들을 구원하기 위해 생명의 위험을 무릅쓰고 사투를 벌이는 인민해방군의 감격적 장면, 13억 중국인의 자원적인 헌금과 헌신적 지원 및 '곤란 앞에서 절대 굴복하지 않는' 국민성 등은 철저히 무시되었고, 간과되어 있다.

한편 지진 피해 참상과 '정부 불만'에만 초점을 맞추고 있는 한국 언론은 국제사회가 재해구에 급파한 구조대원과 의료진, 구호물품 원조와 물심양면의 지원은 소극적으로 보도하고 있다. 언론의 올바른 자세는 긍정·부정적인 양면을 있는 사실대로 보도하는 것이다.

실제 많은 한국인들은 중국의 자연재해에 동정하고, 한겨레 등 진보언론들은 보수적 주류 언론들과 달리 "중국 지진피해 지원에 적극 나서자"라는 사설을 발표했다. 한국방송사들이 "구호품 비리의혹으로 이재민 시위, 유혈사태 발생" 등 정부 부패와 관료 비리에 집착하는 것은 신정부 출범 후 '친미소중親美疏中' 외교정책과도 무관하지 않다.

한국 언론의 편파적 보도에도 불구하고, 안재욱·장나라 등 한류스타들은 지진피해지구에 기부금을 전해 한류 훈풍을 전하고 있으며, 한국 내 화교단체와 유학생들은 성금을 모금해 아낌없는 성원을 보내고 있다. 한국의 연합뉴스의 "조선족동포들 지진재해지구에 온정을 보내"는 주목받을만

한 기사이다.

실제 연변대학 사생들은 지진피해자를 돕기 위해 몇 십만위안元 의연금을 헌납했고, 흑룡강성의 조선족들은 180만 위안 성금을 재해지구에 보냈다. 사천성 재해지구에서 살아 돌아온 한 조선족대학생은 1000위안 기부금을 선뜻 내놓기도 했다.

이웃나라의 '재앙에 잘코사니를 부르는幸災樂禍' 한국 언론의 경박한 언행은 모름지기 삼가야 한다. 또한 단일민족국가 시각으로 다민족국가 민족문제를 거론하면서 베이징올림픽 '비하' 남발은 21세기 전략적동반자 '자격'을 상실하고 있다.

올림픽 이후 100만 교민이 중국에 진출하고 현재 100만 중국인이 한국 체류·여행하는 현실을 감안하면, 좀 더 중립적이고 적극적 보도자세가 요구된다. 최근 한국 언론이 편파적 보도로 '반중'정서를 확산시키고 있지만, 그에 따른 악과와 이해 득실을 곰곰이 따져볼 필요가 있다. 얼마 안가서 중국의 반한·혐嫌한류가 부메랑효과로 나타날 것이다.

우방 중국이 자연재해로 수만 명의 사망자를 낸 '악재'에 봉착한 것은 '순망치한' 한국에게 결코 '행복한 일'이 못된다. 요컨대 이념이 가미된 편파적 보도는 국가 간 우의를 손상시킬 뿐만 아니라, 국익에도 결코 도움이 안 된다. '가치중립'이 상실된 언론보도는 정치적 이데올로기에 집착하는 소수인 이익에는 부합되겠지만, 다수인국민을 오도하는 '악과'를 초래한다.

가끔 '남 잡이가 제 잡이'로 반전된다는 것을 우리는 명심할 필요가 있다.

'냄비근성'과 한국인 및 한국사회

　현재 한국인들이 일상에서 가장 즐겨 사용하는 취사도구가 있다면, 그것이 바로 냄비일 것이다. 냄비는 바쁜 일상에 쫓기는 한국인들이 라면과 같은 인스턴트 식품을 요리하는데 없어서는 안 되는 대중화된 그릇이다. 냄비는 빨리 끓고 빨리 식는 특점을 가지고 있다.

　열기를 잘 전도하는 납 그릇인 냄비가 빨리 끓고 빨리 식는 두 가지 특징이 있다면, 그것으로부터 기인된 '냄비근성'도 빨리 끓는 평이성의 '빨리빨리' 순기능의 역할과 '빨리 식는', 즉 인내력과 지구력이 결여된 민족의 열근성劣根性으로 나누어 분석하는 것이 마땅할 것이다. 어쩌면 냄비와 떨어져 못사는 한국인의 기질과 특징을 가장 적중하게 반영한 것이 바로 두 가지 기능을 갖고 있는 한국인 특유의 '냄비근성'일 것이다.

　'냄비근성'의 가장 기본적인 요소이자 순기능으로 대표되는 '빨리빨리'는 한국인 및 한국사회의 성격과 특징을 상징하는 캐릭터 용어로 한국에 와있는 외국인들이 가장 빨리, 우선적으로 배우는 한국어이기도 하다. 왜냐하면 '빨리빨리'에 적응되어야만 한국인의 성격을 제대로 요해할 수 있고, 나아가 한국사회의 특징과 문화적 구체적인 내면을 제대로 인식할 수 있기 때문이다.

예컨대 '만만디천천히'가 중국인을 상징하는 캐릭터 용어라면 '빨리빨리'는 한국인의 '냄비근성'을 가장 쉽고 적중하게 표현한 말로, 한국사회의 특징과 이미지를 뚜렷하게 반영한 키워드라고 해도 과언이 아니다.

돌이켜보면 한국의 현대사는 그야말로 '빨리빨리'로 일관되어 온 변혁의 역사라고 봐도 무방하다. 예컨대 세인의 주목과 괄목을 받은 '한강의 기적'은 '빨리빨리'의 한국인의 성격과 불굴의 의지 및 고효율의 추진력이 이루어낸 결과이다.

그리고 백폐대거百弊待擧의 참담한 전쟁의 폐허 속에서 백절불굴의 정신으로 꿋꿋하게 일어난 한국 국민들의 지혜와 힘으로 이루어진 눈부신 경제성장과 더불어 바야흐로 '사회주의신농촌' 건설을 추진하는 중국정부가 벤치마킹하려는 또 하나의 기적, 70년대 '새마을운동'은 미상불 한국인들의 '빨리빨리'의 사유와 의지 및 행동으로 이룩된 위대한 성과이기도 하다. 만약 '빨리빨리'의 '냄비근성'이 없었다면 오늘날 선진국 진입을 눈앞에 둔 선진한국의 존재는 불가능했을 것이다.

간과할 수 없는 것은 '빨리빨리'의 한국인 현유의 사유와 관습이 산업화 시대의 생산성과 효율성을 높게 했고, 한국사회의 눈부신 발전과 경제기적을 창조하는 바탕과 밑거름이 되었다는 점이다. 그리고 그 특유의 '냄비정신'이 오늘날 대한민국을 'IT 강국'으로 만들었을 것이며, 어쩌면 한국인의 빠른 기질과 근성이 스포츠대국인 중국인들에게 장장 20여 년간 지속되어온 '치욕'의 축구·'공한증恐韓症'을 부여했을지도 모른다.

하지만 '빨리빨리'가 거둔 성과에 따른 후유증 또한 만만치 않다. '경제기적'의 창조와 더불어 20~30년간 짧은 기간에 이루어진 졸부猝富 근성, 그로 인해 기인된 한국사회에 만연되어 있는 각종 부작용에 대해 결코 간과해서는 안 될 것이다. 급히 먹는 밥에 목이 멘다. 단기간에 너무 많은 것을 섭취하면 '소화불량'이 걸리기 십상이다.

한편 1990년대에 이르러 부실공사에 따른 대형사고들이 잇달아 속출하였는데, 삼풍백화점과 성수대교의 붕괴가 그 단적인 케이스다. 또한 '대우사태'와 같은 부실기업들이 속출과 더불어 1997년 IMF 같은 금융위기가 초래되어 한국경제는 막대한 타격을 입었고, 따라서 한국 국민들은 '냄비근성'인 '빨리빨리'가 불러온 쓴맛을 실감하게 되었던 것이다.

또한 '빨리빨리'의 부작용은 질보다 양을, 과정보다 결과만 중요시하는 '결과지상주의'로 나타났다. 즉 결과에만 집착하고 과정을 무시하는 반상적인 현상의 출현은 한국사회의 이미지추락과 더불어 부정과 비리로 이어져 선진국 진입의 병목 및 딜레마로 작용하고 있다. 얼마 전 국내외 과학계의 핫이슈로 주목받았던 황우석 교수의 "줄기세포 연구조작"은 과학윤리에 위배된 스캔들로 우리사회가 추구하는 결과지상주의의 산물이기도 하다.

IMF 이후 한국경제가 장기간 슬럼프에서 헤어 나오지 못하고 있는 것도 '빨리빨리'가 초래한 후유증이며, 최근 대기업총수들이 연이어 비리사건에 연루되어 검찰에 구속되고 있는 것도 이 같은 후유증의 맥락에서 기인된 것이라고 볼 수 있을 것이다. 한술 더 뜬다면 대다수 한국인들이 해외여행을 가서 과정은 무시하고, 사진 찍기에만 열중하는 것도 '결과지상주의'의 심리반영이라고 할 수 있다.

성급하고 급진적인 우리로서는 빠른 효과와 고효율의 '냄비근성'도 필요하지만 더욱 필요한 것은 늦게 끓지만 오래가는 큰 가마의 인내력과 신중함, 그리고 오래 동안 온도를 보존하는 보온병의 지구력일 것이다.

또한 '빨리빨리'의 '냄비근성'이 국내에서는 통할 수는 있지만, 환경과 여건이 다른 국외에서는 통하지 못할 수 있다는 점에 대해 유의할 필요가 있다. '급할수록 돌아가라'는 우리말 속담과 욕속부달欲速不達이라는 중국어 성어가 있다. 너무 급하면 오히려 일을 그르친다는 교훈적인 이야기다.

주목할 것은 최근 해외에 진출한 한국기업들이 한국인 고유의 '빨리빨리'의 열근성을 극복하지 못해 사업추진에 차질을 빚고 있다는 점에, 모름지기 경계와 더불어 교훈으로 삼아야 한다. 자칫하면 순기능과 역기능을 갖고 있는 '냄비근성'이 한국기업들에게 양면의 칼이 될 수 있다는 점을 명기해야 할 것이다.

요컨대 '빨리빨리'의 추진력과 생산·효율성, 큰 가마의 인내력과 지구력이 모두 중요하다는 것이 본문의 골자다.

왜 한국 여성들은 열심히 화장하는가?

전철에서나 버스에서 자주 볼 수 있는 '진풍경'이 있다. 그것이 바로 한국여성들이 옆 사람을 전혀 의식하지 않고 열심히 화장하고 있는 무아지경의 모습이다. 그러는 그녀들이 외국인들에게는 여간만 신비스럽지 않고 심지어 당혹스럽게 느껴지는 경우도 있다.

그만큼 한국인들에게 있어 마치 옷이 더러워지면 바꿔 입는 것처럼, 화장은 때와 장소를 가리지 않는 습관성 행위로 일상화되어 있다는 것을 알 수 있다.

대개 한국의 여성들은 진한 화장을 선호하고 거의 천편일률적으로 입술에 빨간색을 물들이며, 나이가 많을수록 더 두드러진다. 젊은 여성들의 입술은 진한 립스틱으로 인해 섹시해보이지만, 연세 있는 아줌마들의 진한 화장은 격에 맞지 않은 경우가 있다.

어느 한 세미나에서 일본 유학생이 한국인의 인상을 이야기할 때, 전철에서 본 한국여성들의 진한 화장 모습이 마치 '피에로' 같았다고 말한 것이 인상 깊다. 그만큼 담박한 화장을 선호하는 일본인이나 외모와 화장에 크게 신경을 쓰지 않는 중국인동북지방·사천 등지는 진한 화장을 함들에게는 한국인의 열심히 화장하는 모습이 인상 깊을 수밖에 없는 것이다.

한국인의 화장에 대한 집착은 경제발전에 따른 생활양상 변화의 결과로 볼 수 있다. 20세기 70~80년대 한국경제의 비약적인 발전은 한국인들의 삶의 방식을 바꾸기에 충분했다.

금전적 여유는 많은 여성들로 하여금 외모에 신경을 쓰게 하였으며, 아울러 1980년대 화장품업계의 발전은 워낙 깨끗하고 외모에 신경 쓰는 한국인들에게 화장에 대한 진일보의 관심과 여건을 제공해주었다.

게다가 매스컴과 화장품 회사의 홍보에 힘입어 여성들의 얼굴 화장 열조는 한국사회의 새로운 생활트렌트로 각광받게 되었으며, 가난에 쪼들리던 삶을 역사 속에 흘러 보내는 '근대의 계몽'으로 자리 잡게 되었던 것이다. 경제발전과 더불어 1980~90년대 해외여행은 한국에서 붐으로 이어졌다. 이젠 '아시아 네 마리 용'에 걸 맞는 위상과 멋진 외모를 보여줄 때가 온 것이다. 그래서 더욱 열심히 화장해서 한국여성의 변화된 행복한 삶, 부유한 모습과 귀태를 만 세상에 알려야 하는 의무감을 걸머지게 되었던 것이다.

또한 화장품업계의 급속한 발전과 날로 향상되는 화장기술은 한국여성들의 화장에 대한 갈망과 욕구를 만족시켜주기에 충분했다. 평소 한국여성들은 맨얼굴의 모습을 남에게 보여주기 싫어하며, 따라서 그것을 '상당한 실례'라고 생각한다.

그들의 '고담준론高談峻論'을 빈다면, 맨얼굴로 타인을 상대한다는 것은 '속곳 바람에 초면인 사람을 마나는 것'과 같이 부자연스럽다는 것이다. 그래서 열심히 '옷을 입히는 것'이다. 그것도 한 벌이 아닌 두벌·세벌씩 말이다. 따라서 파운데이션·로션·크림 등으로 상당히 세분화된 화장술이 발전되었으며, 일상화된 화장은 한국여성들의 화장기술을 자타가 공인하는 '선진국' 수준에 이르게 했다.

한국여성들에게 있어 화장은 단순히 치장이 아닌 몸에 배인 생활관습으로 발전하였으며, 아울러 그녀들에게는 생활 속의 화장은 때와 장소를 가리지 않는 몸단장에 불과할 뿐이다.

한국여성들은 화장의 품위에 굉장히 신경을 쓴다. 그녀들은 회식이나 단체식사 전후에 보통 화장실에 다녀온다.

화장실은 한국여성들에게 있어 두 가지 의미가 있는데, 용변을 보는 장소와 화장하는 곳, 두 개의 기능이 있는 것이다. 이때의 화장실 용도는 '형상유지'와 식사로 인해 흐트러진 화장을 손보기 위해서다.

그녀들은 식사보다 화장에 더 신경을 쓰며, 식사가 끝나기 무섭게 핸드백에서 화장품케이스와 립스틱을 꺼내들고 열심히 화장을 한다. 식사로 인해 망가진 화장을 그대로 방치해둔다는 것은 대개 남성들이 일보고 '남대문'을 닫지 않는 것과 같은 결례되는 매너로 비춰지기 일쑤다.

한국에는 '화장발이 잘 받는다'는 유행어가 있다. 이는 한국여성들의 화장에 대한 애착 및 일상화된 결과로 열심히 얼굴을 가꾼 덕분이며,

동시에 세분화된 화장수단과 화장기술의 경지를 표현해주는 말이기도 하다.

대부분의 한국인들의 피부가 맑고 윤기가 흐르며 실제나이보다 젊게 보이는 것은 화장에 대한 한국인들의 남다른 열정과 바다에 둘러싸인 해양성기후의 천부적인 환경과도 관련이 없지 않다. 즉 주관적인 요소와 객관적인 여건이 두루 구비되어 있다는 뜻이다.

물론 너무 진한 화장은 옆 사람에게 혐오감을 주며 보기에도 부담스럽다. 아름답고 예쁜 얼굴을 유지하려는 화장이 도를 넘어 분장이 되고 변장이 된다면 꼴불견이다.

혹자는 화장에 열중하는 한국여성들을 폄하하면서, 이는 외모지상주의를 부추기는 허영심의 발로라고 비난한다. 하지만 화장에 대한 열중이 밝은 모습과 아름다운 삶을 추구하는 한국여성들의 '순수한 마음'의 오점으로는 될 수는 없을 것이다. 겉치레가 아닌 깨끗한 외모를 지키기 위해 화장하는 여인은 아름답다.

화단의 화초에 물을 주고 가꾸면 아름답고 싱싱하듯이, 자신의 얼굴도 열심히 화장하고 가꾸면 맑고 탄력 있는 피부의 예쁜 얼굴을 소유할 수 있다. 연한 화장을 하는 중국여성들을 소박한 민들레에 비긴다면, 진한 화장을 하는 한국여성들은 화려하고 섹시한 장미로 비유할 수 있을 것이다. 그래서 여성을 꽃에 비유하고 '생활의 꽃'이라고 부르는 이유가 아닌가고 나름대로 생각해본다.

아름다움을 추구하는 것은 인지상정으로, 화장은 여성의 천부적인 권리이다. 격에 맞는 화장을 하는 한국여성들을 '아름다운 꽃'에 비견하는 필자만의 이유이다.

스포츠 성폭력에 반영된 여성인권

그동안 소문으로만 떠돌던 한국 스포츠계의 성폭력이 사실로 드러나면서 화제로 되고 있다. 얼마 전 KBS 1 <시사기획 쌈>은 파격적으로 "스포츠 성폭력에 관한 인권 보고서"를 방송해 여성 인권이 사각지대에 놓인 스포츠 성폭력 실태를 낱낱이 고발했다.

지난 6개월 동안 사건의 진상을 파헤친 제작진은 한국 스포츠계에 공공연하게 행해지고 있는 성폭력 심각성과 지도자들의 도덕불감증을 일부 피해자와 가해자들의 고백을 통해 밝혀냈다.

이날 방송에는 지도자들로부터 성폭력을 당한 전직 배구국가대표출신인 여선수가 출연해 스포츠계에 만연된 성폭력 실태를 생생하게 털어놨다. 익명으로 방송에 출연한 그녀가 전·현직 감독들로부터 여러 번 성폭행을 당했지만, 지도자와 구단에 의해 은폐되었고 그로 인해 겪어야 했던 심각한 후유증을 고백했다.

특히 실제 성폭력을 가한 적이 있는 전직 지도자는 "선수를 다루는 주요 방법은 성관계이고, 두 번째는 폭력이다. 이러한 방법은 현재 스포츠계에서 지도자들이 선수단을 장악하기 위한 수단 및 관행으로 이용되고 있다”고 밝혔다.

한편 가해자의 증언과 피해자 선수의 목소리가 생방송으로 시청자들에게 전달되어 사태의 심각성을 절감하게 만들었고, 아울러 이는 본 프로그램의 공신력을 높인 원인이 되었다.

제작진은 방송에서 성폭력과 구타가 쉽게 행해지고 있는 이유를 지도자들이 갖고 있는 ‘절대권력’ 때문이라고 분석했다. “남성 지도자들의 성폭력은 배구·농구·수영·축구 등 대부분의 종목에서 발생하고 있지만, 피해자들이 성폭력 사실을 고발할 경우 선수생활에 영향이 미치고 또 다른 폭력이 가해진다는 두려움에 피해사실을 감추고 있다”고 지적했다.

현유의 한국 스포츠시스템이 출전시간·대학진학·취업·연봉 등이 모두 감독권한으로 되어있기 때문에, 선수들은 지도자의 눈치를 보면서 전전긍긍할 수밖에 없는 것이 엄연한 현실이다.

더욱 심각한 문제는 여성 스포츠계의 잘못된 권력구조와 ‘성적 착취’ 등이 이미 뿌리 깊은 악습으로 자리 잡았고, 성폭력 피해자가 스포츠계 내부 폐쇄성으로 인해 자의반타의반으로 문제를 은폐할 수밖에 없다는 점이다.

현재 선수와 지도자는 흔히 ‘사제관계’로 불리지만, 절대적 권력을 쥐고 있는 지도자와 선수는 ‘주종관계’에 더 가깝다. 지도자는 자신이 지도하고 있는 선수를 단순히 ‘제자’만이 아닌, 하나의 도구처럼 다루며 성폭력 대상으로 삼는다. 방송이 대안으로 제시한 “성폭력 방지 10계명”이 과연 유효

할지 의문으로 남는 이유다.

스포츠계의 성차별과 성추행 등 스캔들이 불거져 여성인권 문제가 화제로 된 것이 어제오늘의 일만은 아니다. 2007년 여자농구계는 박 모 감독의 소속팀 선수 '성추행' 사건으로 한바탕 홍역을 치른 적이 있다. 얼마 전 국가대표 농구선수 출신인 박찬숙이 우리은행 감독선임과정에서 받은 성차별을 인권위원회에 제소해 세간의 화제로 떠오르기도 했다.

이 두 사건은 그동안 음지에 묻혀왔던 한국 여성스포츠계의 어두운 일면을 양지로 끌어내 공론화한 상징적인 사건이었다. 이러한 배경에서 KBS가 한국 스포츠계의 비리와 남성독단의 권력구조를 폭로해 주목을 받았던 것이다.

방송 직후 시청자들과 네티즌들의 반향은 강렬했고, 한국사회에 던진 충격도 일파만파로 번져나갔다. 특히 여성단체들은 남성중심의 한국사회 권력구조와 소외된 여성인권 현황을 질책하면서, 스프츠계에 뿌리내린 성차별과 성폭력 관행들을 양지로 끌어내 철저히 근절시켜야 한다고 강력하게 주장하고 나섰다.

현대쾌보現代快報 등 중국 언론들도 KBS의 방송내용을 그대로 보도했고, 한국 체육계에 만연된 성폭력 현상을 '등급관계가 삼엄한 남권중심의 잘못된 사회구조에서 발생한 것'이라고 지적하면서 한국의 인권문제를 꼬집었다.

<시사기획 쌈>은 성폭력이 근절되지 않는 이유로, 한국 스포츠 근간인

반인권적인 엘리트 체육과 남성지도자들이 90%가 넘는 스포츠계의 구조적 문제를 지적했다.

공부를 등한시하고 오직 운동으로만 진로를 결정하는 현재의 엘리트 체육시스템이 지도자들에게 엄청난 힘을 실어줬고, 무소불위의 권력은 결국 잘못된 성의식과 무지몰각한 도덕불감증을 초래했다. 많은 학부모들이 성폭행 사실을 알고도 소중한 자식의 장래가 걸린 문제이므로 적극적으로 대응하지 못했던 점을, 일부 몰상식하고 부도덕한 지도자들이 악용한 것이다.

성폭력 사건은 스포츠계의 문제만이 아니며, 최근 급증하는 학생 성폭력도 사회문제로 부상하고 있다. 학생 성폭력 문제는 피해자보다 오히려 가해자의 목소리가 더 높다는 점이다. 일부 가해자는 적반하장으로 "여자가 태도를 단정히 하고 조심했으면 발생하지 않았을 일"이라고 책임을 전가하며, 피해자가 받을 상처는 안중에도 없다.

성폭력 문제가 불거지면 해당학교는 사건을 밝히고 재발방지 약속을 하기보다 숨기는데 급급하다. '세월이 흘러가면 곧 잊게 될 것'이라는 한국사회 관용과 진부한 사고방식에 문제의 심각성이 있다.

현재 '엘리트 위주'의 시스템을 운영하는 권위적이고 폐쇄적인 한국 스포츠계의 전반적인 개혁이 없다면 이러한 현상은 앞으로도 지속될 것이다. 단순히 스포츠계뿐 아니라 우리사회 전반에 걸쳐 빈발하는 성폭력은 반드시 근절되어야 한다.

사회는 남성들과 여성들이 공존함으로써 유지된다. 국영방송 KBS가 극히 제한적인 취재환경에도 불구하고 "객관적인 사실 전달과 현실 비판"이라는 언론의 '이상향'을 실천했다는 점에서, 칭찬받아 마땅하다.

작금의 한국사회 남성중심의 유교적인 사고방식과 남성위주의 권력구조가 개선되지 않는 한, 여성인권 문제는 단기간에 해결되기 어려울 것이다. 여성인권에 대한 전 사회적인 중시가 없이는 인권을 강조하는 한국사회 국가적인 이미지는 지속적으로 추락할 것이다.

스포츠계에 나타난 성폭력의 여성인권 문제는 한국사회가 아직도 '남성 중심의 가부장적 사회'에서 탈피하지 못했다는 단적인 증거이다. 한국은 이웃나라와 타민족의 인권을 거론하기 전에 스스로를 반성하는 자숙자계가 필요하다.

인천국제공항의 '진풍경'

2001년에 개항된 인천국제공항은 국제여객 세계 10위권, 국제화물 세계 2위, 공항서비스 3년 연속 세계 1위이다. 인천공항은 최고의 서비스와 일류의 첨단시설 및 선진적 하드웨어와 소프트웨어를 겸비한 세계 정상급의 국제공항이다. 또한 인천국제공항은 하루에도 수천 명의 국내외 고객들이 드나드는 대한민국의 중요한 '관문關門'이자 대외창구로, 대한민국의 긍지와 자부심이며 한국의 이미지를 대표하는 곳이기도 하다.

현재 40만에 달하는 재한 중국동포들을 포함한 외국인노동자의 대다수가 귀국하면서 재입국수속을 하기 위해 반드시 들리는 곳이 있다. 그곳이 바로 인천국제공항 1층의 중심위치에 있는 법무부출입국관리소이다. 얼마 전 중국 청도靑島에서 열린 국제학술회의 참가차로 중국에 다녀온 필자는 인천국제공항에서 '일류공항'에 어울리지 않은 '진풍경'을 목도했으며, 하마터면 탑승하지 못할 뻔한 아찔한 순간을 경험했다.

안타까운 것은 인천국제공항 '진풍경'의 주인공들이 바로 현재 고국인 한국에 체류하고 있는 중국동포들이라는 점이다. 한편 이 '진풍경'을 연출하고 사태의 조장에 일조한 출입국관리소 공무원들의 한겨레·중국동포들에 대한 적나라한 차별과 멸시적 태도를 목격하면서, 현재 한국사회의 이방인으로, 사회적 기시와 일상차별을 받고 있는 재한중국동포들의 축소도를 보는 것 같아 마음이 더욱 무거워졌다.

한편 이 '일류 서비스'로 유명한 공항의 불협화음이 바로 '악명 높은' 출입국 공무원들이란 점을 간과해서는 안 될 것이다. 이 또한 중국동포들이 고국의 '불량한 이미지'로, 우선 출입국 공무원들을 떠올리는 이유이다.

평소 인천공항에서의 출국수속은 2시간이면 충분하다. 중국동포들이 인천공항의 출국수속 수순은 대개 이러한 절차를 거치며, 관련 수속에 필요한 시간은 대략 1.5~2시간이다. 공항 도착 후 우선 들리는 출입국관리소의 재입국수속 시간은 20~30분이며, 탑승권 수령과 수화물을 부치는데 20~30분이 소요된다. 그리고 안전·해관을 통과하는데 20분, 탑승구까지는 10~15분이 소요된다. 그 중 가장 큰 변수는 재입국수속에 걸리는 시간이다. 다른 수속·절차에서는 탑승시간이 다가오면, 사정을 말하고 먼저 수속을 받을 수 있기 때문이다.

필자가 아침 첫 출발인 5시 10분 인천국제공항의 리무진버스를 타고 공항에 도착했을 때는 6시 40분이었다. 재빨리 짐을 챙기고 1층의 출입국관리소에 들어갔는데, 좁은 관리소 안은 이미 많은 여객들로 붐비고 있었다. 대기번호표를 뽑아보니, 앞에 대기하는 인원이 40명이나 되었다. 필자가 탑승할 비행기는 8시 45분에 출발하는 CA134인천－청도이었다.

아직도 2시간이 남았으니 별 '차질이 없을 것'이라고 위안하면서 대기 순서를 기다렸지만, 왜 이 이른 시간에 이렇게 많은 고객들로 붐비는지에 대해서는 여전히 의문으로 남았다. 후에 알게 되었지만, 필자가 떠난 날이 마침 토요일로 주2회 개통되는 인천－목단강 출발시간과 비슷한 시간대이었다. 현재 대한항공 전세기편으로 매주 토요일 8시 10분 목단강으로 출발하는 항공기의 주요고객은 목단강·연변출신의 중국동포들이다. 목단강행은 최근 방문취업제가 실행됨에 따라 방한訪韓하는 중국동포의 급격한 증가와 재한중국동포들의 출입국이 자유로워졌고, 출·입국하는 중국동포들이 급증함에 따라 신설된 항공편이었다. 그것이 이 토요일 이른 시각에 출입국관리소가 중국동포들로 '붐비는 이유'였다.

아침 7시가 넘자 출입국관리소에는 더 많은 여객들이 들이닥쳤고 수속은 더 늦어졌다. 난해한 것은 손님은 그렇게 많았지만, 출입국관리소에는 단지 2명의 남직원이 재입국과 관련 출국 수속을 하고 있었다는 점이다. 모두들 조급해졌고 여기저기에서 항의하는 소리가 들려왔다. 7시 반이 되자 8시 10분 출발의 목단강행 중국동포들이 수속을 재촉하면서, 불만의 목소리는 거세졌고 비좁은 관리소는 더욱 혼잡해졌다. 그러자 출입국의 직원은 '잠정 번호순서의 수속을 중단한다'고 하면서, 목당간행 여객들은 두 줄로 나와서라고 '명령'했다.

출입국 공무원의 '임시결정'에 필자를 비롯해 다른 항공기로 8~9시에 출발하는 여객들은 더욱 초조해졌고, 다급해진 그들은 더욱 거세게 항의

하기 시작했다. '탑승하지 못할 수도 있다'는 불안감에 더욱 급해진 여객들의 항의와 떠들썩한 소리로, 질서와 정숙을 보장해야 할 출입국관리소는 혼란과 무질서로 통제할 수 없게 되었다. 급해진 여객들이 먼저 수속하려고 무작정 카운터로 몰려들자 그중 선배직원이 "모두들 조용하고 제발 줄을 서세요"라고 큰 소리로 말하면서, 연신 옆자리의 후배에게 '빨리 하라'고 짜증낸다. 그 와중 중국동포 중년여성 한 명이 카운터 안에 들어가 큰 소리로 전화를 받다가 다른 직원에게 쫓겨난다.

'세계 1위' 공항서비스를 자랑하는 인천국제공항에서 벌어진, 희귀한 '진풍경'이 권위주의적 출입국 공무원과 무질서한 중국동포들에 의해 연출된 순간이다. 바야흐로 선진국을 지향하는 대한민국이지만, 중국동포들을 비롯한 외국인노동자들의 사회적 기시와 차별은 크게 부각되지 않고 있다. 외국인 차별·기시는 한국사회의 '숨겨진 치부恥部'이며, 인천공항의 '진풍경'은 현재 고국·한국에서 차별과 기시 속에서 살아가는 중국동포의 축소판이다.

시간이 지남에 따라 여객들의 불만에 찬 목소리는 더욱 높아졌고, 출입국 공무원의 언행도 거칠어졌다. 상호불신과 불만으로 팽배해진 반목질시의 험악한 분위기를 목도하면서, 필자는 중국동포들의 구체적 상황을 헤아리지 않고 일방적으로 '동포차별'의 재외동포정책을 출범시키는 한국정부의 관행을 연상했고, 출입국 공무원들의 권위주의적 태도가 인천공항의 '진풍경'을 연출·조장한다는 것을 실감했다. 아울러 이방인 중국동포들이 이외의 피해와 불이익을 당해도 하소연할 곳이 없는 사회적 약자의 '불쌍한 신세'가 가엽게만 여겨졌다.

8시가 되어도 많은 여객들이 재입국수속을 못하게 되자 목단강행 비행기가 한 시간 연착된다는 소식이 전해왔고, 출입국 직원은 다시 '대기번호 순서로 수속을 한다'고 말했다. 하지만 이미 줄을 선 사람들은 포기하지 않았고, 다급해진 기타 항공기 편의 손님들과의 몸싸움은 더욱 격렬해졌다. 필자는 겨우 앞으로 비집고 나가 사정을 구해 8시 10분 입국수속을 마치고, 국제항공 탑승수속 카운터에 왔을 때는 이미 탑승·수화물 수속이 끝난 뒤였다. 필자가 카운터 여직원과 상사 남자직원에게 재삼 사정하면서 청도 학술회의에 필히 참가해야 할 '이유'를 어필했다. 결국 공항직원의 승낙을 받았고 그 남직원의 도움으로 짐을 가지고 다른 여객들의 눈총을 받으면서, 양해를 구하고 먼저 통관했다. 탑승구까지 줄곧 뛰어가 미리 연락을 받고 대기하고 있는 공항직원에게 짐을 맡기고 급히 탑승했는데, 필자는 출발 10분 전에 도착한 마지막 여객이었다. 안도감과 허탈감이 교차되는 한순간이었다.

필자는 옌지延吉공항의 혼잡과 무질서, 음력설 연휴 기간 수많은 인구가 유동하면서 인파로 붐비는 베이징北京역을 빠져나올 때 힘든 상황을 그 '유명한' 인천공항에서 재체험했다. 더욱 난해한 것은 인천국제공항 '진풍경'의 배경에는 '코리안 드림'을 안고 불원천리 고국을 찾아온 중국동포에 대한 한국정부의 등한시와, '차별적 이념'이 깔려있다는 점이다.

21세기 신 '이산가족', 기러기·펭귄 아빠

이산가족이란 1950년대 6.25전쟁 이후 남과 북에 갈라진 가족들을 지칭하지만, 21세기 신 '이산가족' 기러기·펭귄 아빠는 한국사회의 단면을 보여주는 신조어다. 이른바 '기러기 아빠'는 사정에 따라 가끔 가족을 보러 갈 수 있는 중산층 아빠를 가리키며, '펭귄 아빠'는 경제적 여유가 없어 외로워도 국내에서 전화로만 안부 전하는 아빠를 말한다.

최근 공교육이 무너지고 사교육이 활성화됨에 따라 한국사회에서는 기러기·펭귄 아빠들이 날로 증가되고 있다. 기러기·펭귄 아빠의 양산은 새로운 '이산가족'의 탄생과 함께 부부와 부모 및 자식들을 생이별시키고 있는 것이다.

기러기 아빠들이 늘어나면서 이들 사이에도 양극화 현상이 나타나고 있다. 수시로 외국으로 나가 가족과 상봉하는 '독수리 아빠'와 경제적 및 시간적 궁핍으로 그리운 가족을 못 만나는 펭귄 아빠가 대표적이다.

현재 20~30만 명으로 추산되는 기러기 아빠들은 재력과 형편에 따라 등급이 나뉜다. 1년에 한두 번 외국에 있는 가족과 상봉하는 이들은 기러기 아빠, 탄탄한 재력과 여유 있는 직업으로 수시로 날아가 가족들을 만나는 이들은 독수리 아빠, 적지 않은 비용과 직장에 얽매여 날지 못하는 이들은 펭귄 아빠로 불린다.

원조 기러기 아빠는 1960~70년대 가난했던 시절, 해외건설 붐을 타고 가족과 갈라져 중동에서 외화를 벌던 기성세대들이다. 기러기는 평생 '일부일처'로 암수 중 한 놈이 먼저 죽으면 짝 잃은 놈은 구슬피 울면서 '떠난 이'를 그리워한다. 따라서 가족과 멀리 떨어져 있어 일명 기러기 아빠로 불리는 이들은 지나치게 경쟁적이고 소모적인 한국의 교육제도에 대한 불만, 엄청난 사교육비를 지불하고 국내 대학에 진학해도 취직이 잘 안 되는 냉혹한 현실 속에서 자식들의 더욱 큰 성공을 기대하며 외기러기의 고독한 생활을 감수한다.

흔히 '기러기 가족'이란 엄마와 자녀는 영어권 나라에 조기유학을 떠나 외국에서 생활하고 아빠는 한국에서 열심히 일해 학비와 생활비를 조달하는 신종의 이산가족이며, 2000년도부터 매스컴을 통해 생겨난 신조어다. 처음에 '맹모 아빠'·'외기러기 아빠' 등으로 표현되었지만, 2001년도에 이르러 현재의 기러기 아빠로 통칭되었다. 그 이유는 기러기 아빠라는 용어가 기성세대에게는 결코 생소하지 않은 호칭이며, 게다가 "기러기 아빠"는 1960년대 국민가수 이미자 씨가 불렀던 유행가요로 한국적인 정서가 잘 나타나 있기 때문이다.

가족의 주요 수입원이고 가장인 아빠의 경우 한국에 남아 생활비와 학비를 조달할 수밖에 없어, 결국 가족이 한시적으로 떨어져 생활하는 21세기 신형의 이산가족이 탄생되었던 것이다. 한때 세계적 이슈가 된 기러기 아빠는 속어사전에도 올랐으며, Gireugi기러기라는 용어로 외국에서도 대서특필되었다.

기러기 가족은 1990년대부터 시작된 조기유학 열풍이 만들어낸 부산물로 공교육에 대한 불신, 한국 부모들의 높은 교육열, 세계화 시대의 진전이 어우러져 만들어낸 전대미문의 인위적인 결손, 이산가정의 형태이다.

현재 한국 내 많은 가정들이 자식들의 조기유학으로 부부가 갈라져 생활하고 있다. 물론 미국 등 선진국 교육제도의 강점은 많다. 한국 특유의 입시지옥도 없으며, 영어 공부에 '한이 맺힌' 부모들에게는 꿈같은 영어 공부를 마음껏 할 수 있다. 하지만 자식들은 한국 역사와 한반도 미래, 한국인의 가치관을 공부하는 것이 아니라 미국의 학교에서 미국시민으로 성장할 수 있는 교육을 받으며, 미국의 정치와 경제발전사 및 200년밖에 안되지만 세계초강대국으로 발전한 미국의 '찬란한 역사', 그 토대 위에 형성된 미국인의 가치관을 배우게 된다.

이국타향에서 생활하는 자식들은 엄청난 학비와 생활비 조달에 심신이 지쳐가는 아버지와는 평소 소원했던 관계로 대화가 잘 이뤄지지 않고, 어머니 역시 고생하며 뒷바라지하지만 생소한 외국문화권과 거리가 멀어 대화에 어려움이 많다. 결국 자녀들은 외국문화를 빠르게 흡수하면서 고국의 전통과 문화에 배인 부모와의 갭gap이 깊어지고, 심지어 해외 현지 가족들에게 버림받는 불행한 펭귄 아빠들도 속출하고 있다.

최근 외로움과 정신적 고통 및 육체적 질병으로 유발된 기러기 아빠들의 돌연사는 사회적 문제로 부상되고 있다.

1990년대부터 한국의 중산층 가정을 중심으로 유행되고 있는 조기유학은 자녀들의 미래를 생각한 부모들의 선택으로 조기유학이 이루어지는 경우가 대부분이며, 자녀들이 좋은 교육환경에서 공부하고 완벽한 외국어 구사를 위한 것이 가장 큰 목적이다.

조기유학은 높은 영어실력과 유학파로 인정받아 취직에 도움이 되는 등 긍정적인 측면이 있지만 막대한 외화지출로 인한 경제적 타격, 국내 교육현실에 대한 불신으로 인한 도피성 유학, 기러기 아빠 가정문제 등 여러 가지 문제점들이 부상됨에 따라 새로운 사회문제로 대두되고 있다.

기러기 아빠의 사회적 현상은 공교육의 문제점이 주요인이지만, 한국 부모들 특유의 교육과열과도 무관하지 않다. 한국의 교육열은 세계에 유례가 없을 만큼 치열하다.

1960~70년대 소 팔아 자식을 대학 보내던 '우골탑牛骨塔'의 지극정성이 요즘은 가정해체와 '가장의 죽음'을 강요하는 지경까지 왔다. 이는 학벌지상주의와 영어만능을 추구하는 한국사회의 씁쓸한 단면이기도 하다. 이 같은 결과는 자식출세를 위한 부모의 이기심과 지나친 기대와 욕심 탓도 있겠지만, 입시제도와 성적만 강요하는 교육현실에 대한 불만이 가장 큰 원인으로 지적된다.

최근 들어 평범한 샐러리맨 가족도 기러기 아빠 대열에 동참하고 있다. 그들은 급증하는 사교육비를 감당 못해 교육비가 상대적으로 적은 동남아시아나 중국에 조기유학을 보내고 있다. 최근 기러기 아빠의 돌연사나 자살이 늘어나고 있는 상황을 우려해 사회학자들은 기러기 아빠의 미래는 가난하고 삭막한 '현대판 고려장高麗葬'이 될 수 있다고 충고한다.

기러기 가족 문제는 단순히 개별 가족차원뿐만이 아닌, 우리사회 전체의 구조적 문제이다. 따라서 가정과 부부 및 경쟁과 성공, 삶의 목적과 행복이 무엇인가를 진정으로 고민해봐야 할 시점이다.

20세기 민족상잔의 후유증으로 남겨진 원조 이산가족의 아픔이 여전히 치유되지 못한 상황에서, 21세기 신 '이산가족'을 상징하는 기러기·펭귄 아빠의 속출은 결코 바람직한 사회현상이 아니다. 그것이 자녀들의 출세를 위한 조기유학이든, 자식들의 늘어가는 학비와 생활비를 마련하기 위한 부모들의 출국이든 막론하고 '조화로운 사회발전'에 역행하는 불미스러운 사회현상인 것은 자명하다.

신구 '이산가족'의 문제는 21세기 한반도가 반드시 해결해야 할 중차대한 사회적 문제임에 틀림없다. 정신적 고통과 육체적인 부담이 가중되는 기러기 가족이 하루빨리 우리사회에서 사라져 가기를 두 손 모아 빌 뿐이다.

"호박에 줄 긋는다고 수박되나"

한국인의 외모지상주의를 논책함

"호박에 줄긋는다고 수박되나"는 요즘 한국사회에서 자주 들을 수 있는 낱말이다. 본래의 뜻은 '호박' 같은 못난 외모를 아무리 치장해도 '미인수박'이 못 된다는 의미로, 분수를 모르고 과분하게 화장하는 사람을 가볍게 풍자하여 사용하는 우리말 속담이다.

외모지상주의 사회풍조가 갈수록 심화되고 있고 그로 인한 사회적 문제들이 속출하고 있는 한국의 사회현실에서, 어느덧 사람들의 '입에 자주 오르는' 생활용어로 회자되고 있다. 최근에는 우리사회에 성행되는 외모지상주의를 논책하는 메타포로 이용되기도 한다.

한국사회에 유행하기 시작한 외모지상주의는 지난 1980~90년대 성행한 한국인의 화장 붐이 이어진 결과로, 외모가 개인 간의 우열과 인생의 성패를 가름한다고 믿는 현대인들이 지나치게 외모에 집착하는 경향 또는 그러한 사회풍조를 말한다.

외모지상주의로 인한 부조리와 사회문제가 끊임없이 언론의 이슈로 부상되는 현실에서, 전문가들은 외모지상주의가 이제는 단순히 한때 유행되는 사회적 현상과 풍조만이 아닌, 심각한 사회병폐 및 '정신과적 질환'임을 경고하기도 한다.

외모지상주의가 추앙받고 있는 한국사회에서 '아름다운 외모'는 부유함의 상징이자 곧 생활력이며, 인생의 성공을 가늠하는 저울추가 되는 것이다. 이 또한 한국사회의 심각한 부조리현상으로, 하루빨리 근절되어야 할 사회적 병폐이다.

실제 한국사회에서 잘난 외모가 연애와 결혼 등과 같은 사생활은 물론 취업과 승진 등 사회생활 전반까지 좌우하기 때문에, 외모를 가꾸는 데 많은 시간을 할애하고 엄청난 재력을 투자하게 되는 것이다. 아무리 실력이 있어도 외모 때문에 취업이 힘들어지고 외모가 배우자의 선택에 있어서도 많은 영향을 미치는 사회적인 분위기에서, 일련의 '루키즘외모지상주의 현상'이 사회문제로 등장하고 있다.

사회학자들은 외모지상주의를 추구하는 경향은 잘난 외모를 선호하는 사회풍조에서 비롯된다고 지적하고 있다. 예컨대 명문대를 졸업했다고 해도 외모가 받쳐주지 않으면 연애와 결혼생활의 실패자로 되며, 학창 시절의 성적이 우수했다 해도 못난 외모로 인해 번번이 취직 면접에서 탈락되는 불이익을 받는 것이 한국사회 실정이다. 오늘날 '성형미인'이 급증하고 있는 현실은 외모지상주의 결과이자 그 직접적 빌미가 된다.

성전환 수술을 받은 후 연예계에 데뷔한 하리수는 가수·MC·배우 등 만능연예인으로, 현재 국내외에서 큰 인기를 누리고 있다. 만약 하리수가 지금의 아름다운 외모를 지니지 못했다면, 그와 같은 인기를 누릴 수 있을 지 의문이다.

　가령 하리수가 못생긴 성전환자라면 지금처럼 높은 인기를 얻지 못했을 것이며, 연예계의 데뷔도 불가능했을 것이다. 사람들은 트랜스젠더성전환자에 대한 선입견을 앞세워 '징그럽다'는 반응이 당연한 것이지만, '예쁘면 모든 것이 해결되는' 외모지상주의 한국사회에서만 가능한 것일지도 모른 다. 외모를 돋보이게 하고 싶은 욕구는 시대와 연령, 남녀의 구분 없이 인 간의 본성으로 크게 나무랄 것이 못된다. 아름다운 외모를 추구하는 것은 인지상정이기도 하다.

　외모가 잘생긴 사람은 친절하고 정직하며 영리하다고 평가받으며, 심지 어 같은 범죄를 저질렀어도 용모가 뛰어난 사람은 상대적으로 낮은 형량 의 판결을 받는다. 여성의 경우 능력보다는 예쁘고 날씬한 몸매와 화려한 차림새가 경쟁력이 되고 있고, 길거리 광고전단지도 미모의 아가씨가 나 눠줄 때 수령해 가는 비중이 훨씬 높다. 방송사의 여성앵커도 대부분 예쁜 외모의 젊은 여자가 담당하고 있는 것이 요즘의 한국사회 실태다.

　현재 한국의 성형산업은 연간 7조원을 상회한다고 한다. 최근 한국사회 에 성형열조가 성행됨에 따라 10년 동안 성형의사와 성형외과병원만 해 도 5배로 늘었으며, 강남의 성형병원에는 늘 국내외의 고객들로 차고 넘 친다.

　최근에는 중장년층 여성들도 성형대열에 참여해 성형산업은 갈수록 호황을 맞이하고 있고, 일본이나 중국의 성형관광단이 강남의 성형병원을 찾고 있다고 한다. 최근 한류 열풍에 힘입어 한국의 연예인들이 우상화되면서, 중국에서는 거래처 자녀들을 한국에 초청해 성형수술을 시켜주는 '성형접대'마저 등장하고 있는 상황이다.

한 기관의 설문조사 결과에 따르면 젊은 여성의 90% 이상이 자신의 신체에 대해 불만족스러워하며, 82%가 '성형수술을 받고 싶다'고 답한 것으로 조사되기도 했다.

최근 유행되고 있는 성형수술과 다이어트 붐, 인위적인 키 성장 등 '외모 뜯어고치기' 신드롬은 병적인 사회현상이다. 신체변형 장애는 멀쩡한 신체를 가지고도 어떤 부분에 결점이 있다는 집착으로, 신체변형에 매달리는 일종의 정신병리학적 현상이다. '유교사회'인 한국에서 부모님이 주신 '신성神聖한 몸'에 칼을 댄다는 것은 엄청난 불효가 아닐 수 없다.

세상에는 외모보다 더 중요한 것이 많고도 많지만 외모가 각광받는 현 시대에서는 외관상의 보이는 것만이 절대적인 능력 및 삶의 평가기준이 되기 때문에, 누구나 외모 콤플렉스에서 자유로울 수 없는 것이다. 외모가 인생의 전부가 아니라는 것을 누구나 잘 알고 있지만, 그래도 예뻐지고 싶은 것이 인간들의 정상적인 심리이기도 하다.

그러나 진정한 아름다움은 겉에 드러난 '외적인 미'에 있는 것이 아니라, 내면의 멋을 즐길 줄 아는 나만의 자신감을 유지할 수 있는 '내적인 미'에 있지 않을까 싶다.

호박에 줄을 그으면 외면적으로 수박처럼 보일지는 모르겠지만, 결코 수박의 맛과 구조를 가질 수 없다는 것은 자명하다. 너무 외적인 미를 일방적으로 강조하면 순수한 내적인 미가 간과된, '병적인 미'에 빠지게 된다.

요컨대 겉치레인 외모에 몰입하는 외모지상주의 사회풍조는 건전한 사회에서 있을 수 없는 부조리현상이다. 따라서 '뜯어고친 아름다움'은 멀쩡한 '수박'에 줄을 그어 흠집을 내는 것과 같은 어리석은 짓으로, 제창할 바가 못 된다.

아버지, 힘내세요

현대사회에서는 어머니의 모성애는 갈수록 부각되고 어머니에 대한 노래와 예찬은 많지만 가장으로서 남편, 세대주인 아버지에 대한 찬미는 그리 많지 않다. 아버지의 숨은 노력과 가정을 위해 일생을 바치는 헌신정신은 '응당한 것'으로 받아들여진다. 사실 가정에서 떳떳하고 사회에서는 '존경받는 아버지'가 되기 위해 수많은 노력을 기울여야 하며, 인생의 쓴맛을 묵묵히 감수해야 하는 것이 이 시대의 아버지들의 고민이자 책무이다.

아버지가 된다는 것은, 한 가정의 가장으로서 성숙한 인생 및 사명감을 지닌 삶을 사는 인생의 중요한 전환점이 된다. 사회에서는 떳떳하고 자랑스러운 세대주로, 가정에서는 자상하고 다정다감한 남편과 아버지로 되어야 하기 때문이다. 필자는 매일 10시간 이상 컴퓨터 속에서 살면서 수없이 바탕화면에 있는 나의 귀염둥이들을 클릭한다. 그들은 나에게 방불히 이렇게 말한다. "아빠 힘내세요. 우리가 있잖아요"라고 말이다. '거북 인생'을 편달하고 재촉하는 동기부여는 '아버지가 되었다'는 자부심과 사명감이다.

얼마 전까지 한국에서 가장 흥행한 광고노래 인기순위 1위는 "아빠 힘내세요"이었다. OECD 국가 중 '스트레스 1위'인 한국의 아버지들에게 가장 필요하고 힘이 되는 노래이었기 때문이다. 한편 '아버지'들이 직장 스트레스와 일상의 압력을 이겨내고 열심히 살아가는 이유는 그들에게 여우같은 마누라와 토끼 같은 자식들이 있고, 자랑스러운 아버지로서의 자긍심이 있기 때문이다. 가정이 화목하고 자식들이 올바른 인격체로 성장하려면, 모성애와 부성애의 적절한 조화와 균형이 필수적이다.

모계사회 이후 인간의 생활방식이 채취로부터 사냥과 수렵, 농업과 목축으로 바뀐 후 아버지는 곧 권력과 지배의 상징으로 등장했다. 가정과 사회는 아버지 중심으로 재편되었고, 가부장 제도가 확립되었다. 오랜 기간 우리사회에서는 아버지와 군주 및 스승은 곧 일체로, 군사부일체君師父一體이었다. 하지만 산업화·정보화 사회로 진입한 후 오랫동안 가부장적 문화 속에서 억압을 받았던 여성의 지위가 갈수록 높아지면서 아버지의 권위가 서서히 하락되었으며, 가장으로서 아버지는 점점 더 무력해졌고 '사회적 약자'로 추락했다.

IMF 경제위기 이후 수많은 아버지들이 일자리를 잃었고, 그들의 막강한 권위와 위엄은 사라졌다. 경제위기가 올 때마다 그들의 어깨는 무거워지고 돈주머니는 엷어지는 반면, 그들이 받는 스트레스는 더욱 가중된다. 최근에는 중년의 한창 나이에 생활에서 오는 스트레스와 인생의 고통에서 벗어나지 못하고 '운명'하는 이들을 심심치 않게 볼 수 있다. 맞벌이 부부가 늘어나고 여성파워가 커짐에 따라 우리시대의 아버지들은 권위가 위축되고, 자신의 고통스러운 심정을 하소연할 곳이 없다. 오직 심신의 피곤을 풀 수 있는 것은 술뿐이다.

최근 미국의 링컨대학에서 학생 5만 명을 대상으로 진행한 '아버지와 TV 중 어느 쪽을 선택하겠는가'라는 설문에 무려 68%가 아버지 대신 TV를 선택했다는 조사결과가 나왔다. 아버지의 존재는 뉴스와 오락프로를 제공하는 TV만도 못했다. 최근 한국의 가정순위 1위가 자식, 2위는 엄마, 3위는 파출부, 4위는 강아지, 5위가 아버지라는 '슬픈' 이야기가 유행되고 있다. 일찍 권위와 위엄의 상징이었던 아버지의 존재는 흔들리기 시작했고, 아울러 '펭귄 아빠'와 '기러기 아빠'들의 급증으로 아버지들은 점점 '쓸쓸한 외톨이'가 되어가고 있다.

군인들이 등장하는 TV 프로그램에서 사회자가 지금 이 순간 가장 보고 싶은 사람의 이름을 말하라고 하면, 99%가 '어머니'를 외친다. 이는 아버지 존재가 어머니에 비해 상대적으로 낮게 평가되고, 아버지의 존재가치가 '절하'되었다는 반증이다. 호주제 중심의 가부장적 사회에서 당당했던 아버지의 존엄과 가정에서의 지위는 땅에 떨어졌고, '낙동강 오리알'의 신세가 되었다. 최근 '아버지의 기를 살려주자'는 목소리가 높아지고 있는 이유다.

최근 사이버 공간에 '아버지닷컴'이 개설되어 주목을 끌고 있다. 힘겹게 살아가는 이 시대의 아버지들에게 용기와 희망을 주고 싶어서 사이트를 개설했다는 운영자의 설명이다. 일상의 평범한 이야기들을 주고받는

'토론장'에는 이 시대의 아버지들의 말 못할 고민거리가 넘쳐난다. 요즘 아버지들은 급변하는 인터넷·디지털 문화에 적응하지 못해 자신의 정체성을 잃고 있고, 올바른 아버지상을 상실하고 있다. 우리시대의 아버지들은 늘 직장일에 바쁘고 구조조정으로 인한 해고 걱정으로 전전긍긍하며, 자녀의 성장에 관심할 여유가 없다.

얼마 전 신문에서는 '아버지가 마시는 술잔의 절반은 눈물과 한숨'이라고, 이 시대 아버지들의 우울하고 힘든 모습을 묘사했다. 경제 위기로 인한 직장 불안이 우리시대 아버지를 더욱 주눅 들게 만드는 요인이다. 집안의 권위로 상징되던 아버지는 점차 사라지고, 오늘날의 아버지는 위축되고 고립된 모습이다. 아버지의 위기는 가정의 위기이자 곧 우리사회의 위기이다. 그래서 '아버지가 살아야 가정이 산다'는 말이 나온 것이다. 평소 아버지가 세상을 떠나면 '기둥이 무너졌다'고 말하는 것은 가정에서 아버지의 역할과 중요성이 뒷받침되어 있기 때문이다.

최근 미국발 금융위기와 경기불황의 여파로 수많은 기업들이 부도나고, 회사들의 구조조정으로 인해 우리시대의 많은 아버지들이 직업을 잃고 길거리에 내 몰리고 있다. '가족을 부양할 능력을 잃은 가장'·'식솔들을 거느리지 못하는 남편'이라는 딱지를 붙인 수많은 가장들이 설자리를 찾지 못하고, 가장과 남편으로의 존엄과 권위를 잃어가고 있다.

2009년 기축년은 '소'의 해이며, '소도 언덕이 있어야 비빈다'는 말이 있다. 날로 팍팍해지고 각박한 우리들의 삶에서 소처럼 부지런히 일하는 이

시대의 '아버지'들이 기댈 수 있는 언덕이 없다. '소'는 기댈 수 있는 언덕
이 된다. 지금이야말로 힘과 권위를 잃고 어깨가 처진 이 시대의 아버지
들에게 불러야 할 노래가 있다. "아빠~ 힘내세요. 우리가 있잖아요."

3박4일 강원도 역사문화유적 답사 (상)

지난주 필자는 3박4일로 강원도 역사문화유적 답사를 다녀왔다. 금번 답사는 한국학대학원에서 주로 외국인학생들에게 조선시대 왕실·사대부들의 관련 유적을 견학함으로써 한국의 역사문화를 체험하고, 동시에 한국사회를 이해하는데 주안점을 둔 답사 견학으로 조직된 것이다. 하지만 실제 오전에는 주로 관련 문화유적을 답사하고 오후에는 지방 명승지를 관람했으니, 관광·견학이라고 표현하는 것이 더 적절할 것이다.

강원도 개황

동해안에 위치한 강원도는 유일하게 남북한이 공유하고 있는 '조선팔도'의 하나로 대부분 산지로 형성되었다. 강원도는 태백산맥을 분수령으로 영동·영서지방으로 크게 구분되며, 인구는 약 150만 명으로 전체 한국인구 약 4800만의 3%에 불과하다. 현재 강원도에는 조선시대 역사문화 유적이 많고 잘 정비된 사찰과 동해안의 명승지 관동8경, 풍부한 지방특산과 설악산 단풍 등으로 유명해 국내외 많은 관광객들의 인기를 끌고 있다.

지금의 강원도라는 명칭은 조선 건국 후 1395년태조 4에 정해진 것이며, 1896년 13도제가 실시됨에 따라 춘천을 도道의 수부로 정하고 관찰사를 두었다. 8.15광복 및 6.25전쟁 이후 남북이 분단됨에 따라 강원도도 남북으로 갈라지게 되었다. 목전 강원도의 국민들의 가장 큰 관심사는 지역경제 발전에 큰 도움이 될 것으로 기대하는 2014년 동계올림픽 평창 유치이다. 최근 몇 년 간 강원도의 이슈인 강원랜드는 특급호텔·골프장을 포함한 종합관광단지이며, 특히 내국인 출입이 가능한 카지노로 더욱 유명하다.

관동팔경에서 분단된 현실을 실감

관동팔경이란 강원도 동해안에 있는 여덟 곳의 명승지를 이르는 말이다. 일반적으로 통천의 총석정叢石亭, 고성의 삼일포三日浦, 간성의 청간정淸澗亭, 양양의 낙산사洛山寺, 강릉의 경포대鏡浦臺, 삼척의 죽서루竹西樓, 울진의 망양정望洋亭, 평해의 월송정越松亭을 들어 관동팔경이라고 부르지만, 일부 학자들은 경상북도의 월송정 대신 북한지역 흡곡의 시중대侍中臺를 넣기도 한다. 대관령大關嶺의 동쪽이라 하여 '관동'이라는 호칭이 붙여졌고 현재는 망양정과 월송정이 경상북도에 편입되었으며, 삼일포·총석정·시중대는 휴전선 이북에 위치한 북한 강원도지역에 분포되어 있다.

관동팔경은 대부분 외침이나 6.25전쟁 당시 파괴된 것을 최근에 다시 중건하였고 바닷물이 내려다보이는 동해안의 높은 곳, 즉 임수고처臨水高處에 자리 잡고 있어 경치가 수려하기로 유명하다. 이들 팔경에는 아름다운 정자나 누각이 있어 고려·조선시대의 많은 관원과 문인들이 여기에서 풍류를 즐기고 빼어난 경치를 노래로 읊었으며, 또 오랜 세월을 내려오면서 많은 전설들이 전해진다. 그 중 가장 유명한 것이 조선시대 문인·시인인 정철鄭澈이 관동팔경의 경치를 노래한 가사 <관동별곡>으로 한국 가사문학의 백미로 후세에 전해지고 있다.

관동팔경이라 불리지만 실제 우리가 관광한 것은 현재 강원도에 위치해 있는 고성군의 청간정, 양양군의 낙산사, 강릉시의 경포대, 삼척시의 죽서루 네 곳뿐이었다. 솔직히 '제일강산第一江山', '관동제일루關東第一樓' 등 화려한 수식어에 비해 풍경은 조금 썰렁한 감이 들었고, 게다가 강원 산간지대의 변덕스러운 날씨로 비까지 내려 여행의 흥취를 날려버렸다. 아울러 현재 남북 분단으로 휴전선 남북 강원도에 갈라져 있는 팔경을 함께 관람할 수 없는 아쉬움이 갈마들면서 분단의 비애를 더욱 절감하게 되었다.

오죽헌에서 본 성리학 대가 율곡 이이

이율곡의 탄생지 오죽헌烏竹軒에 대한 답사는 필자가 금번 답사에서 가장 관심을 가지는 하이라이트이며, 16세기 성리학 대가인 이이李珥는 평소 본인이 가장 존중하는 학자이기도 하다. 오죽헌은 강릉시 죽헌동에 있는 조선 전기의 주택이며, 보물 제165호로 이름은 집주위에 검은 색의 대나무가 무성한데서 유래되었다. 오죽헌은 조선시대 주택건물로서 역사적 가치가 있지만 유교의 대학자 이이의 출생지로 더욱 큰 의미가 있다.

율곡 이이1536~1584는 조선시대 대학자이며 정치가이다. 그는 어려서 어머니 사임당 신씨에게서 학문을 배웠고 한때 금강산에서 불교를 연구하다가 유학에 전심하였다. 23세에 58세의 퇴계 이황李滉을 찾아가 학문을 논의하였으며, 이황으로부터 후생가외後生可畏라는 평가를 받았다. 기호학파의 조종인 이이는 주기론主氣論의 입장에서 관념적 도덕세계와 경험적 현실세계를 동시에 존중하는 새로운 철학체계를 수립하여 주기 철학을 집대성했고, 현직기간 정치·경제·국방 등 다방면에 걸친 개혁을 주장하였다. 이이는 국력강화 및 개혁과 민생을 위해 노심초사한 끝에 49세의 한창나이에 애석하게 일생을 마쳤다.

한편 생전에 많은 노비와 여러 채의 가사 및 수천 두락의 전답을 소유했던 이황에 비해 죽을 때까지 재산 한 푼 없이 청렴한 일생을 살아온 이이는 이황의 성리학사상을 보완하는 입장에서 학문을 민생문제와 직결시켰고, 다양한 사상연구를 진행하면서 사회문제에 대한 명철한 분석을 통해 다방면의 현실적 개혁을 주장하였다는 점에서, 그가 성리학의 유종儒宗으로 불리는 이황천원에 비해 훨씬 후배지만 후세에 의해 오늘날 한국 화폐에 한글을 창제한 성군 세종대왕만원에 이어 '서열 2위'로 5천원 지폐에 모셔져 있는지도 모른다.

이날따라 날씨가 화창했고 연세가 지긋한 자원봉사자분의 유머적인 해설이 곁들여져 율곡 선생의 평생에 대해 더욱 상세하게 이해할 수 있었으며, 따라서 우리가 매일 지갑 속에 넣고 무심중 사용하는 '5000원 지폐의 주인공'에 대한 존경심을 더욱더 지울 수 없었다.

불교문화재의 보고, 월정사 견학

주변경치가 수려한 월정사는 조계종 제4교구 본사로 사철 푸른 침엽수 림에 둘러싸인 고즈넉한 사찰이다. 이 절은 조선시대 철종 7년1856에 크게 중건되었고, 한국전쟁 때 완전히 소실된 후 중건한 것으로 겉모습은 오래되지 않았다. 우리일행은 사찰마당의 중간에 우뚝 솟아있는 높이가 15m나 되는 국보 제48호 팔각구층석탑을 배경으로 단체기념사진을 찍었으며, 성보박물관에서 강원도의 중요한 문화재에 대한 스님의 상세한 해설을 들었고 불교지식을 전수받았다. 2000년 불교전문박물관으로 등록된 본 박물관에는 강원도 사찰의 성보와 조선 왕실의 사찰 관련문헌 및 불교 예술의 한글 문헌자료가 보존·전시되어 있다.

대개 한국의 명산들을 돌아보면 깨끗하고 잘 정비된 절, 불교문화의 상징인 사찰들을 어렵지 않게 볼 수 있다. 일찍 고려시대의 국교로 막강한 영향력을 행사했던 전통적인 종교인 불교는 현재 대한민국 '국교'로 부상한 기독교에 의해 밀리고 있지만 여전히 천만에 가까운 신자들을 보유하고 있다. 현재 기독교 신자들은 주로 대도시에 집중되어 있고 젊은이와 중산층·엘리트층이 많은 반면, 불교 신자들이 대부분 농촌지역에 분포되어 있고 상대적으로 교육수준이 낮은 농민들과 노인층이 많은 특징을 갖고 있다. 강원도 월정사 견학은 불교문화에 대한 진일보의 이해와 더불어 한국의 종교문화를 배울 수 있는 좋은 계기가 되었다.

'관동 제1의 명승지' 구룡폭포 등반에서 느낀 등산문화

율곡 이이가 입신수도入山修道한 금강산과 흡사하다고 해서 '소금강'이라고 불리는 오대산 소금강은 관동의 대표적인 절경이며, 사시사철 아름다운 풍경으로 여름철 피서지와 가을단풍 관광지로 여행객들의 사랑을 받고 있다. 또한 산중에 '관동 제1의 명승지'로 불리는 구룡폭포가 있어 일 년 내내 등산객이 끊이지 않고 있다. 우리일행은 구룡폭포를 종점으로 삼아 몇 개 팀으로 나눠서 오대산 소금강을 향해 등반을 시작했다. 아래에 등산 과정에서 보고 느낀 점과 이왕의 경험을 들어 한국 등산문화에 대한 필자의 소감을 적는다.

오대산국립공원에 편입된 소금강 등산 코스는 계곡물을 따라 이어진 것이 특징이었다. 등산길은 대부분 돌길 및 돌계단으로 이루어졌으며, 위험하고 가파른 곳에는 철 계단과 보호난간이 설치되어 있었다. 이따금 등산객들의 이해를 돕기 위해 길옆에 세워진 산중의 동식물 및 희귀나무 설명 그림판이 보였고 한참 더 올라가니 등산객들의 갈증을 덜어주기 위해 만들어진 계곡의 샘물을 먹을 수 있는 수도설비가 있었는데, 물맛을 보니 오염 없는 시원한 샘물은 그야말로 꿀맛이었다. 산속에 깊이 들어가자 계곡을 가로지르는 철다리난간과 구급함 및 화장실과 공중전화가 설치되어 있었는데, 등산객들을 위한 세심한 배려와 발달한 등산문화를 감지할 수 있었다. 가끔 헬기가 출동해 위험에 빠진 등산객을 구출하는 TV 장면을 보면 발달한 한국의 여가산업에 수긍하게 된다.

약 1시간 20분 동안 부지런히 길을 재촉해 등산 목적지 구룡폭포에 도착했는데, 산속에 그림 같은 진풍경이 나타났고 아홉 폭포가 연달아 내리꽂히는 자태가 장관이었다. 우리는 폭포를 배경으로 기념사진을 찍고 좀 휴식한 후 하산, 워낙 산간의 날씨가 변덕스러워 비가 내리기 시작해 오래 머무를 수가 없었던 것이다. 내려오면서 찬찬히 보니 계곡의 물은 너무도 맑아 물밑까지 들여다보였고 물밑의 푸른 이끼까지 환히 보인 까닭으로 물빛이 푸르게 보였다. 필자와 베트남 학생으로 구성된 팀이 산 아래 주차장 버스까지 돌아와 보니 약 2시간 30분이 걸렸고, 30분전에 돌아온 한국인 학생들은 이미 휴식을 취하고 있었다. 약 30분 후 러시아와 몽골학생들로 구성된 팀이 마지막으로 버스에 돌아왔다.

현재 한국의 등산문화 및 여가산업은 상당히 발달되었고 등산은 이미 대다수 한국인들이 즐기는 대중운동으로 범국민화되었다. 필자는 가끔 한국인들과 등산을 같이 하지만 프로수준으로 산을 잘 타는 그들을 따라다니기가 여간 힘들지 않았다. 공기 좋고 오염이 적은 산속에서 '자연인'이 된다는 것은 자연으로 향한 인간의 회귀본능을 자극하며, 따라서 스트레스 해소에 큰 도움이 된다. 그래서 많은 이들이 타이트한 일상에서 벗어나 자연의 매력을 찾아 힘들지만 심신이 유쾌한 등산을 하는 것이 아닌가 하고 생각한다.

3박4일 강원도 역사문화유적 답사 (하)

종합관광시설 콘도, 지방특산 토속음식

관동팔경과 설악 및 푸른 동해가 펼치는 천혜天惠의 아름다움이 숨쉬는 강원도는 다양한 볼거리와 먹거리, 놀거리가 즐비하다. 특히 천연온천수와 해수욕장, 자연폭포와 자연휴양림, 사찰과 국립공원 등 명승고적들을 사시절 관람할 수 있어 국내외의 관광객들이 대거 몰리고 있다. 그리고 많은 놀이시설과 종합휴양지가 마련되어 있어 언제든지 가족·연인과 함께 레저와 휴식을 즐길 수 있는데, 이렇게 먹고 놀고 쉴 수 있는 종합관광시설이 바로 유명한 여행 숙박지·콘도이다. 콘도는 흔히 경치가 절경으로 환경이 빼어난 바닷가나 수림이 울창하고 계곡이 흐르는 경치가 수려한 곳에 설치되어 있다.

우리 일행이 여장을 푼 곳이 바로 경치 좋은 바닷가에 위치한 프레야 콘도이었는데, 5층으로 된 콘도는 식당·슈퍼·노래방·커피숍·호프집과 볼링장 등 놀이시설이 구전한 대형 종합관광시설이었다. 우리팀이 배정받은 숙소는 10여 명이 사용할 수 있는 여러 칸으로 된 대형룸이었는데,

필자에게는 선배 대접으로 널찍한 침대방이 차려져 낮 동안에 누적된 여행피로를 풀 수 있었다. 식당과 숙박 등에서 후배들에게 깍듯이 선배 대접을 받는 기분이 나쁘지는 않았지만, 한편 명실 공히 '유교국가'인 한국에 와있다는 사실을 더욱 실감케 한다.

강원도에 오면 다양한 먹거리, 특히 평소 별로 맛볼 수 없는 지방특산 토속음식을 먹어볼 수 있다는 것 또한 관광객들의 흥미와 관심거리이다. 강원도에는 많은 지방특색의 토속음식이 있는데, 우리들이 답사과정에서 맛본 토속음식으로는 인제 백담황태구이, 고성 활어와 물회, 정선의 곤드레밥, 양양의 산채비빔밥 등이 있다. 그중에서 가장 인상이 남는 것은 정심메뉴로 된 지방특산 산나물로 만든 산채비빔밥이었다.

실제 비빔밥은 여러 가지 산나물과 계란 및 고추장 등을 비벼서 먹는 한국인들이 애용하는 대표적인 한식韓食으로 된장찌개와 다양한 밑반찬이 따라 나오는데, 담백하고 소화가 잘되어 정심메뉴로 제격이다. 자주 먹는 음식이기에 한국학생들은 익숙한 솜씨로 재빨리 비벼서 맛있게 먹는데, 외국인 학생들은 그 모습을 옆에서 보면서 따라 해보지만 솜씨가 여간만 서툴지 않다. 매콤하고 신선한 야채, 그리고 영양가가 높은 비빔밥이 한국인에게는 '웰빙음식'이 될지는 모르지만 외국인 학생들의 반응은 각이하다. 처음으로 먹어본다는 옆자리의 중국인 남학생이 "어, 생각보다 맛있네"라고 말하자 맞은편에 앉은 베트남 여학생은 "글쎄요, 보기보다는 그렇게 맵지 않네요"라고 하면서 그래도 맛있게 먹는다.

필자는 여러 가지 요리가 짬뽕된 한국 특색의 비빔밥을 먹으면서, 현재 동서양문화와 다양한 종교 및 신앙 속에서 살고 있는 한국인의 현황을 보여주는 대표적인 한국 음식문화로 손색없다는 생각을 굴려보았다.

'비운의 임금' 단종(1452~1455) 대왕

대부분의 조선시대 왕릉은 한양 근처의 명당자리에 모셔져 있지만 유독 강원도에 유배되어 17세의 어린 나이에 죽임을 당한 조선 제6대왕 '비운의 임금' 단종端宗이 묻힌 장릉莊陵만은 외롭게 강원도에 있다. 우리가 견학한 장릉은 단종이 영월에 유배되어 죽임을 당한 뒤 그의 호장 엄흥도가 죽음을 무릅쓰고 단종의 시신을 모신 곳으로, 단종의 짤막했던 생애처럼 능 또한 단출하기 그지없었다. 현재 문화제로 제향이 거행되는 조선시대 왕릉은 장릉뿐이며, 매년 영월에서는 단종문화제로 다양한 행사가 펼쳐진다고 한다.

단종의 피눈물어린 유배지 청령포淸冷浦는 12세에 등극한 그가 숙부인 수양대군世祖에게 왕위를 찬탈당하고 상왕, 그리고 노산군으로 강봉되어 강원도에 유배되었던 곳이다. 외로운 섬과 같은 청령포, 전설이 깃든 관음송觀音松·노산대·망향탑을 답사하면서 단종의 유배당시 모습을 회억해 볼 수 있었다. 삼면이 강으로 둘러싸였고 경치가 수려한 청령포지만 정작 자유가 구속된 갇힌 죄인에게는 지옥과도 같은 곳이었을 것이다. 한편 권력다툼의 희생양이 된 어린 왕의 비참한 말로가 연상되면서 연민의 정이 갈마들었다.

필자는 세조와 단종의 숙질간에 빚어진 역사비극을 보면서 내란과 외침이 비일비재했던 조선시대의 부패하고 무능한 조선왕조에 대한 타매와 더불어, 권력이 집중되고 권력의 독재가 부각될수록 그에 따르는 국가적 부패와 쇠퇴 및 백성의 질고를 한층 절감했다. 그리고 권력의 유혹에 빠지면 육친도 못 알아본다는 권력의 무정함과 권력의 독재는 사회악을 넘어서 재앙을 초래하는 '악마'라고 말한 어느 서방사회학자의 명언을 상기했으며, 그 권력집착증과 비극이 우리주위에도 상존하고 있다는 현실에 여간만 씁쓸하지 않았다.

정선아라리의 고향, 아우라지 강

아우라지는 '두 갈래 물이 한데 모여 어우러지는 나루'라는 뜻이다. 강원도 정선 아우라지가 가장 대표적이며, 이 강물은 북쪽의 구절천과 남동쪽에서 흘러오는 골지천이 만나 어우러진 후 남한강의 상류를 이룬다. 아우라지의 아름다운 산수는 예로부터 여량8경으로 알려져 있으며, 아우라지는 정선아라리의 발원지로도 유명하다.

정선아리랑은 정선 산간마을 주민들의 생활감정이 담긴 정선지방 특유의 민요로 아라리라고도 한다. 정선아리랑은 조선 초기 당시 고려왕조를 섬기던 선비들이 새 왕조를 피해 정선지방에서 은신하면서 불사이군不事二君의 충절과 고향에 대한 그리움을 시로 지어 읊었는데, 그 노래들이 민간에 전해져 정선아라리의 시원을 이뤘다고 한다. 오늘날 아리랑은 한국의 대표적인 민요로 널리 알려져 있으며, 그중에서 정선아리랑은 가락이 구슬프고 구성진 곡조로 서민적이며 소박한 감정을 느낄 수 있는 대표적인 민요로 사랑받고 있다.

아우라지는 조선 말 대원군이 경복궁을 중건할 때 1천리 남한강 물길 따라 한양까지 목재를 운반했던 유명한 뗏목 시발지점으로, 현재 '떼돈 번다'는 말도 여기에서 유래되었다고 한다. 강변에는 강물을 바라보며 서 있는 처녀동상이 있는데, 여기에는 사랑을 이루지 못한 애절한 남녀의 한스러운 전설이 깃들어 있다. 전설에 의하면 처녀가 사랑하는 한마을 총각이 뗏목을 팔아 떼돈을 번 후 정 많은 한양 기생에게 빠져 사랑하는 이를 잊고 고향에 돌아가지 않았다고 한다. 사랑하는 총각을 매일 강변에서 안타깝게 기다리는 처녀의 정성을 기리어 후세들이 아우라지 강변에 처녀동상을 세웠다고 전해진다.

외롭게 서 있는 처녀동상을 보면서 필자는 현재 '코리안 드림'을 위해 고국에서 생활하고 있는 중국동포들을 연상하였으며, 그로 인해 현시대 '이산가족'들이 양산되고 있는 내 고향에는 얼마나 많은 '처녀총각동상'을 세워야 할까 하고 부질없는 생각을 굴려보았다. 그러면서 그들이 전설 속의 무정한 총각처럼 고향에 돌아가기를 거부하지 말고 열심히 돈을 번 후, 현대판 '흥부'로 되어 금의환향錦衣還鄕하기를 내심 기대했다.

삼척 준경묘, 전주이씨 왕실 제례 관람

강원도 삼척시 미로면 활기리에 있는 준경묘는 조선 태조 이성계의 4대 조인 목조穆祖의 아버지 양무陽茂장군전주 이씨 17세손의 묘소로, 백두대간에 우뚝 솟은 두타산 줄기 뻗은 노동산 아래 호랑이가 엎드린 산세의 정기와 '백우금관百牛金棺'의 전설이 깃든 천하명당으로 불린다. 준경묘는 양무장군의 후세손인 태조 이성계가 조선을 개국 창업한 조선왕조의 근원 묘당으로 500만 전주 이씨의 정신적 고향이기도 하다. 매년 양력 4월 20일이면 삼척시민들과 전주 이씨 후손들이 준경묘에 와서 격식을 갖춰 왕실 제향을 올린다.

이 일대는 울창한 송림으로 되어 있어 원시림의 경관을 구경할 수 있는 산자수려山紫水麗한 곳이다. 목조가 백우금관으로 양친을 안장한 뒤 5대에 이르러 조선을 창업하게 되었다는 전설이 있다. 광무 3년1899에 고종은 삼척에 있던 조상의 무덤에 대한 대대적인 정비 사업을 벌였는데, 그가 삼척에 있는 조상의 무덤을 정비한 것은 황실의 위상을 높이고 전제권을 강화하였던 당시의 상황과 관련이 깊다. 즉 고종이 황제의 자리에 오른 것은 곧 정해진 운명이며 어느 누구도 이를 넘보지 못할 지위라는 것을 강조하기 위한 것이었다.

'가는 날이 장날'이라고 마침 청명한 날씨에 많은 이들이 모여서 제향을 올리는 왕실제례를 관람할 수 있었다. 전날 밤 만찬회식에서 소주를 좀 과하게 먹었던 연고로 산에 오를 때 머리가 개운하지 못했는데, 산을 내려올

때는 명당의 정기를 받아서인지 이상하게도 머리가 맑아졌고 심정이 홀가
분해졌다.

답사 및 여행에서 배우는 한국문화

필자는 최근 10년간 동아시아 여러 나라를 돌아다녀보았지만, 대한민
국처럼 산이 푸르고 물이 맑으며 산수가 수려하고 아름다운 나라는 보기
가 드물었다. 그리고 한국에서 생활하면서 많은 문화유적과 명승지들을
돌아보았는데, 곳곳마다 지방색채가 강하고 문화재들이 잘 정비되어 있었
으며 지방특산이 많다는 것을 더욱 실감하였다. 특히 금번 강원도 역사문
화유적에 대한 답사를 통해 많은 관련 지식을 전수받았으며, 한국의 역사
와 현재에 대해 이해할 수 있는 온고지신溫故知新의 계기를 얻게 되었다.

관광 답사는 고국의 역사와 문화에 대한 터득을 깊게 하며, 산 좋고 물
맑은 고국산천을 더욱 사랑하게 만든다. 여행은 지방문화의 특색과 인정
세태 및 산천지리를 직접 눈으로 확인하고 체득할 수 있어 더욱 집착하게
된다. 그래서 '백문이 불여일견'이라고 하는가보다.

2박3일 제주도 학술답사 기행 (상)

필자는 2008년 3월 1~2일 한국학대학원에서 주관한 2박3일 제주도 학술답사에 다녀왔다. 이는 2000년 중국 지방대표단 멤버로 처음으로 제주도를 방문한 뒤, 두 번째로 되는 제주도행이다. 관련 기행을 두 번에 나누어 진솔하게 적어본다.

제주특별자치도 개황

옛날 제주도는 '섬나라'라는 뜻으로, 탁라·탐라·제주 등으로 불리었다. 제주도는 한국에서 제일 큰 섬으로 면적이 서울의 3배에 달하며, 아름다운 자연비경秘境과 천연자원으로 유명해 한국 최초로 유네스코 세계자연유산에 등재되었다. 조선시대 제주는 전라도 제주목으로 편입되었고 대한민국 성립 후 전라남도에서 분리되어 제주도로, 2006년 7월 1일 고도의 자치권을 보장받는 특별자치도로 승격되었다. 유명 관광지인 제주도는 국내 신혼부부들이 결혼기념으로 필히 다녀오는 곳이며, 최근 많은 외국인 유람객들을 유치하고 있다.

탐라국 발상지 삼성혈

우리일행이 견학한 첫 코스는 제주인의 전설적인 발상지로 불리는 삼성혈이었다. 제주도의 개벽신화 3성三姓신화에 의하면, 제주인의 선조로 불리는 삼신인三神人 고을나高乙那·양을나良乙那·부을나夫乙那가 이곳에서 동시에 태어나 수렵생활을 하였다. 그 후 우마牛馬와 오곡의 종자를 가지고 온 벽랑국碧浪國 3공주를 맞이하면서부터 비로소 농경생활이 정착되었으며, 점차 탐라耽羅왕국으로 발전하였다고 전한다.

국가지정문화재 사적史蹟 134호인 삼성혈은 주위가 수 백 년의 고목으로 둘러싸여 있었으며, 모든 나뭇가지들이 혈穴을 향해 경배하듯이 신비한 자태를 취하고 있었다. 또 아무리 비가 많이 오거나 눈이 내려도 일 년 내내 고이거나 쌓이는 일이 없는 성혈聖穴로, 관람객들로 하여금 경탄을 금치 못하게 한다. 조선시대 역대 목사牧使에 의하여 성역화聖域化 사업이 이루어졌으며, 현재는 매년 춘추봉제와 건시乾始대제를 지낸다고 한다.

견학 중에 필자가 가장 의문으로 남는 것은 삼신三神에게 시집온 3공주의 '고향' 벽랑국의 실재와 귀속이었다. 통상 벽랑국은 '日本國'으로 지칭되지만, 최근에는 일부 한국학자들이 벽랑국을 '전남 완도부근의 섬'으로 주장하고 있어 학계의 화제로 되고 있다. 비록 개벽 설화이지만 3공주가 일본국에서 왔다는 학계의 견해가 성립되면 오늘날 제주인의 선조 절반은 '일본인'이라는 뜻으로 해석되며, 제주인의 정체성 문제가 불거진다는 점이다.

원과 고려의 이중지배를 받은 탐라국

역사기록에 의하면 삼성신화에 나오는 고을나의 15대 후손들이 신라에 입조해 탐라의 벼슬을 받아 탐라국을 개국하였다고 한다. 탐라국은 고구려·백제·신라로 분열된 삼국시대에는 이들 나라들과 독자적혹은 예속으로 외교관계를 맺어왔으며, 이러한 관계는 고려시대까지 지속되면서 탐라국의 독특한 문화와 역사의 맥을 이어왔다. 1105년 고려의 행정구역 탐라군으로 되었지만 왕자는 여전히 실질적인 탐라 통치자 역할을 했으며, 1294년 충렬왕 20년 탐라가 제주로 개칭되면서 행정적으로 탐라라는 이름이 더 이상 사용되지 않았다.

고려후기에 고려가 원나라의 속국으로 전락되면서 탐라국은 약 1세기 동안 원元의 지배를 받게 되었다. 원나라는 1274년에 탐라를 직할령으로 설정했으며, 자연조건이 풍부한 제주도에 목장을 설치해 대규모의 말들을 사양했다. 원나라는 탐라국을 발판으로 일본을 정복하려는 계획이 무산되자 한동안 탐라의 귀속권을 고려에게 돌려주기도 하였다. 조선시대 초기 1402년태종 2년에 탐라의 성주와 왕자가 자발적으로 조선에 입조入朝하면서, 태종은 탐라국이라는 국명과 성주城主·왕자라는 칭호를 폐지하기에 이르렀다.

고려후기 탐라국이 원나라의 지배를 받으면서 당시 제주방언이 몽골어의 영향을 받게 되었으며, 원나라는 제주도에 절을 세우는 등 제주 건축물에도 영향을 많이 주었다. 몽골인도 원나라 말기와 멸망될 때 제주도로 많이 이주했으며, 현재 많지 않지만 제주인의 성씨 좌氏는 몽골인의 성姓으로 알려져 있다. 그러나 몽골인의 지배는 제주인들의 강력한 반발과 항쟁으로 이어졌으며, 그간 끊임없는 항몽抗蒙의 역사가 지속되었다. 고려 말 최영崔瑩 장군에 의해 제주도는 몽골의 직할지에서 수복되었고 침략의 역사는 종결되었다.

현재 제주도는 한국에서 지방방언이 가장 심한 곳이다. 그 대표적인 용어가 바로 우리가 잘 알고 있는 <감수광> 노래에도 나오고 제주도 홍보포스터에서도 자주 볼 수 있는 "혼저옵서예"라는 말이며, 이는 "환영합니다. 또 오세요"라는 뜻이다. 그리고 제주도 방언 중 가장 심한 욕 가운데 하나가 "너는 몽골인의 자식이야"라는 말이라고 한다. 이는 탐라국에 대한 몽골의 침략 및 제주도에 대한 한 세기 동안의 통치지배에서 비롯된 것이다.

제주도 특징 : 삼다 · 삼무, 삼려 · 삼보

삼다三多란 돌 · 바람 · 여자가 많다는 말로, 이는 제주도를 삼다도三多島로 부르는 이유이기도 하다. 풍다風多는 제주의 생존환경이 매우 각박함을 말해준다. 제주도는 태풍의 길목에 자리 잡고 있어 예로부터 제주인들은 거친 바다의 풍랑과 싸워왔다. 석다石多는 한라산의 화산활동에서 연유된 것이다. 제주인들은 땅을 덮은 숱한 돌덩이를 치워 밭을 개간하고 포구를 만들었으며, 방호소 성담을 쌓는 긴 과정을 통해 제주를 개척하였다. 여다女多는 원래 제주남자들이 바다의 어로작업 중 많이 조난 · 사망되어 여자가 수적으로 많은 것에서 연유되었지만 제주의 생활환경이 각박하여 여자들도 남자와 함께 일터로 나오지 않으면 안 되었던 측면이 더크며, 제주여성들이 근면하게 일한다는 뜻으로도 해석된다.

삼무三無란 제주에는 도적·거지·대문이 없다고 하여 나온 말이다. 제주인들은 예로부터 거칠고 척박한 자연환경을 개척하기 위해 근면·절약·상부상조를 미덕으로 삼았으며, 도적질과 구걸을 하지 않고 집에 대문도 없이 살아왔다. 제주인들은 탐라의 후예로 지조를 지키다가 유배되어 온 뼈대 높은 선비들을 조상으로 모셨으며, 좁은 섬 안에서 서로가 익숙해 도적질과 같은 수치스러운 짓을 하지 않았다. 자립·자조自照·명예를 소중히 여기는 제주인들은 집안에 사람이 없다는 표시로 입구에 긴 나무를 걸쳐두었다고 한다.

삼려·삼보三麗三寶란 제주의 아름다운 자연·민속·토착산업三麗을 가리키며, 특유의 식용작물·수산·관광三寶의 세 자원을 일컫는다. 따뜻한인심, 아름다운 자연, 특이한 산업구조는 제주도의 특징이며, 1960년대제주가 아름다운 관광지로 각광을 받으면서 붙여진 말이다. 여기에는 관광도시로서의 제주도의 천혜적인 자연이 준 매력이 함축되어 있다.

"사람은 서울, 말은 제주도에 보내라"

600년 조선의 수도한양이었고 현재 천만이 넘는 국제대도시로 과거나현재를 막론하고 정치·경제·문화중심이었으며, 인재가 집중되었던 곳이 바로 서울이다. 그래서 한민족에게는 자식을 출세시키는 표징으로, 서울로 보내 고등교육을 받게 하는 것이다.

고려후기 제주도가 원元의 지배를 받으면서 당시 원나라가 설치한 목장이 나중에 조랑말을 키우는 곳으로 발전했다. 사방이 바다에 둘러싸여 있고 기후와 자연조건이 천혜적인 천연자원의 목장조건을 몽골이 세계를 제패하기 위해 말 목장으로 이용한 것이다. 본 제주도 답사를 통해 필자는 "사람은 서울, 말을 제주도에 보내라"라는 속담의 의미를 더욱 깊게 체득하게 되었다. 이 또한 여행에서 배우는 진정한 참지식이 아닌가 하고 생각한다.

2박3일 제주도 학술답사 기행 (하)

조선시대 유배지, 제주도

조선시대 한양에서 죄를 범한 조정의 중죄인들을 유배, 귀양살이를 보낸 곳이 사방이 바다에 둘러싸여 있고 육지와 멀리 떨어져 있는 절해고도 제주도이다. 일찍 몽골의 침략을 받았고 말 목장으로 유명한 제주도에 서울 귀족양반들이 홀로 와서 정치의 꿈을 펼치기는커녕 고독과 외로움에 시달려야 했으니, 그보다 더 가혹한 징벌은 없을 것이다.

한편 제주로 정배로 온 죄인 중 '지조와 절개를 굽히지 않은 죄'로 귀양 온 이들이 많았으며, 이들은 제주인의 존경을 받았고 제주인의 영혼을 깨우치고 바른 길로 인도하는데 크게 기여하였다. 우리가 견학한 곳은 당시 제주로 유배된 유림 오현五賢을 모셨다는 귤림서원橘林書院과 그 옛터에 세워진 오현단五賢壇이다. 귤림서원은 고종 8년1871 대원군의 서원 훼절령에 의해 폐원되었지만 200년간 제주교육의 요람으로 많은 공헌을 하였기 때문에, 오늘날에도 제주도민들이 지조 곧은 선비의 충정과 절개를 기리고 있는 것이다.

제주대학 특강, '제주문화 이해 3대 요점'

오전 8시 우리일행이 관광버스를 타고 호텔에서 출발해 도착한 곳이 바로 아름다운 자연환경에 둘러싸인 제주대학이었다. 오전 일정은 제주시민의 문화와 삶을 잘 이해하기 위해 제주대학 교수의 특강을 듣는 것이었다. 특강은 약 90분간 진행되었는데 대학 교수 강의와 학생들의 질문 및 해답하는 방식으로 진행되었다. 아래에 특강 내용을 간추려 적는다.

제주에는 제주도민의 특유의 풍습이 있는데 그 것이 바로 대한 후 5일부터 입춘 전 3일까지 진행되는 일 년 중 단 한 차례의 이사기간, '신구간'이라는 이사 풍습이다. 이는 제주의 풍습 중 가장 특이하고 지금까지 지켜지는 풍습으로 전해지고 있다. 제주시민들은 신구간 이외에는 '불경스럽다' 해서 이사를 하지 않으므로, 제주에 이주 온 외지인은 이런 풍습 때문에 집을 구하는데 무척 애를 먹는다. 현재 신구간 존치 문제를 놓고 논란이 지속되고 있지만, 제주시민들은 고유의 생활풍속을 지켜 여전히 이 구간에만 이사를 한다고 한다.

특강 교수는 본 강의 요점으로, 제주인의 역사와 현재의 삶을 잘 이해하려면 아래의 세 가지를 필히 알아야만 한다고 역설했다. 첫째로 제주인의 표상인 제주해녀의 삶, 둘째로 냉전시대의 비극으로 제주도민에게 크나큰 상처를 남긴 4.3학살사건, 셋째로 재일교포와 제주도민의 밀접한 관계를 강조했다. 특히 작금의 제주도민은 재일 일본교포와 밀접한 관계를 유지하고 있고 많은 이들이 일본 오사까大阪에 연고를 두고 있으며, 최근에도 일본으로 이주하거나 밀항密航하는 제주인이 적지 않다고 한다. 제주도민들은 제주도 건설에 지대한 공헌을 한 재일교포들을 위해 도심 곳곳에 비석을 세워 그들을 기리고 있다고 한다.

필자는 제주도 개벽설화 벽랑국일본국 3공주에 대한 의혹 해소와 더불어 제주도민과 재일교포 및 일본과의 '특수한 관계'가 단순히 지정학적 우세를 벗어난, "혈연적인 관계 혹은 현재의 제주도민 선조가 '일본인'일 가능성이 없는가"하고 교수님께 외람되게 민감한 질문을 드렸다. 물론 기대이상의 해답은 없었으며, 교수님은 단호하게 'NO'라고 대답하였고 그 이유를 세세히 설명했다. 하지만 의문은 여전히 가셔지지 않았으며, 적어도 제주도민은 그들이 말하는 '육지한반도'와는 달리 반일감정이 그렇게 심하지 않은 것 같았다.

'제주인의 표상', 제주해녀의 삶

제주해녀는 세계적으로 희귀한 존재로서 끈질긴 생명력과 강인한 개척정신으로 어려운 작업환경을 극복하면서 생업을 영위해온 제주여성의 상징이다. 제주문화의 유산인 해녀박물관을 견학하면서 필자는 왜 제주해녀를 '제주인의 표상'이라고 하는지 알 것 같았다. 삼다도로 불리는 제주도의 척박한 자연환경과 어려운 경제여건 속에서 제주해녀는 밭을 가꾸고 바다에서 물질을 하면서, 척박한 땅과 바다와 싸워온 경제활동의 주역이었다.

제주 해녀는 잠녀·좀녀·잠수 등으로 불리었고 일제시기에 명명된 해

녀라는 비하적인 명칭논란으로, 제주인들은 여전히 옛 호칭을 선호한다
고 한다. 해녀의 물질은 자신의 목숨을 담보로 열심히 물질을 해 가족의
생계를 이어온 삶의 몸부림이었다. 제주여성들은 자유와 고독의 물질이
라는 삶의 도구를 통하여 생계를 유지했고 해녀로서의 힘든 삶을 이어왔
다. "잠년 아기 나 뺍 사을이민 물에 든다해녀는 아기 낳고 사흘이면 바다에 들어간
다"는 제주 속담에는 해녀들의 억척스럽고 고단한 일상이 함축되어 있다.

한때 1만 명을 웃돌던 해녀가 최근 그 수가 급격히 줄어드는 추세이다.
현재 물질을 하는 해녀들은 대부분 고령高齡이며, 대를 이어 물질을 하는
이는 거의 없다고 한다. 고단하고 힘든 물질을 자식들에게 대물림시키려
하지 않고, 젊은이들도 힘든 물질보다는 편한 일을 선택하여 부모로부터
물질을 배우려 하지 않기 때문이다. 또한 이런 힘든 물질의 후유증으로 많
은 해녀들은 그들만의 직업병에 시달리고 있다고 한다.

최근 들어 제주해녀를 세계문화유산으로 등록하려는 움직임과 함께 해
녀의 삶과 문화에 대한 학문적 연구는 지속되고 있다. 역사 속에서 형성된
해녀들의 독립적이고 주체적인 문화는 귀중한 향토문화유산이며, 제주도
문화를 이해하는 중요한 관광문화자원이기도 하다.

제주인의 상처, 4.3학살사건

1948년 제주에서 일어났던 4.3학살사건은 국가권력이 사상과 이념의
갈등으로 '무고한 백성'을 무참히 학살한 사건이며, 미군정美軍政 통치하에

한민족이 안고 있던 이데올로기적 적대모순이 집약되어 발생한 역사적 비
극이다. 4.3사건에서 목숨을 잃은 제주사람은 인구의 1/10에 해당하는 3
만여 명으로, 자행된 대량 학살과 인간성 유린은 한민족의 최대 참극인
6.25전쟁에 버금간다고 한다. '고립무원의 섬' 제주도는 냉전의 희생양이
되었고, 4.3사건은 60년간 제주인의 삶을 억압하면서 그들의 가슴에 지울
수 없는 상처를 남겼다.

　4.3사건은 발발 1년 후 1949년에 종결되었지만, 민족상쟁의 6.25전쟁
을 거쳐 남북분단이 가속화되면서 이 사건은 언급자체가 금기시되었다.
1990년대 한국 내 민주화의 진전과 남북화해 분위기가 조성되면서 본 사
건에 대한 역사적 재조명 작업이 활발해졌고, 2003년 8월 제주 4.3특별법
시행령개정안이 국무회의에서 가결되었다. 그해 10월 노무현 대통령은
4.3사건에 대해 대한민국 대통령으로서 처음으로 사과표명을 했고, 2006
년 4월3일 4.3사건 희생자위령제에 참석해 국가가 저지른 잔혹한 학살에
대한 사과를 재천명했다. 이는 제주 4.3사건에서 행사된 국가권력이 정당
성과 합법성을 상실했음을 인정한 방증이다.

　우리가 답사한 섯알오름 학살터는 4.3사건의 흔적으로, 4.3학살이 끝
나고 그 아픔을 치유하던 과정에서 일어난 학살사건이었다. 6.25전쟁이
발발하자 북한 인민군을 협조할 가능성이 있다는 명분으로 무고한 양민
191명이 이곳에서 억울하게 학살당했다. 그 후 시신은 그대로 방치되었
다가 1956년에야 수습하게 되었는데, 뼈들을 부위별로 대충 맞춰 132기

의 무덤을 조성해 영혼을 위로했다. 조상은 각기 다르지만 같은 날 같은 시각에 죽은 사람들은 한 자손이라는 뜻에서, 미증유의 백조일손지묘百祖一孫之廟란 무덤이 생기게 되었다.

이 시기의 학살은 흔히 한반도 내에서 '보도연맹사건'이라고 부르며, 이때 전국적으로 단지 '가능성'이라는 억울한 죄명으로 약 30만 명이 학살되었다고 한다. 필자는 냉전시기 한민족의 이념갈등으로 초래된 4.3사건 같은 역사적 비극이 더 이상 재현되지 말기를 내심으로 기대하면서, 다른 코스로 향해 무작정 달리는 버스에서 무거운 심정을 달랬다.

'신비의 도로', 변화무상한 기후, '지름신의 쇼핑'

본 제주도 답사 중 에피소드를 꼽는다면 '신비의 도로'에서 발생한 일이다. '신비의 도로'는 차가 분명 '언덕길'을 오르고 있었지만 시동이 꺼져도 저절로 굴러가는 일명 '도깨비 도로'로, 국내외 관광객들의 큰 흥미를 자아내고 있다. 우리일행이 잠시 하차해 신비성을 체험한 후 재출발하던 중 화장실에 간 대만여학생을 두고 온 것을 발견, 차를 되돌려 당황해하는 그 여학생을 승차시켰다. 기사와 팀 인솔자들이 잠깐 '도깨비에게 홀렸던' 순간이었다.

이른 봄 제주도의 날씨는 그야말로 변화무상했다. 답사 첫날은 방춘화시方春和時의 따뜻한 봄기운을 만끽했지만 이튿날에는 때 아닌 비가 내려 관광의 흥을 깨더니, 셋째 날에는 이외로 함박눈이 펑펑 쏟아져 내려 신기하기만 했다. 아름다운 섬에서만 경험할 수 있는 사계절의 이상기후를 직접 체험하면서 '신비의 섬' 제주의 매력을 더 한층 실감했다.

본래 쇼핑에는 별로 관심이 없는 필자지만 제주민속촌에서 '지름신이 강림'해 제주 공예품인, 나무로 조각한 정교하고 세트로 된 <오리가족> 등 기념품을 적잖게 구입했다. 워낙 쇼핑도 관광의 일부이니, 이 역시 제주도 관광 답사의 또 하나의 수확이라 하겠다.

비록 짧은 2박3일 동안에 제주의 모든 사적史蹟과 관광지를 다 돌아본다는 것은 좀 무리가 있다. 하지만 알찬 내용과 비교적 순조로운 스케줄 진척으로, 답사와 관광을 겸한 금번 제주여행이 카메라 속에 담긴 것보다 훨씬 더 많은 것들을 머릿속에 넣어가지고 간다고 생각하니 귀로에 오르는 마음은 가볍기만 했다.

우리를 실은 비행기가 제주도비행장을 이륙하였을 때, 아름다운 제주도의 야경을 내려다보면서 필자는 언젠가 가족과 함께 재차 제주도를 방문해 "제주도의 어제·오늘·내일"에 대한 장편기행문을 써서 세인들에게 알려야 하겠다고 속으로 다짐하였다. 어쩌면 그것이 우리에게 아름다운 기억을 남겨준 '신비의 섬' 제주와 인심이 후한 제주도민들에 대한 보답이 아니겠는가 하는 진지한 생각을 해보았다.

이방인이 본 대한민국 '불가사의' (상)

필자는 향후 두 번에 나누어 본인이 한국에서 생활하면서 감지한 '불가사의'한 정치문화 및 사회적 현상에 대해 소견을 적어보기로 한다. 그리고 그 정확여부에 대해서는 독자 여러분의 현명한 판단에 맡긴다.

한국국회는 '싸움판'이다?

가끔 신성한 국회 본회의장에서 소위 정치엘리트라고 하는 여야與野 국회위원들이 격렬한 몸싸움을 하는 장면들이 저녁 9시 TV뉴스에 비쳐질 때마다 필자는 퍽 곤혹스럽기만 하다. 평소 점잖은 국회위원 양반들이 나라의 중요한 법안이나 개혁안을 제정하고 통과시키는 신성한 장소에서 영화 속에서나 볼 수 있는 격렬한 몸싸움을 하는 이유는 무엇일가? 평소 구호처럼 외치는 '상생의 정치'는 과연 말로만 하는 슬로건에 지나지 않는 것인가?

외국인으로 아직 한국의 문화의 정수에 대해 완전히 이해 및 철저히 터득하지 못하고 있고, 또한 견식이 짧고 소견다괴少見多怪한 필자는 현재로서는 별로 신통한 해석이 없다. 간혹 북경의 인민대회당人民大會堂에서 인민대표들이 한국의 국회위원들처럼 격렬한 몸싸움을 한다면 어떤 양상이 벌어질 가하는 엉뚱한 생각을 해보기도 한다.

개신교 득세의 한국사회에서 왜
'유교산물'인 추석이 최대명절로 각광받는가?

현재 종교 천국인 대한민국에서 '미국의 종교'인 개신교가 전통적인 종교인 불교를 제치고 바야흐로 '국교國敎'로 자리 잡고 있다. 또한 개신교 신자들이 주로 대도시에 집중되어 있고 젊은이와 중산층 및 엘리트와 고위 관료국회위원 등층의 신자들이 많은 특점을 가지고 있으며, 따라서 한국사회 발전에 막강한 영향력을 끼치고 있다.

한편 간과할 수 없는 것은 일찍 '망국의 종교'로 버림받았던 유교와 유교사상이 오늘날까지도 한국인들의 생활 속에 깊이 뿌리를 내리고 있다는 점이다. 불가사의한 것은 현재 개신교가 득세하고 있는 한국사회에서 '조상 숭배'라고 여기는 추석 명절이 한국인들의 최대의 명절로 각광받고 있으며, 제사의식에 개신교와 타종교 신자들이 동참하고 있다는 점이다. 추석은 부모에 대한 제사를 기반으로 하고 있지만 평소 유교를 믿는다고 하는 사람이 거의 없는 한국사회에서 가장 중시하는 명절임에 틀림없다. 분명한 것은 한국사회의 지배적인 종교인 개신교와 아직도 윤리사상으로 끈질기게 남아있는 유교가 현재 대한민국에서 '동전의 양면'처럼 한국사회에서 공존하고 있다는 점이다.

중국은 한국의 라이벌인가? 동반자인가?

냉전시기 중공과 남조선의 관계는 '불공대천不共戴天'의 적대관계이었지만 탈냉전시기 특히 1992년 한·중 수교 이후 양국관계는 급속한 발전을 가져왔으며, 21세기 한·중 관계는 상호 신임하고 상호 경쟁하는 동반자·라이벌관계이다.

현재 세계 최대의 발전도상국인 중국은 한국에게 가장 중요한 수출시장으로 급부상하였으며, 이제 중국은 한국경제와 기업에 대한 핵심 환경 요인이 되었고 정치·경제·통일·기업전략 등 모든 측면에서 중국을 고려하지 않고서는 한국의 미래전략을 수립할 수 없는 실정이다. 그러나 한국의 일부 보수 세력과 언론들은 냉전시대 이데올로기적인 발상에서 벗어나지 못하고 있으며, 중국이 한국에게 주는 '피해'를 침소봉대하면서 한·중 관계의 미래를 어둡게 보고 있다. 한국은 전략적동반자인 중국과의 관계에서 명지한 선택이 필요하다.

요컨대 바야흐로 선진국 진입을 눈앞에 두고 있는 한국으로서는 정치·경제대국으로 부상하고 있는 중국에 대해 단순히 경쟁자만 아닌 전략적동반자로, 원-원 효과를 거둘 수 있는 디딤돌로 활용해야 할 시점이 라고 생각한다.

노인숭배는 권위주의 병폐인가?

현재 한국사회의 곳곳에서 볼 수 있는 어른에 대한 공경과 많은 한국기업회사에서 여전히 가부장제가 성행하고 있는 사례에서도 유교잔재인 권위주의 흔적을 엿볼 수 있다.

삼강오륜三綱五倫 내용에는 군위신강君爲臣綱·부위자강父爲子綱·부위부강夫爲婦綱의 삼강과 부자유친父子有親·군신유의君臣有義·부부유별夫婦有別·장유유서長幼有序·붕우유신朋友有信의 오륜인데, 삼강은 물론 오륜의 붕우유신을 제외하면 모두 상하관계의 질서규범을 규정하고 있다.

이러한 윤리규범은 아랫사람에 대한 윗사람의 일방적인 지배체제를 정당화하며 미덕으로 여기게 만든다. 그래서 일각에서는 현재 대한민국에 남아있는 지나친 노인에 대한 숭배는 유교산물인 권위주의 사회병폐의 잔재이며, 장유유서의 인간지간 수직관계를 표방하는 사회적 부조리로 사라져버려야 한다고 주장하고 있다.

가끔 전철 속에서 어르신들이 주사酒邪를 부리는 불미스러운 장면들을 목격하는데, 이는 미상불 권위주의 남발이다. 모름지기 귀감이 되어야 할 인생의 선배인 어르신들께서 자숙자계의 반성을 해야 할 줄로 안다.

한국인들이 전철을 자살 장소로 선택하는 이유는?

현재 한국은 '자살공화국'이라는 불명예스러운 닉네임을 가지고 있고 OECD 국가 중에서 자살률이 가장 높은 나라로 지목되고 있다. 특히 최근에는 노인들의 자살률이 급증하여 사회적 화제로 부상하고 있다. 사회의 관심밖에 있는 불우한 노인들이 상대적 박탈감과 경제적 빈곤으로 인해 자살이라는 극단적인 인생의 길을 선택하고 있는 것이다.

그런데 이분들이 왜 자살의 장소를 대중교통수단인 지하철을 선택하는 것일까?

한두 마디로 해석하기 어려운 문제지만 필자의 생각에는 빈부격차가 심화되고 있는 현실사회에 대한 강한 불만을 대중들이 모여 있는 공중장소에서 죽음으로 보여줌으로써, 대중들의 주의를 환기시키고 사회적 관심을 유발시키려는 일종 사회에 대한 반항심이 작용했다고 본다. 일단 자살사고가 발생하면 원활한 교통에 차질이 빚어지고 매스컴에 보도된다. 얼마 전 필자는 달리는 지하철에 뛰어들어 자살한 여성노인의 비참한 장면을 목격하였는데, 그 후 그 장면이 머릿속에 떠올라 며칠간은 전철을 탈 엄두를 내지 못한 적이 있다.

지하철은 장애인 '천국'이다?

한국의 지하철은 장애인, 노약자 '천국'이다. 장애인이라는 이유로 승객들에게 주는 피해는 간과되어 있고 심지어 정당화되어 있다. 서울의 전철에서 늘 부딪치는 장면인데, 자연스럽게 '주인'행세를 하는 그들은 자기의 기구한 운명을 적은 전단지를 무가내로 승객들의 무릎 위에 일일이 놓고 간다. 좀 도와달라는 뜻이다. 어쩐지 강요당하는 불쾌한 느낌이다.

한국은 승객에게 억지로 사라고 강요하는 사람장애인보다는 필요 없기에 사지 않는 승객이 더 눈총을 받는 나라다. 출근길 아침에 전철 속에 울려 퍼지는 비장한 '음악'은 또 다른 전철 속 공해다. 그 음악소리가 바로 장님들의 때 아닌 행차를 알리는 전주곡으로, 콩나물시루처럼 빽빽이 들어선 전철 속의 특수 행차는 또 다른 한국사회의 일면을 보여준다.

지하철의 장애인 '활약'은 잡상인의 얌체행위와 함께 전철 속 공해로, 한국사회의 부정적인 이미지를 각인시키는 단적인 증거이다. 따라서 장애인 복지가 전 사회적인 관심이 소요되며, 보건복지부와 관련부서의 시스템보완과 대응조치가 절박한 시점이라고 생각한다.

한국사회는 '짬뽕사회'이다?

'짬뽕'이란 최근에 만들어진 신조어로 여러 가지 부동한 성질의 사물이 한데 어우러져 하나의 종합체로 된다는 말이 되겠다. 한국의 중화요리점에 가면 메뉴에 짬뽕이란 요리가 있는데, 여러 가지 자료를 섞어서 얼큰하게 끓인 면식인데 술 취한 이튿날 먹으면 숙취 해소에 제격이다.

주목되는 것은 오늘날 대한민국에는 '짬뽕문화'가 사회전체와 사람들의 의식 속에 만연되어 가고 있다는 것이 또 하나의 특징이라고 볼 수 있다. 현재 한국인들이 즐겨먹는 비빔밥이나 찌개종류에도 짬뽕적인 인소가 들어가 있는 것은 말할 것도 없고 오늘날 한국사회에는 전통적인 공동체의식과 서양의 개인주의가 공존해 있으며, 유교적인 전통문화와 기독교와 같은 서양문화가 짬뽕되어 있다.

또한 기독교와 불교 및 신종교의 신자들이 짬뽕되어 생활하고 있고, 언어에서도 영어와 한글이 짬뽕되어 사용되고 있다. 스포츠도 미국의 야구와 골프, 유럽의 축구, 아세아의 탁구·바둑 같은 전통적인 항목들이 어울려져 있는 양상이다.

한국인들이 축구보다 야구를 즐기는 이유는?

한국인의 가장 각광받는 스포츠로는 우선 야구를 꼽을 수 있다. TV 스포츠 뉴스는 美 메이저리그와 국내 야구소식을 톱뉴스로 다루고 있으며, 스포츠신문들의 1면부터 4면까지에는 국내외의 야구소식들로 장식되어 있다. 반면 축구소식에 관련된 기사들은 월드컵 관련뉴스와 국가대표팀 A 매치를 제외하고는 스포츠지의 한 면도 못되게 간단하게 취급되며, 또 TV 뉴스에서도 유럽 빅 리그의 골 넣는 한 장면을 보여주는 것이 고작이다.

최근 20년간 월드컵의 상객인 한국축구는 대한민국을 빛낸 스포츠로 되기에 손색이 없으며, 2002년 월드컵 '4강 신화'는 지구촌에 한국인의 팀워크와 강인한 의지를 크게 어필했다. 그럼에도 불구하고 야구팬이 축구팬보다 더 많고 박찬호와 이승엽이 프리미어 리그에서 뛰는 박지성, 이영표에 비해 더욱 각광을 받고 국민영웅으로 부각되는 이유는 무엇인가?

오늘날 공동체의식이 갈수록 약화되고 개인주의가 팽배하고 있는 한국사회에서 11명이 뛰면서 팀워크를 중요시하는 축구에 비해, 타자와 투수가 결정적인 작용을 하는 '개인주의 게임' 야구가 더 한국인의 적성에 맞으며, 또한 미국문화를 추종하는 한국사회에서 '미국인의 스포츠'인 야구가 한국인의 인기 스포츠로 각광받는 것은 어쩌면 당연한 것이다.

전화통화의 마무리 인사는 왜 '들어가세요'를 사용하는가?

먼저 퇴근하는 직장동료에게 인사로 '들어가세요'를 사용하면 적절한 표현이라고 할 수 있다. 그런데 불가사의한 것은 현재 많은 한국인들이 전화통화의 마무리 인사로 이 사이비한 '들어가세요'를 사용하고 있다는 것이다. 도대체 어디로 들어가란 말인가? 필자가 이에 관련해 여러 번이나 한국인 친구들에게 물어보았지만 모두 대답이 신통치 않다.

최근에는 '불가사의'로 여겨지던 이 '들어가세요'를 전화 마무리 인사로 스스럼없이 사용하는 자신이 퍽 멋쩍게 느껴진다.

이방인이 본 대한민국 '불가사의' (하)

대한민국의 서민은 일생을 빚으로 산다?

한국의 서민들은 '일생을 빚지고 살아가고 그 빚을 갚기 위해 일생동안 일하다가 죽는다'는 말이 있다. 실제로 고리대금은 아니더라도 일반 서민들은 주택마련 대출, 학자금 대출, 결혼자금 대출 등 금융권의 합법적인 대출을 통해 살아가고 있다.

한국의 사교육비는 OECD 국가 중 1위를 차지하며, 요즘은 대학마다 등록금 인상으로 학생들의 데모가 빈번하다. 학자금 대출은 가불 인생의 시작으로 대학교를 졸업하고 취직해서 학자금 대출금을 갚아야 하며, 결혼을 하고 아이를 키우면서 부모를 부양해야 하는 것이 대한민국의 서민들이다.

현재 중소기업과 회사에 근무하는 일반 직장인의 급여가 150~250만원 사이라는 점을 감안할 때, 단순히 급여만을 가지고 이 많은 것을 감당하기에는 무리가 있을 수밖에 없다. 따라서 빚을 내서 대학을 다니고 차와 집을 산 후 평생 그 빚을 갚으며 살아가고 있는 선진국형의 가불 인생이 바야흐로 대한민국에 정착되고 있다. 이 같은 현상에 대해 전문가들은 고령화 추세와 퇴직이 빨라져 자녀 부양 능력이 약해진 부모들이 점점 더 일찍 자식들을 빚으로 독립시키고 있기 때문으로 분석하고 있다.

최근 서민들의 가장 큰 관심사가 내 집 마련이며, 결혼을 앞둔 젊은이들 사이에는 은행에 대출을 신청하고 비싼 이자를 지불하면서 주택을 장만하는 붐이 유행되고 있다. 이런 흐름에 맞춰 장기대출상품도 봇물 터지듯 나오고 있고 30년에 걸쳐 갚는 주택 담보 대출, 20년 만기 학자금 대출, 5년 만기 자동차 대출 등이 잇따라 등장했다. 즉 대출은 쉽지만 갚기는 어려운 대한민국에서 좋건 싫건 평생 빚을 끼고 살아야 하는 시대가 왔다는 이야기다.

대한민국 총리는 단명이며, 꼭두각시다?

현재 미국식 대통령중심제 국가인 한국에서는 관료형의 총리나 책임총리제 총리를 물론하고, 그 수명은 보통 1~2년으로 단명短命이다. 1990년대 이후 임명된 정부의 총리만 해도 10여 명이나 되지만 대부분 국민들이 총리인사 진행에 크게 관심이 없으며, 그들을 기억하지 못하고 있는 것도 사실이다.

한국의 총리는 대통령이 지명하여 국회의 청문회를 거쳐 통과된 후 정식으로 임명되며, 그 임기는 구체적으로 정해져 있지 않지만 임기기간이 보통 2년 좌우밖에 안 된다. 국무총리는 명실 공히 대통령의 제1보좌관이지만 실제상 대통령의 바람막이에 불과하며, 그 운명 또한 풍전등화로 단명이다. 총리는 국정사안을 통괄하는 최고장관이지만 대통령중심제하에서의 총리권한은 극히 제한되어 있으며, 국정운영에 차질이 빚어지면 권한은 대통령이 갖고 있지만 책임은 총리에게로 전가되어 애꿎게 희생물이 되는 것이 한국 총리의 운명이다.

이는 내각제를 실시하는 이웃나라 일본의 총리수상나 사회주의 국가인 중국 국무원 총리의 수명이 8~10년이 되는데 비해, 한국의 총리는 가지고 있는 권한과 수명 및 지명도는 비견할 바가 못 된다. 한국의 총리는 명의상 2인자이지만 실권이 없으며, 대통령의 꼭두각시에 지나지 않는다. 총리의 단명은 정책의 일관성과 안정성이 없다는 것을 설명하며, '괴뢰총리'의 비극적인 운명은 대통령제의 폐단이라는 것이 필자의 천박한 견해이다.

통일에 관심 없는 국민이 선진국 국민인가?

현재 남북한은 지구상 유일한 분단국가로 이 땅에 존재하며, 민족통일은 21세기 우리민족의 숭고한 역사적인 사명임은 자명하다. 50여 년의 분단역사는 종식되어야 하며, 민족화합과 경제협력 및 활발한 교류를 통해 궁극적인 통일을 실현하는 것은 남북한 정부와 국민인민들이 더 이상 미룰 수 없는 역사적인 책임과 사명임을 인지해야 할 것이다.

필자는 한겨레이자 같은 백의민족인 북한동포를 깔보고 포용할 줄 모르는 협애한 민족심, 21세기 한민족의 중요한 역사적 사명인 민족통일에 대해 전혀 관심이 없는 일부 한국인들의 국수주의와 보수주의에 통탄한다. 50여 년간의 민족 분열과 분단의 아픔을 맞본 한민족은 5000년 유구한 역사와 찬란한 문화를 공유하여온 피를 나눈 동포이다.

불가사의한 것은 21세기 탈냉전시대임에도 불구하고 아직도 많은 한국인들이 냉전시대의 사유와 이데올로기로, 통일파트너인 북한조선을 적대시하고 있고 귀화한 북한 동포에 대해 경시하고 있다는 점이다. 비록 역사적 원인으로 인해 현재 남북으로 갈라져 있고 다른 체제와 부동한 이념을 소유하고 있지만, 모두 한겨레로 단군의 후손들이다.

21세기는 민족화합과 더불어 지구촌이 하나로 융합하는 시대이다. 통일과업은 역사가 우리민족에게 부여한 21세기 위대한 사명이라는 것을 잊어서는 결코 안 되며, 한민족을 양쪽으로 갈라놓은 저주스러운 38선을 하루빨리 이 땅위에서 사라지게 해야 한다.

일본은 한국의 동맹국, 아니면 원수국가인가?

1910년 일제는 강제적으로 '한·일 합병조약'을 체결함으로써 일방적으로 조선의 국권을 침탈하였고, 아울러 장장 36년이란 긴 시간을 걸쳐 조선을 강점하고 식민지통치를 실시한 원흉이다. 따라서 조선인들에게 망국노의 설음을 안겨준 일본제국주의는 한민족의 철천지원수로 영원히 반성해야 하며, 진심으로 사죄해야 하는 것은 당연하다.

냉전시기 일본은 미국의 영향 하에 있는 한국의 동맹국이었고 60년대 박정희 정권에 거액의 차관借款을 제공한바 있으며, 70년대에는 한국의 삼성 전자, 현대 자동차공업 등에 경험과 기술을 전수한 동시에 경제발전모델을 제시해준 것도 역시 주지의 사실이다. 그리고 80년대 일본 엔화円貨 가치의 변동은 한국의 수출에 막대한 영향예컨대 80년대 후반 한국의 고도성장의 원동력이 된 '3저' 현상을 미치기도 했다.

일본은 냉전시대의 한국의 경제파트너로 전략적동반자이자 라이벌관계이었다는 것은 부인할 수 없는 사실이다. 현재 한국인들은 지나치게 과거에 연연하며 일본을 너무 의식한다. 그래서 한·일전 축구는 무조건 이겨야 하고 지면 국치일國恥日이 된다. 때론 과분한 과잉반응은 과유불급의 역효과를 일으키며, 이 또한 약소국의 과민반응으로 보이기도 한다. 중요한 것은 나라지간의 분쟁에서 고전대국顧全大局의 책략이 필요하며, 주류를 보지 못하고 과거와 사소한 일에 집착한다면 인소실대因小失大의 피동적 국면에 빠지게 된다.

한마디로 과거의 역사에 연연하는 것보다 현재 및 미래지향인 동반자관계에 치중하는 것이 더욱 중요하다는 뜻이다.

한국인들이 골프에 집착하는 이유는 무엇인가?

구희球戲의 일종으로 15세기 초 네덜란드에서 시작된 골프는 현재 한국인들이 즐기는 운동이며, 스포츠 뉴스에서도 골프 소식은 메이저리그야구,

NBA농구 보도와 함께 어김없이 등장하는 화제이다. 스포츠 채널에서는 시시각각 국내외의 중요한 골프게임에 대해 중계방송을 진행하고 있다. 현재 미국에서 활약 중인 한국계 여성 골프 드림팀은 그 실력을 자타가 공인하는 세계 최강이며, 선수 개개인이 초점인물로 언론의 주목을 받고 있다.

골프는 한국인들이 즐기는 스포츠이긴 하지만 소수인들만이 누릴 수 있는 고소비의 사치운동이며, 먹고 살기에 바쁜 서민들에게는 크게 인기가 없는 스포츠이기도 하다. 골프는 한국인들에게 있어서 부富의 상징이자 허영심 및 허세의 발로이기도 한다. 평소 한국인들이 입에 자주 올리는 "주말에 골프장에 다녀왔습니다"에는 본인은 그만큼 여유와 재부가 있다는 다른 말의 표현이다.

최근 몇 년 전부터 한국에 유행된 동남아 골프여행 역시 한국 국민의 대다수가 아닌 일부에 국한된 것이며, 부자나 고위층한테만 인기가 만점인 골프는 돈과 권세가 있는 소수인들 만이 즐길 수 있는 '양반운동'으로 미국문화에 대한 추종의 산물이다. 현재 한국인들 사이에서 유행되고 있는 "골프를 알아야 인생을 안다"는 말은 부익부·빈익빈의 양극화가 심화되고 있는 한국사회에서 자가당착적인 패러독스궤변이다.

왜 추운 겨울 10대 소녀들이 미니스커트를 착용하는가?

온대대륙성기후와 온대해양성기후 사이에 있는 한국의 기후는 대체로 사계절의 변화가 뚜렷한 특징을 가지고 있다. 따라서 서울의 겨울은 춥고 중국의 허난성河南省 정저우鄭州와 기온이 비슷하다고 볼 수 있다. 첫눈이 내린 서울은 영하 십도로 날씨가 추워지고 있고, 필자가 살고 있는 대학로는 서울의 문화거리이며 극장가이다. 이 대학로에서 볼 수 있는 진풍경이 바로 하얀 다리를 드러내놓고 미니스커트만 착용한 십대 소녀들의 모습이다.

대개 한국의 남성들은 대부분 겨울에 내의를 입지 않는다. 그것은 대부분의 시간을 난방시스템이 잘되어 있는 사무실이나 히터가 설치된 자가용 속에서 보내기에 별 무리가 없다. 하지만 밖에서 걷는 시간이 많은 십대들은 무리가 있을 법도한데, 뼛속까지 얼어드는 추운 겨울과 전혀 어울리지 않는 그녀들의 복장착용 스타일에 필자는 퍽 곤혹스럽고 그것이 최대의 미스터리로 남아 있다.

흔히 '공산당원의 몸은 강철로 단련되어 있다'고 하지만 한국 십대들의 몸은 무엇으로 만들어졌을까 하는 잡생각을 하면서 격세지감을 느낀다. 한편 '성형공화국'이라고 불리는 대한민국에서 젊은 여성들 사이에서 다이어트와 요가가 각광받는 요즘, 너무 외적인 미만 추구하는 잘못된 사회풍조가 자라나는 소녀들의 의식과 영혼세계를 벌써 점유해버리지 않았나 하는 사족蛇足적인 생각을 해보게 된다.

"……날"이 많은 이유는?

대한민국의 또 하나의 불가사의는 정부에서 지정한 '특정 날'이 많다는 점이다. 한국에서는 달력에 표시된 빨간 날이면 무조건 휴무일이다. 그 외에도 각종 기념일이나 "……의 날", 절기를 알리는 날과 명절들이 즐비하게 표기되어 있다. 주목되는 것은 한국에서는 동양명절추석·구정 등과 서양명절석가탄신일·크리스마스 등이 함께 기념일이나 휴무일로 제정되어 있다는 점이다. 흥미로운 점은 현재 제사와 효도를 중시하는 전통문화와 기독교를 비롯한 서양문화가 짬뽕되어 있는 한국사회의 양상을 잘 보여준다는 것이다.

'가정의 달'이라고 불리는 5월에는 각종 기념일과 '특정 날'이 매우 많다. 이러한 기념일과 '특정 날'의 제정을 통해 정부가 국민들의 사회·생활문화에 대한 중시 및 문화발전에 따른 문화 다양성의 긍정적인 측면을 엿볼 수 있으며, 특히 '특정 날'의 제정을 통해 현존하는 사회의 문제점이나 쟁점들에 대해 전사회적인 중시를 불러일으키려는 취지도 있다.

그러나 '특정 날'의 남용은 그 자체의 부정적인 일면도 없지 않다. 현재 대다수 한국인들은 중요한 이벤트가 진행되거나 휴무일이면 '오늘이 무슨 날이냐'고 되묻곤 한다. 즉 그들도 워낙 "……날"이 많은지라 기억하려고 하지 않으며, 아울러 개의치 않는다는 뜻이다. 이 또한 형식적인 현상에 대한 집착으로, '우렛소리는 크지만 비는 적게 오는雷聲大雨点小'식의 문제만 제기하고 실제 해결책이 없다는 뜻으로도 풀이된다.